Michael Kastner · Streßbewältigung

Michael Kastner

Stressbewältigung

Leistung und Beanspruchung optimieren

2. durchgesehene Auflage

MAORI - Verlag 1999

MAORI

Verlags- und Organisationsberatungs-Gesellschaft mbH

· Management · Organisation · · Innovation ·

CIP -Kurztitelaufnahme der Deutschen Bibliothek

Kastner, Michael:
Stressbewältigung: Leistung und Beanspruchung optimieren. – 2. durchgesehene Auflage Herdecke, MAORI-Verlag, 1999.

1. Auflage 1994, Wiesbaden, Gabler Verlag
2. Auflage 1999, Herdecke, MAORI-Verlag

Printed in Germany

ISBN 3-931943-01-1

Vorwort

Unsere Leistungsgesellschaft wird zu einer (Fehl-)Beanspruchungsgesellschaft. Wir nutzen den technischen und sozialen sogenannten Fortschritt in weiten Bereichen kaum noch zur Optimierung von Lebensqualität, sondern zur Maximierung durchaus ambivalenter Werte wie zum Beispiel Gewinn. Auf der Basis des Unbehagens hinsichtlich eines derartigen „Fortschrittes" blüht ein Markt der Esoterik-Literatur. Verunsicherte und überbeanspruchte Menschen suchen nach Erklärungen, Hintergründen – seien sie noch so „hintergründig" – und wollen natürlich konkrete Ratschläge, am liebsten Rezepte. Dieses Buch soll wissenschaftlich fundierte Erkenntnisse und praxisnahe Empfehlungen vermitteln, die sich auf die Ausbalancierung von Leistung und Beanspruchung beziehen. Es geht ganz einfach um die Frage: „Wie kann ich mit weniger Zeit- und Energieaufwand qualitativ bessere Leistung vollbringen und dabei zugleich meine Vorstellungen von Lebensqualität verwirklichen?"

Etliche Jahre der Forschung und Praxis auf dem Gebiet des Stresses und der Streßbewältigung führten zu diesem Buch. Diese Herkunft spiegelt sich in der Intention dieser Monographie. Sie schließt die Lücke zwischen genügend Wissenschaftlichkeit einerseits und ausreichender Verständlichkeit sowie vor allem praktischer Nutzbarkeit andererseits. Wissenschaftliche Veröffentlichungen zur Streßbewältigung liegen in einer stressenden Fülle vor, die kaum zu bewältigen ist. Praxisorientierte Veröffentlichungen kranken meist an mangelhafter Qualität. Ansonsten eher kritische Laien nehmen in ihrer Not „Psychoratschläge", die unter verschiedensten wohlklingenden Schlagworten verkauft werden, für bare Münze. Gerade im Managementbereich bedarf es dringend einer sachlichen, empirisch möglichst fundierten und zugleich praktikablen Handlungsanleitung zum Umgang mit eigener und fremder Beanspruchung. Mir ist bewußt, daß man auf der Gratwanderung zwischen Wissenschaft und praxisnaher Verhaltensempfehlung von beiden Seiten angreifbar ist. „Fliegenbein-zählende Wissenschaftler" werden sich über unzulässige Verallgemeinerungen aufregen. Übervereinfachende Praktiker wird die viel zu große Komplexität des Themas stören. Wie auch immer, wenn es mit Hilfe dieses Buches nur 5 Prozent seiner Leser in Zukunft besser in dem Sinne geht, daß sie mehr über ihre eigene und fremde (Fehl-)Beanspruchung wissen und sie einige der schlimmsten Fehler, die Lebensqualität kosten, vermeiden, soll es seinen Zweck erfüllt haben.

Der gestreßte Manager liest kaum Romane, sondern versucht, Exzerpte und Zusammenfassungen von Zeitschriften und Büchern zu überfliegen oder möglichst schnell durch Querlesen die wesentlichen Essenzen kennenzulernen. Er ist immer auf der Suche nach Tips, Tricks, Instrumenten, die schnell, sicher und preiswert sind. Ein solcher Leser sollte im Extremfall immer nur die jedem Kapitel in Teil A folgenden Zusammenfassungen für die Praxis verinnerlichen und ansonsten Teil B lesen.

Das Buch ist allerdings in der Absicht geschrieben, die Dinge, die für das Verständnis von (Fehl-) Beanspruchung, ihren Entstehungen, Konsequenzen und Vernetzungen wichtig und bisher in diesem Kontext kaum oder nur fragmentarisch auf höchstem wissenschaftlichen Niveau ohne praktische Verhaltensempfehlungen beschrieben sind, tiefergehender, teilweise auch recht wissenschaftlich zu behandeln. Wer Zeit und Lust hat, etwas für sich selbst zu tun, sollte also das ganze Buch lesen.

Das Buch ist zunächst in zwei große Abschnitte unterteilt. Teil A beschäftigt sich vorrangig mit der Analyse bzw. der Diagnose. Was passiert bei dem Phänomen Streß, wie spielen Wahrnehmungen, Gefühle, Motivationen zusammen, und was verführt uns dazu, meist nicht so zu handeln, wie wir es „eigentlich" für richtig halten?

Im zweiten Teil des Buches (B) wird erläutert, was man tun kann, um sich „richtiger" zu beanspruchen (Intervention), und wie man sich vorausschauend so steuern kann, daß zumindest das Risiko etlicher Mißgeschicke inklusive zahlreicher Krankheiten minimiert wird (Prävention).

Diese beiden groben Abschnitte des Buches sind in viele Einzelkapitel unterteilt, von denen jedes mit den zusammengefaßten Essenzen im Sinne praktischer Konsequenzen für das alltägliche Handeln abschließt.

Dortmund, im März 1994

Die zweite Auflage läßt auf die Bereitschaft zur Umsetzung hoffen.

Herdecke, im Juli 1999 *Michael Kastner*

Inhaltsverzeichnis

1. Zur Einführung

Verschiedene Beanspruchungsnöte

„In der Not erst magst Du zeigen, wer Du bist und was Du kannst."
(Geibel, Gedichte und Sprüche)

Die meisten Menschen assoziieren mit „Streß" Hektik, alle möglichen Arten von Druck, vor allem aber Zeitdruck, Gehetztsein, das Gegenteil von Muße, Aufregung, den Anforderungen ausgeliefert sein, Anspannung aber auch (Versagens-)Angst, Ärger usw.

Es gibt aber nicht *den* Streß, er stellt sich je nach Person und Situation anders dar. Daher ist es sinnvoll, *den* Begriff „Streß" zu meiden und von Beanspruchung zu sprechen. Sie ist aber nur in Abgrenzung von der Belastung verständlich, so daß das Begriffspaar „Belastung – Beanspruchung" Gegenstand der folgenden Betrachtungen ist.

Belastung bezeichnet immer die Merkmale einer Situation, die physikalisch beschreibbar sind, wie zum Beispiel Gewicht in Kilogramm, Lärm in Dezibel, Temperatur in Celsius oder Kelvin oder die Dauer der Arbeit in Stunden. Beanspruchung kennzeichnet immer das, was sich im Organismus umsetzt. Was für den einen ein leichtes, lachhaftes Trainingsgewicht darstellt, ist für den anderen ein Grund, sich einen Bruch zu heben. Dasselbe Kindergeschrei kann für die liebenden Eltern Musik in ihren Ohren sein, für die genervten Nachbarn aber ein Grund, an die Decke zu gehen. Eltern und Nachbarn sind in diesem Falle gleich belastet, aber unterschiedlich beansprucht. Wir sind an durchaus vergleichbaren Tagen unterschiedlich beansprucht, das heißt jeweils anders „in Form". Jeder Jogger kennt das Gefühl, daß die Beine wie Blei sind und dieselbe Strecke, die man an guten Tagen leichtfüßig dahineilt, heute zu einer quälenden, äußerste Selbstdisziplin fordernden Angelegenheit wird.

Die berüchtigte Fliege an der Wand kann eine ausgesprochen beanspruchende Angelegenheit sein. Und oft genügen schon selbst gesponnene Gedanken, um jemanden zur Raserei zu bringen. Man denke vor allem an Gefühle wie Eifersucht, Neid oder Angst. Wir sind allein schon aufgrund der Tatsache, daß wir leben, immer beansprucht, aber die Beanspruchung korrespondiert nicht mit der Belastung. In den hochzivilisierten Gesellschaften werden ausgerechnet die fleißigen Japaner am ältesten, die ihre paar Tage Urlaub im Jahr gar nicht voll nehmen und den Rest zum Zahnarztbesuch nutzen. Und bei uns haben nicht die Kollegen mit den „schweren“, belastenden Berufen die geringste Lebenserwartung, sondern diejenigen mit der ungesündesten Lebensweise und mit der meisten Hektik. Personen, die in Ungewißheit leben, viel Ärger haben, deren Abwehr geschädigt wird, zum Beispiel durch Infektionen und Fehlbeanspruchungen, wie zum Beispiel die Kneipenwirte und die Ärzte selbst, haben eine deutlich reduzierte Lebenserwartung.

Der Herzinfarkt ist keine Krankheit des gehobenen Managements, sondern er bevorzugt die unteren Hierarchie-Ebenen, die Sandwich-Positionen, wo man zwischen oben, unten, vorne, hinten, Arbeit und Familie und den vielen Leuten, die alle etwas verlangen, „zerquetscht“ wird.

Es gilt diese Beanspruchung zu optimieren, das heißt sie in dem jeweiligen individuellen Optimalbereich zu halten zwischen Unter- und Überbeanspruchung, zwischen Unter- und Überforderung, zwischen Lahmheit und Hektik.

Beanspruchungsoptimierung ermöglicht Lebensqualität. Wenn sie nicht gelingt, müssen wir mit dem Burn-out (innere Erschöpfung), psychosomatischen Erkrankungen, mit Depressionen, Neurosen (Erlebens- und Verhaltensstörungen) oder gar mit schweren Krankheiten wie Herzinfarkt oder Krebs rechnen.

Wir müssen unbedingt lernen, mit weniger Zeit- und Energieaufwand mehr Arbeits- und Lebensqualität zu erreichen.

Der Begriff „Streß“ hat seine Wurzeln im Lateinischen (districtia = Enge) und taucht im Englischen zuerst im 15. Jahrhundert im Sinne des physikalischen Druckes auf, der auf ein Material ausgeübt wird. Druck ist auch heute noch ein wesentliches Merkmal dessen, was wir unter Streß verstehen (Zeitdruck, Gruppendruck, Arbeitsdruck etc.). Im 18. Jahrhundert bürgerte sich der Begriff in die englische Alltagssprache im Sinne von Druck, Zwang, Überanstrengung und 100 Jahre später auch im Sinne von Not, Elend, Leid ein. Schließlich näherte sich die Bedeutung des Begriffes Streß im 19. Jahrhundert unserer heutigen Vorstellung der Beanspruchung von Körper, Geist und Psyche. Vor allem durch die Forschung von Hans Selye (zum Beispiel 1936) wurde der Begriff Streß auch in die

Humanwissenschaften eingeführt. Hier ergab sich ein meist negativer Bedeutungshof von Streß im Sinne der Überforderung oder Überlastung, begleitet von Aufregung und Spannung.

Weshalb wird denn nun die Fehlbeanspruchung zu einem immer drängenderen Thema? Wir alle merken, daß unsere bisherigen Denkmuster unzureichend für die Bewältigung unserer Probleme sind. Im politischen, ökologischen, sogar im persönlichen Bereich erscheint zu vieles komplex, dynamisch, turbulent, instabil, unvorhersagbar. Wir vermissen Transparenz, Durch- und Überblick. Einerseits brauchen wir mehr Zeit, um uns dies zu verschaffen und die Widersprüchlichkeiten aufzulösen, andererseits haben wir diese Zeit aufgrund der Hektik der sich überschlagenden Ereignisse nicht. Wir versinken im Tagesgeschäft, in einer ungeordneten Informationsflut und oft in dem unguten Gefühl, gegen unsere eigentlichen Interessen aus fraglichen Sachzwängen heraus zu handeln. Die Forderung nach schnellen Entscheidungen verführt zum „Durchwursteln“, man wird zur „Urteilsmaschine“. Wir können oft unsere Entscheidungen nicht sauber vorbereiten, in Ruhe abwägen, um uns später dem angenehmen Gefühl hinzugeben, nach bestem Wissen und Gewissen richtig entschieden zu haben.

Wir laufen in diesem Trend mit und haben oft zumindest unterschwellig den unguten Eindruck, daß wir „eigentlich“ falsch handeln, uns selbst, die Familie, die Mitarbeiter, die Umwelt ausbeuten. Ausgerechnet die uns liebsten Menschen, wir selbst und unsere Familienmitglieder müssen mit der Zeit vorlieb nehmen, die „übrig bleibt“.

Der Satz: „Man müßte mal ...“ (mit den Kindern hinausfahren, Urlaub machen, Freunde besuchen, in Ruhe über etwas reden, die Akten ordnen, auf den Berg gehen) wird zu einem geflügelten halb resignativen, halb zynischen Ausspruch.

Man müßte sich auch mal Zeit für den Mitarbeiter nehmen. Das Bedürfnis nach Geborgenheit und Wärme steigt mit der Vereinzelung, die man wiederum positiv als „Individualisierung“ beschreiben kann. Wachsende Komplexität schafft Spezialisierung und damit Individualisierung.

Vielfach sehen die Resultate unseres Handelns nach bestem Wissen und Gewissen völlig anders aus als unsere Absichten. Wir erringen Pyrrhus-Siege, und oft sind die Nebenwirkungen unseres Tuns nachteiliger als die

Hauptwirkungen. Oder unsere Problemlösungen schaffen neue, noch schwerwiegendere Probleme und damit neue Beanspruchungen. Je stärker wir in eine Thematik geistig einsteigen, um so mehr wird uns bewußt, was wir nicht wissen.

Uns wird fast täglich bewußt, daß wir mit den tradierten Denkmethoden immer weniger Erfolg haben. Das Denken jeweils in gradlinigen Zweierbeziehungen nach dem Muster „wenn, dann" (lineares, binäres und kausales Denken) stammt aus unserer Zeit als Jäger und Sammler. Noch heute sind wir solche „monokausalen Denkmaschinen", die in unserer zukünftigen Welt kaum Chancen haben. Wir haben zahllose blinde Flecken und bemerken diese nicht. Wir sehen nicht, wenn wir nichts sehen, leiden aber unter den Folgen dieser blinden Flecken.

Je stärker wir uns in den eigenen Anforderungen und Ansprüchen verfangen, je intransparenter und turbulenter uns unser Umfeld erscheint, je unsicherer wir sind, um so mehr wächst in uns der Wunsch nach Über- und Durchblick oder gar dem „großen Mann", der kraft übermenschlicher Fähigkeiten, Vernunft und moralischer Integrität die „Dinge schon richten" wird.

So manche Führungskraft ist im Peter-Prinzip nach oben gekommen, das heißt, sie befindet sich vielfach schon auf der Stufe der maximalen Inkompetenz. Wir steigen auf, indem wir immer mehr verschiedene Aufgaben und Kompetenzen übernehmen, für die wir nicht ausgebildet sind. Man ist oben, aber einsam und kann kaum noch trennen zwischen Personen, die es wirklich gut meinen, und denen, die sich durch ihr Hofschranzentum nur Vorteile erhoffen.

Hier handelt es sich um eine besonders unangenehme Art von emotionaler Beanspruchung. Je höher man die Hierarchiestufen erklommen hat, um so weniger ehrlich gemeinte Rückkopplung wird vermittelt und um so mehr Chancen zu Verhaltenskorrekturen werden damit genommen. Man sagt doch dem Chef nicht, daß ... Im Gegenteil, man betont immer wieder die besonderen Qualitäten des Chefs solange, bis er es selbst glaubt und Gefahr läuft, hybride zu werden. Er ist sich des Neides der anderen sicher. Schließlich ist in den hochzivilisierten Ländern der Neid die höchste Form der Anerkennung.

Gleichzeitig mit den anwachsenden Anforderungen aus unserer Umgebung entwickeln wir selbst, unsere Familien und die Mitarbeiter immer höhere Ansprüche hinsichtlich des Konsums, Komforts, der Qualität von Produkten und letztlich auch der von Menschen. Wir nennen dies Fortschritt und konterkarieren zaghafte Zweifel mit markigen Sprüchen wie zum Beispiel: „Stagnation bedeutet Rückschritt“. Fragen nach dem Sinn von Arbeit oder dem eines „erfüllten Lebens“ werden auf die Zeit verwiesen, „in der man mal Ruhe hat“. Viele sinnvolle Dinge und Handlungen fallen uns täglich ein, werden aber sofort den „Zwängen“ untergeordnet. Allzu oft verhalten wir uns falsch, dies teils unbewußt, zu einem großen Teil aber sehenden Auges. Die Korrelation zwischen menschlicher Einstellung und entsprechendem Handeln beträgt ungefähr 0.5, d.h. wir handeln meist anders, als wir es „eigentlich“ wollen. Wir wissen meist ziemlich genau, was richtig und wichtig wäre, tun es aber nicht. Das Nicht-Wissen ist nicht das Problem. Das Nicht-Umsetzen macht uns besonders zu schaffen.

Die Unfähigkeit zu konsequentem Handeln wird schnell rationalisiert mit dem Argument der sogenannten Sachzwänge: *Die Firma verlangt..., man kann doch nicht so einfach ..., wir wollen doch Erfolg...* 80 Prozent aller Sachzwangargumentationen sind nichts anderes als faule Ausreden. Meist schaffen wir uns unsere Zwänge und Anforderungen selbst. Wir sind Opfer unserer sich dramatisch verändernden Arbeitswelt, aber wir sind auch Täter zugleich. Wir stehen im Stau und ärgern uns über ihn, aber wir sind auch der Stau. Auf einer emotionalen Ebene, also im „Bauch-Bereich“ müssen wir lernen, mit Unsicherheit, Intransparenz und Ängsten zu leben. Dabei haben wir in unserem Bildungssystem noch nicht einmal gelernt, uns selbst und andere zu führen. Auf der kognitiven Ebene, also im „Kopf-Bereich“ müssen wir lernen, mit Komplexität, Vernetzungen und Dynamiken umzugehen. Auch dies lernen wir in unserem Bildungssystem bislang zu wenig.

Veränderungen sorgen unter anderem für Unsicherheiten. Je unsicherer wir sind, desto stärker wächst der Wunsch nach sozialer Unterstützung, klugen Ratschlägen und konkreten Hilfen. Es ändert sich praktisch alles, und in weiten Bereichen in einem atemberaubenden Tempo. Komplexität, Dynamik, Globalität, die Vernetzungen von ökonomischen, demographischen, technologischen und ökologischen Entwicklungen sind einerseits bedrohlich, lassen andererseits auf eine späte Hinwendung zu dezentralen Strukturen, systemischem Denken und eventuell sogar Vernunft hoffen.

Dies alles betrifft die psychologische Seite. Wie sieht es mit der medizinischen Seite der Medaille aus? Mittlerweile stirbt jeder zweite an einer Herz-Kreislauf-Krankheit. Wir wissen, wie schädlich Rauchen, zu reichhaltiges Essen, Alkohol, zu wenig Bewegung usw. sind. Wir handeln dennoch vielfach falsch. Warum? Unser Körper sendet laufend Signale, die wir geflissentlich überhören. Wir wissen um die Notwendigkeit von Ruhe und stürzen uns gleichzeitig in den nächsten Freizeitstreß. Systemische Krankheiten nehmen drastisch zu. Jeder fünfte Deutsche leidet mittlerweile an einer Allergie. Unser Immunsystem wird zunehmend geschwächt. Die „Wintergrippe“ ist keine überschaubare, klar abgrenzbare Angelegenheit mehr, sondern man kränkelt monatelang in einem permanenten Auf und Ab vor sich hin. Falls man sich dennoch wacker gegen alle Ansteckungsanfeindungen zur Wehr setzt, wird man prompt in der Ruhephase – typischerweise Weihnachten – doch noch krank. Bequemere Mitmenschen fürchten eine Krankheit besonders während des Urlaubs. Der leistungsorientierte Kollege fürchtet die Krankheit während der Arbeitszeit.

Letztlich geht es immer um die Frage der Regulation eigenen Verhaltens und Erlebens (Selbstmanagement). Erst wenn dieses gelingt, kann man daran gehen, fremdes Verhalten ansatzweise zu regulieren (Fremdmanagement bzw. Führung). Dabei spielt immer wieder das Verhältnis zwischen Leistung und Beanspruchung eine entscheidende Rolle.

Oft sind wir zu perfektionistisch oder delegieren nicht. Warum? Perfektionismus fördert mein Selbstwertgefühl, und je stärker ich überzeugt bin, daß ich alles selbst am besten kann, desto weniger werde ich delegieren.

Wir müssen lernen, daß jede (Fehl-)Beanspruchung Substanz kostet. Nun muß nicht jede Arbeit Lebensqualität vermindern, sondern sie kann dazu Wesentliches beitragen. Und umgekehrt ist die liebe Familie nicht immer unbedingt ein Hort der wahren Erholung, sondern sie kann auch so beanspruchen, daß im Vergleich dazu der Arbeitsplatz wie ein Erholungsort erscheint.

In den meisten Zweierbeziehungen merken wir schon, wie kompliziert menschliches Zusammenleben ist. Wenn jeweils der einzelne mit sich selbst nicht richtig umgehen kann, funktioniert auch die Zweierbeziehung nicht. Zwei gleichzeitig Ertrinkende bieten einander wenig Halt. Wie schwierig muß da erst das Zusammenspiel vieler Menschen sein.

Basis aller mitmenschlichen Beziehungen, sei es im privaten, sei es im beruflichen Bereich, in der Erziehung, der Führung, in der Kommunikation, der Problemlösung, der (Selbst-)Motivation, der Ideologien und Religionen und schließlich in der Politik, ist letztlich immer das Selbstmanagement.

Die Wichtigkeit der Optimierung der eigenen Beanspruchung wird um so deutlicher, je intensiver wir uns die Streßsymptome vor Augen führen. Zerschlagenheit und fehlender „Drall", Schlaflosigkeit, Appetitlosigkeit und Verdauungsstörungen, sinkende sexuelle Gelüste, Verspannungen, Denk- und Konzentrationsstörungen, alle möglichen Schmerzen vor allem in Kopf und Rücken, Nervosität, Gereiztheit und Dünnhäutigkeit, depressive Verstimmungen, Schwindel und Schwächegefühle und letztlich alle möglichen Arten von Krankheiten füllen eine stattliche und bei weitem nicht vollständige Liste von Streßsymptomen, die genügend Anlaß zu kritischer Reflexion und entsprechenden Taten geben.

Wie sind wir für die Anforderungen der Zukunft gewappnet?

> *„Zu erobern, König, ist wohl nicht das Hauptwerk, das Eroberte zu behalten, dieses ist das Schwere."*
> (Herder, Der Cid, III)

Die Antwort ist einfach: unzureichend. Wir haben eine technische Entwicklung in einem solchen Tempo vollzogen, daß die Eigendynamiken der damit entstandenen Systeme kaum noch durch den Menschen beherrschbar sind. Beanspruchung entsteht im Kopf und ist eine Frage der subjektiven Einschätzungen. Schon wenn Anforderungen nur gedacht werden und jeder Realität entbehren, beanspruchen sie ungemein. Jeder weiß, wie quälend die Angst sein kann, eine schwere Krankheit zu haben, in der Liebe zurückgewiesen zu werden, die Reputation zu verlieren oder die Kinder nicht genügend zu fördern. Diese Ängste verursachen einen erheblichen Streß, obwohl sie meist in der Realität zum Glück jeder Grundlage entbehren.

Den umgekehrten Fall gibt es auch. Wir haben Angst, ärgern und sorgen uns bezüglich verhältnismäßig geringfügiger Angelegenheiten. Die wirklichen Gefahren mit unausdenkbaren Konsequenzen etwa im Bereich des Krieges, der ökologischen Katastrophen werden weitgehend ausgeblendet, solange man selbst oder die unmittelbare Umgebung nicht betroffen ist. Die Bäume sehen doch grün aus, die Atomkraftwerke im Osten werden schon nicht hochgehen.

Die Eigenart, sich bezüglich der engeren Umgebung zu beanspruchen, die wesentlich größeren, aber ferneren Probleme auszublenden, ist zum einen ein Erbe aus der Zeit, als der Mensch noch in einer völlig anderen Welt lebte, für die seine Ausstattung ausreichte. Zum zweiten ist diese Eigenart individuell gesehen überlebensnotwendig. Würden wir uns täglich die Sorgen um unsere Zukunft machen, die „eigentlich“ angebracht wären, könnten wir uns alle sofort kollektiv aufhängen.

Die Evolution „denkt“ in Jahrmillionen, vielleicht in Grenzen in Jahrtausenden, mit Sicherheit aber nicht in Jahrzehnten. Wir sind noch „gebaut“ wie die Jäger und Sammler, vielleicht wie die Bauern vor wenigen Jahrtausenden. Aber unser Körper ist nicht „gebaut“ für Geschwindigkeiten über 200 km/h auf der einen und für permanentes Sitzen auf der anderen Seite.

Unser Geist ist nicht entwickelt für diese gigantischen Informationsmengen. Unsere Psyche verkraftet kaum diese permanenten dramatischen Veränderungen der Lebensbedingungen innerhalb kürzester Zeit. Wie schwierig es ist, schon verhältnismäßig kleine Kulturunterschiede in kürzerer Zeit zu überwinden, zeigt die Entwicklung in den neuen Bundesländern.

Es gibt zahllose Belege für generelle Überforderungen:

- die dramatisch ansteigenden Zahlen im Bereich der psychisch Geschädigten, der psychosomatisch Kranken und Herz-Kreislauf-Patienten;
- die wachsende Kriminalität und die Unfähigkeit, Konflikte zu lösen;

- die Unfähigkeit, uns selbst zu begrenzen, um den Ast, auf dem wir sitzen, nicht abzusägen;
- und die ökologische Misere zeigen, wie wenig wir gewappnet sind, mit noch größeren Herausforderungen der Zukunft fertig zu werden.

Versuch einer Ordnung unserer Defizite

> *„Nicht durch die Schuld der Sterne, lieber Brutus, durch eigne Schuld nur sind wir Schwächlinge."*
> (Shakespeare, Julius Cäsar)

Personale Defizite

Fehlbeanspruchungen entstehen vor allem durch uns selbst, durch unsere Situationen (zum Beispiel Anforderungen am Arbeitsplatz) und durch die Organisation im Sinne des Umfeldes mit den verschiedensten Abläufen. Ich kann hervorragend befähigt sein, an einem schönen, gut ausgestatteten Arbeitsplatz sitzen. Aber wenn ich mich nicht wohl fühle und nichts zueinander paßt, kann kein richtiges Verhalten resultieren. Wir lernen in unserem Bildungssystem unzureichend, uns selbst, andere und unser Umfeld zu organisieren. Wir lernen kaum, mit Konflikten und Krisen, die wir in zunehmendem Maße erzeugen, richtig umzugehen. Die Kommunikationsmuster gleichen vielfach unter der dünnen Tünche der Zivilisation noch den archaischeren Mustern der Jäger und Sammler. Ärger, bis hin zum Mobbing (also dem „Hinausekeln" von Kollegen), zeugt nicht gerade von Vernunft und Beanspruchungsoptimierung.

Die Fähigkeit zur Selbstbegrenzung kommt in einer Welt des Konsums leicht zu kurz. Menschen definieren ihr Selbstbewußtsein über Vergleiche mit anderen. Wenn jeder den anderen übertrumpfen will, schaukelt sich das Anspruchssystem hoch.

Wenn wir uns im beruflichen Bereich für etwas begeistern, denken wir meist zu wenig an die Substanz- und Gesundheitskosten. Wenn die Karriere winkt, „muß man halt mal" ein bis zwei Jahre von der Familie getrennt leben, 14 Stunden am Tag arbeiten und sich von Bier und Pommes frites ernähren. Und dieses „halt mal" wird zum Dauerzustand, weil es ungemein schwer ist, den fahrenden Zug zu verlangsamen. Man hat schließlich seine Ansprüche und Zwänge selbst geschaffen. Der Verzicht ist unmittelbar meßbar, der durch ihn mögliche langfristige Gewinn scheint diffus.

Im beruflichen Bereich wird im wesentlichen nur mit der Elle der Leistung gemessen. Inwieweit jemand verantwortungsbewußt mit seiner eigenen und fremder Gesundheit umgeht, wird kaum registriert.

Situationale Defizite

Das häufigste situationale Defizit ist sicherlich Geldmangel oder zumindest der Mangel an Bereitschaft, an anderer, scheinbar weniger wichtiger Stelle Geld einzusparen, um die Beanspruchung zu optimieren. Wie viele Leute geben für die umweltschädliche Metallic-Lackierung und Leichtmetallfelgen ihres Autos einige Tausend Mark aus? Aber für einen vernünftigen, rückenschonenden Schreibtischstuhl fehlt das Geld.

Unendlich viele Arbeitsplätze sind nicht hinreichend unter Beanspruchungsgesichtspunkten eingerichtet. Sicherlich ist vor allem in den letzten beiden Jahrzehnten unter ergonomischen Aspekten sehr viel im Rahmen der Arbeitsgestaltung getan worden. Aber das meiste, das über die funktionalen Gesichtspunkte der unmittelbaren Arbeitsausführung hinausgeht, führt ein Stiefmütterchendasein. Klimaanlagen, Großraumbüros, menschenschindende und gefährliche Arbeitsabläufe bewirken Fehlbeanspruchungen, die vielfach in Dauerschädigungen enden. Derartiger Streß ist aber meist erstaunlich gut zu verkraften. Krank machen vor allem ungünstige soziale Situationen, die das Selbstwertgefühl beschädigen, also „ans Eingemachte gehen". Angst, Ärger, mangelnde Zuwendung und soziale Unterstützung, die kleinen täglichen Gemeinheiten und Verletzungen, die zeigen, daß man in den Augen der anderen wenig zählt, sind in ihrer kumulativen Wirkung sicherlich als sehr viel fehlbeanspruchender einzuschätzen als technische Mängel am Arbeitsplatz, sofern diese nicht zu schwerwiegend sind.

Die Behebung situationaler Defizite ist oft leichter, als wir denken. Man muß allerdings bereit sein, selbst die Initiative zu ergreifen. So manches graue Büro kann mit wenigen eigenen Mitteln und viel Fantasie in einen gut erträglichen Arbeitsplatz verwandelt werden, an dem man schließlich die meiste wache Zeit seines Lebens verbringt.

Organisationale Defizite

Die Organisationskultur, das Klima und vor allem die Arbeitsabläufe im Rahmen der funktionalen Organisation können ausgesprochen fehlbeanspruchen. Die wunderbarsten Mitarbeiterfähigkeiten und die schönsten Arbeitsplätze nützen nur, wenn die Abläufe reibungslos funktionieren, ein Rad ins andere greift und die „Maschine gut geölt ist und leicht läuft".

Fehlbeanspruchende Abläufe gibt es in vielen Berufen, zum Beispiel bei Fernfahrern, die getrieben werden, sich nicht regelkonform zu verhalten, bei Ärzten, in der Produktion, die immer „leaner" organisiert wird und die Leute im Laufschritt hält.

Fehlbeanspruchung ist auch im arbeitspolitischen Raum vorprogrammiert. Immer mehr Mitarbeiter im tariflichen Bereich arbeiten immer weniger in ihrem Basisberuf, nehmen aber immer mehr Nebenjobs an. Immer mehr Mitarbeiter im außertariflichen Bereich arbeiten immer mehr, und immer mehr Arbeitslose macht ihre Situation krank.

In den Märkten verstärkt sich der Konkurrenzdruck. Die Schnellen fressen die Langsamen, die Skrupellosen die durch moralische Standards „Behinderten".

Was bedeutet Beanspruchungsoptimierung im engeren Sinn?

„Das Maximum ist nicht das Optimum."

Das Wort „Beanspruchungsoptimierung" ist letztlich sinnleer, wenn die Inhalte, auf die sich diese Optimierung beziehen soll, nicht prägnanter beschrieben werden. Optimierung eines Autokaufes sagt nicht viel aus, wenn die inhaltlichen Erfolgskriterien wie zum Beispiel Kosten und Nutzen durch Verbrauch, Wiederverkaufswert, Sicherheit, Komfort usw. nicht präzisiert werden.

Ähnlich sprechen viele Menschen davon, sie wollten Erfolg haben. Wenn man sie aber fragt, was denn Erfolg sei, kommt meist prompt die Antwort: „Zielerreichung". Nun stellen sich etliche Zielerreichungen oft langfristig als Ursachen für die größten Mißerfolge heraus. Ist derjenige, der mit 40 Jahren als der reichste Mann auf dem Friedhof liegt, erfolgreich?

Zum Erfolg gehören mindestens drei Facetten. An erster Stelle steht die in unserer Leistungsgesellschaft wesentliche Facette „Leistung". Erfolgreich ist, wer in einem bestimmten Maße gesellschaftlich akzeptierte Leistungen erbringt. Dagegen ist nichts einzuwenden, nur wird meist vergessen, was die jeweilige Leistung an Substanz kostet. Wer dauernd zu hochtourig am „Zahnfleischrand" läuft, richtet sich zwangsläufig selbst zugrunde. Zum Erfolg gehört also neben der Leistung auch die adäquate Beanspruchung. In der Sportmedizin ist es eine Selbstverständlichkeit, daß im Training nicht bis zur völligen Verausgabung geübt wird, sondern etwa bis zu zwei Dritteln des „Zahnfleisches". So werden die besten Traningseffekte erzielt. Dieses Zwei-Drittel-Prinzip gilt auch für den geistigen Bereich.

Bei einfachen Aufgaben zeigen sich die besten Leistungen, wenn wir auf Höchsttouren laufen. Aber bei komplexen Aufgaben und Problemen – und die Komplexität wird noch eine besondere Rolle spielen – leisten wir qualitativ das Beste bei ca. zwei Dritteln unserer Grenzleistung.

Zu Erfolg gehört noch eine dritte Facette: die „Lebensqualität". Unsere Zeit ist sehr begrenzt, und dummerweise vertrödeln wir sie viel zu sehr mit unwichtigen und wenig lebensqualitativen Beschäftigungen. Es ist wünschenswert, die eigene und möglichst auch fremde Zeit mit Tätigkeiten zu verbringen, von denen wir im nachhinein sagen können, daß sich dieses Zeitinvestment im Hinblick auf Lebensqualität gelohnt hat.

Wirklicher Erfolg ist also nur durch Beanspruchungsoptimierung zu erreichen. Diese Zwei-Drittel-Regel ist keine Aufforderung zur freizeitorientierten Schonhaltung am Arbeitsplatz. Sie gilt langfristig. Wir können uns kurzfristig durchaus auch öfter überbeanspruchen, sofern jeweils anschließend in genügenden Regenerationsphasen der Akku wieder aufgeladen wird.

Der logische Aufbau dieses Buches

Beanspruchungsoptimierung ist ein Problem der Steuerung und Regelung des eigenen Verhaltens oder auch des Selbstmanagements. Unser zentrales Beobachtungs- und Entwicklungsobjekt ist dabei immer das Verhalten von Personen bzw. Gruppierungen von Personen. Das Verhalten von Individuen und Gruppen entwickelt sich auf der Basis relativ stabiler Komponenten der Personen (genetische Anlage, „festverdrahtete" Lernprogramme), der Situationen (unmittelbare physikalische Umgebung und Aufgaben) und der funktionalen Organisation (Milieu, Kultur, Abläufe, „was tut man, was nicht?"). Wir können unser eigenes Verhalten nur optimieren:

- wenn wir unsere eigenen Kapazitäten, Ressourcen, Fähigkeiten und Fertigkeiten fördern soweit dies möglich ist;
- wenn die Situationen mit ihren Anforderungen entsprechende Entfaltungen ermöglichen, auch anregen, herausfordern ohne durch Angst zu verprellen und
- wenn die Organisationen sowohl im Sinne der institutionellen Organisation ein entsprechendes Milieu bieten als auch im Sinne der funktionalen Organisation die Abläufe entsprechendes Verhalten ermöglichen.

Das Verhalten eines jeweiligen Systems (Individuum oder Gruppe) muß zunächst diagnostiziert werden. Ohne eine vernünftige Diagnose ist eine gute Therapie (Intervention) und eine gute Prävention unmöglich. Unserer Erfahrung nach ist es sehr viel sinnvoller, zunächst das Idealverhalten zu diagnostizieren, wobei „ideal" nicht bedeutet „rosarote Wolke, morgen erbe ich 3 Millionen und bin nicht mehr beansprucht", sondern es geht um erwünschtes, „richtiges" Verhalten unter realen, von mir selbst nicht änderbaren Bedingungen wie zum Beispiel Wetter oder Macht des Chefs. Mit anderen Worten: Jeder sollte erst einmal diagnostizieren, was er will, ehe er sich der Realität zuwendet. Erst anschließend wird die Realität diagnostiziert. Wie sieht mein Verhalten denn nun in Wirklichkeit aus?

Die Reihenfolge dieser Diagnoseschritte ist deshalb wichtig, weil eine direkte Zuwendung zum realen Verhalten und Erleben sehr viel stärker allen subjektiven Wahrnehmungsverzerrungsprozessen unterliegt. Je

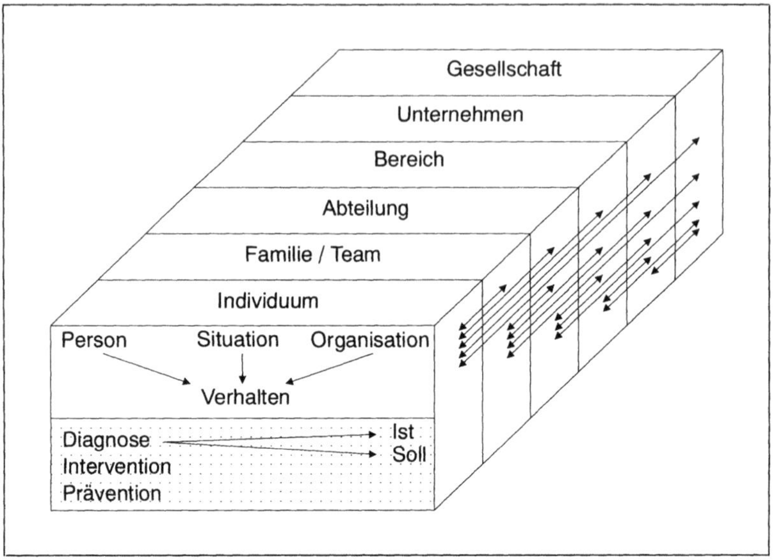

Abbildung 1.1: Der Verhaltenswürfel zur Rasterung des Beanspruchungsverhaltens und -erlebens

nach momentaner Befindlichkeit werden die entsprechenden Informationen und Bewertungsmechanismen herangezogen und färben damit das Bild des eigenen Verhaltens ungemein ein.

Bis zu diesem Punkt wird im wesentlichen diagnostiziert (Teil A des Buches, Kapitel 3 bis 6).

Da wir immer nur die Systeme sehen, die wir sehen wollen, ist es wichtig, zunächst das System zu bestimmen, dessen Verhalten man optimieren will. Bei der Steuerung des individuellen Verhaltens, also beim Selbstmanagement, bewegen wir uns vorwiegend in der ersten Scheibe des Würfels in Abbildung 1.1, dürfen aber die Schnittstellen mit den anderen Systemen, zum Beispiel Familie, Team, Abteilung, nicht vergessen.

Die jeweilige Systemsicht muß also zunächst gemäß den jeweiligen Zielen und Absichten konkretisiert und kommuniziert werden. Der Vorstand, der zur Rettung des Unternehmens, also des Systems, das er primär sieht, zahlreiche Mitarbeiter entlassen muß und damit viel Beanspruchung auslöst, hat aus seiner Systemsicht recht. Gleiches gilt für den Abteilungsleiter auf einer unteren Hierarchieebene, der sein System, die Abteilung, sieht und sich in der Folge über zu wenige Mitarbeiter beklagt.

Die Hausfrau, die unter der Langeweile ihres eintönigen Daseins leidet und abends etwas unternehmen will, hat aus ihrer Sicht genauso recht wie der abgeschlaffte, „gestreßte“ Ehemann, der abends nur noch Ruhe will.

Konkrete Empfehlung für diese verschiedenen Zusammenspiele werden im letzten Teil des Buches gegeben. Sie wirken in der Systemsicht des Wissenschaftlers sicherlich manchmal etwas platt. Aber in der Kürze liegt die Würze. Und schließlich ist es für die tägliche Umsetzung wichtig, die Kernsätze, Prinzipien, zentralen Muster schlagwortartig im „Hinterkopf“ zu haben, um die schlimmsten Fehler zu vermeiden. Denn jenseits aller Idealvorstellungen von Beanspruchungsoptimierung hilft es schon sehr viel, wenn man nur die schlimmsten Fehler minimiert. Kinder werden in der Bilanz recht gut erzogen und Mitarbeiter recht gut geführt, wenn einfach die gröbsten Erziehungs- und Führungsfehler vermieden werden.

Da die Beanspruchungsoptimierung auch bezüglich des Lesens eines Buches nur gelingen kann, wenn Orientierungsmöglichkeiten geboten werden, wird zu Beginn eines jeden Kapitels der Würfel aus Abbildung 1.1, Seite 26, kurz aufgegriffen und der Mosaikstein, der in diesem Kapitel behandelt werden soll, dick eingerahmt.

Konsequenzen für die Praxis

- Um die eigene und fremde Beanspruchung zu optimieren, ist zunächst Offenheit und Selbstreflexion erforderlich. Dazu gehört die Bereitschaft anzuerkennen, daß wir blinde Flecken haben und normalerweise nicht sehen, wo wir nichts sehen.
- Belastung kennzeichnet immer die objektiv beschreibbaren Merkmale der jeweiligen Situation. Beanspruchung bezieht sich auf die Vorgänge in uns. Wir können somit durchaus stark belastet, aber wenig beansprucht und umgekehrt stark beansprucht, aber wenig belastet sein, zum Beispiel wenn wir uns über die Fliege an der Wand aufregen.

- Die zunehmende Komplexität beansprucht uns immer stärker. Wir neigen dazu, unter anderem aufgrund überhöhter Ansprüche, uns zuviel aufzuladen. In der Folge müssen ausgerechnet die uns liebsten Menschen vorliebnehmen mit der Zeit, die übrigbleibt.
- Orientierungslosigkeit, Hilflosigkeit, Angst, Ärger und das Gefühl, nicht das zu tun, was wir „eigentlich" wollen, führen zu weiteren Überbeanspruchungen.
- Zu viele Erfolge sind Pyrrhus-Siege und haben Nebenwirkungen, die ihrerseits fehlbeanspruchen.
- Wir sind immer noch im wesentlichen „gebaut" wie die Jäger und Sammler und haben als „monokausale Denkmaschinen" unsere Probleme, mit der von uns selbst geschaffenen komplexen Welt fertig zu werden. Zudem greifen die vorhandenen Vorstellungen über „Führer", die kraft Überblick und Integrität Orientierung bieten und gut steuern, immer weniger.
- Die permanenten Überforderungen, die wir oft nicht wahrhaben wollen, führen unter anderem dazu, daß mittlerweile jeder Zweite an Herz-Kreislauf-Versagen stirbt und daß Krebs, systemische Krankheiten und die Lebensqualität beeinträchtigende Krankheiten wie zum Beispiel Allergien auf dem Vormarsch sind.
- Ausgerechnet die wichtigsten Dinge im Leben, uns selbst, andere und unser Umfeld zu organisieren, haben wir kaum gelernt. Dazu gehören der Umgang mit Konflikten und Krisen, eine gute Kommunikation und die Umsetzung der Erkenntnis, daß wir bei einem Zweidrittel-Energieaufwand bezogen auf die Verausgabung bis zum „Zahnfleisch" die qualitativ besten Leistungen erbringen und die höchste Wahrscheinlichkeit besitzen, fit, gesund und munter zu werden und zu bleiben.

Teil A

Wie sehen (Fehl-)Beanspruchungen aus ?

2. Wie sehen die Anforderungen aus, denen wir uns stellen müssen?

„Es gibt nur drei Methoden, um leben zu können: Betteln, stehlen oder etwas leisten."
(Mirabeau)

Wer sich für die ersten beiden Alternativen entschieden hat, kann sich das nächste Kapitel sparen.

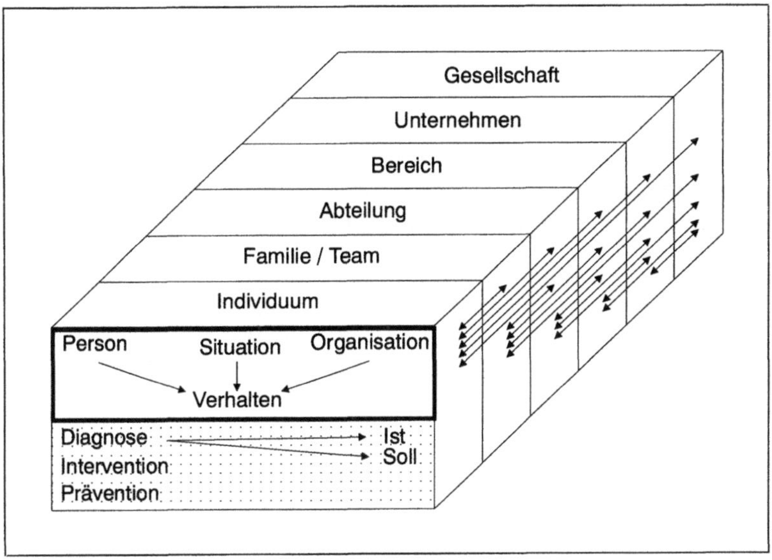

Abbildung 2.1: Blick auf die Anforderungen an das Verhalten durch Situation, Person und Organisation

Anforderungen durch die Situation

Wenn die Beanspruchung im Unternehmen optimiert werden soll, müssen natürlich die Arbeitsbedingungen als die Situationsmerkmale schlechthin menschengerecht gestaltet werden. Dazu werden Kriterien benötigt.

Letztlich geht es immer um die Versöhnung von Wirtschaftlichkeit und Menschlichkeit.

Eine Hierarchisierung solcher Kriterien hängt natürlich von den jeweiligen Zielvorstellungen von Arbeits- und Lebensqualität ab.

Inhaltlich lassen sich folgende situative Herausforderungen unterscheiden:

1. *Sicherheit:*
   Ein hohes Sicherheitsrisiko wird oft zugunsten einer inhaltlichen Leistung in Kauf genommen. Zum Zwecke des Transportes und des Komforts nehmen wir in Deutschland jährlich ca. 10 000 Tote in Kauf. Zwecks Energiegewinnung riskieren wir unsere Lebensgrundlagen, sei es durch atomare Verstrahlung, sei es durch eine Kohlendioxid-Überproduktion. Für die Produktion chemischer Produkte gehen wir erhebliche gesundheitliche Risiken ein. Die Sicherheit bezieht sich also nicht nur auf den unmittelbar am Arbeitsprozeß beteiligten Mitarbeiter, sondern auch auf die Produkte, den Produktionsprozeß, die Logistik inklusive der jeweiligen Nebenwirkungen.

2. *Gesundheit am Arbeitsplatz:*
   Die Vermeidung von Arbeitsbedingungen, die die Gesundheit schädigen (Hacker, 1986) und die Erträglichkeit der Arbeit mindern. Die Unbedenklichkeit wird arbeitsphysiologisch überprüft.

3. *Beanspruchbarkeit:*
   Ab wann werden Menschen „ausgelaugt“?

4. *Leistungsverbesserung:*
   Bei zumutbarer Beanspruchung bzw. Zumutbarkeit oder Beeinträchtigungsfreiheit (Hacker, 1986).

5. *Menschlichkeit:*
   Passung von Anforderungen und Fähigkeiten, Zufriedenheit bzw. Förderung der Persönlichkeit. Die Tätigkeit soll menschlichen Bedürfnissen entsprechen, das heißt physische und psychische Kosten sollen einander entsprechen (Schönpflug, 1987).

Anforderungen sind zunächst immer Situationskomponenten, also Belastungen, die im Menschen unterschiedliche Facetten ansprechen. Es ist sinnvoll, verschiedene Anforderungen getrennt zu untersuchen:

- *geistige Anforderungen* wie zum Beispiel eine Rechenaufgabe werden anders erlebt als
- *emotionale Anforderungen,* die als innere Belastungsgrößen wie Außenreize auch innere psychophysische „Leistungen" verlangen. Beispielsweise verlangt ein in mir aufkeimender Ärger, daß ich damit umgehe;
- *motivationale Anforderungen* regen die Verwirklichung eigener oder fremder Ziele an und verlangen den Einsatz von Leistungsvoraussetzungen, also Fähigkeiten und Fertigkeiten.

Diese drei Anforderungsarten sind wichtig für die Diagnose und Behandlung von (Fehl-)Beanspruchungen.

Beispielsweise wurden bei Personen mit Typ-A-Verhalten (hoch dynamisches, wettkampforientiertes Verhalten) im Vergleich zu Personen mit Typ-B-Verhalten (Gegenteil) bei frustrierenden Aufgaben höhere Herzfrequenzen und Blutdruckwerte gefunden. Als aber ein finanzieller Anreiz geboten wurde, der von der Leistung abhing, verschwanden diese Unterschiede. Dies wurde von den Autoren Manuck & Garland (1980) damit erklärt, daß sich unter diesen finanziellen Anreizbedingungen die Typ-B-Personen mehr anstrengten, dadurch natürlich auch stärker aktiviert waren und mehr Leistung erbrachten. Im Umkehrschluß würde dies bedeuten, daß Typ-A-Personen immer dazu neigen, Besonderes leisten zu wollen, auch wenn es relativ wenig Nutzen bringt, während sich Typ-B-Personen erst zu Aktivitäten aufschwingen, wenn der Nutzen für sie klar erkennbar ist.

Auf jeden Fall wird deutlich, daß je nach Art der Anforderungen und Neigung der Person, mit ihnen umzugehen, und je nach Anreizbedingung unterschiedliche konkrete und aktuelle Beanspruchungen entstehen.

Mentale Anforderungen

Der Naisbittsche Satz „Wir ertrinken in Information und dürsten nach Wissen" hat schon einen wahren Kern in der Informationsaufnahme, die optimiert werden muß. Es ist ohne weiteres möglich, Denkoperationen wie das Entschlüsseln von Informationen und Gedächtnisleistungen durch eine Gestaltung von Anzeigegeräten durch Skalen oder Bildsymbole zu erleichtern. Der Computer, mit dem gerade dieser Text geschrieben wird, zeichnet sich durch eine besondere Bedienerfreundlichkeit dergestalt aus, daß die Symbole recht „idiotensicher" sind und die Handhabung der Dokumente auf dem Bildschirm weitgehend einer normalen Schreibtischarbeit entspricht.

Je mehr entschlüsselt werden muß, desto höher wird die Wahrscheinlichkeit von Störungen, Fehlern und desto stärker steigt der Zeitbedarf für eine Tätigkeit.

Informationsaufnahme verlangt Orientierungen, Beurteilungen, Filterungen und Integrationen von Informationen gemäß vorhandener Regeln. Je präziser diese formuliert sind, desto besser gelingt der Informationsaufnahmeprozeß.

Nach der Informationsaufnahme muß die Information mittels Denk- und Problemlöseprozessen verarbeitet werden. Dies geschieht im technischen Bereich durch Transformationen technischer Vorgaben in Verhalten. Man bedient ein Auto möglichst in einer Weise, die seinen technischen Bedingungen entspricht. Alles andere beansprucht außerordentlich oder kostet sogar Kopf und Kragen. Wenn ein Auto sich in einer Kurve überschlägt, hat der Fahrer sich selbst und das Auto überfordert.

Emotionale Anforderungen

Moderne Technologien lösen oft vor allem bei älteren MitarbeiterInnen Ängste aus. Diese Angst vor dem Unbekannten muß in keiner Weise objektiv gerechtfertigt sein. Nun ist Angst in jedem Fall beanspruchend. Nur umgekehrt wird kein Schuh daraus, Beanspruchung muß keinesfalls mit Angst besetzt sein.

Emotionale Anforderungen erscheinen bei Hacker & Richter (1980) im Kleid der „angstbedingten, erregten Gespanntheit" durch Bedrohung seitens der Arbeitsbeanspruchung. Mithin ist die Angst vor Arbeitsbeanspruchung schon wieder eine emotionale Anforderung, die auch bei sehr leichten Aufgaben auftreten kann. Derartige Phänomene sind im täglichen Leben oft beobachtbar. Beispielsweise gibt es viele Leute, die mit ihren Freunden nicht Karten spielen wollen aus Angst, sie könnten sich zu „dumm" anstellen und würden ausgelacht. Die Erklärung, das Spiel sei doch ganz leicht, hilft da nicht weiter. Im Gegenteil, sie verstärkt das Problem noch, weil die Erwartung, sogar bei einem so leichten Spiel zu versagen, die Angelegenheit eher verschlimmert.

Für die Beanspruchungsoptimierung besonders wichtig sind aber die positiven emotionalen Anforderungen. Das Gefühl der Herausforderung, der Chance etwas Schwieriges zu bewältigen, die Freude auf Bewährung beflügelt und erzeugt eine angenehme Erregung.

Motivationale Anforderungen

Hier zeigt sich der Übergang zu den motivationalen Anforderungen. Bei der Zielvereinbarung sollte im Grunde nichts anderes gemacht werden als die Arbeitsziele der Zukunft so darzustellen bzw. gemeinsam zu erarbeiten, daß sie sich als positive motivationale Anforderungen darstellen. Der Betroffene – und hoffentlich Beteiligte – sollte begierig sein, die angestrebten Ziele sofort mit aller Kraft in Angriff zu nehmen.

Der Begriff Anforderung birgt also etliche Implikationen, die auf den ersten Blick nicht so offensichtlich sind. Wie sehen denn nun die kommenden Anforderungen inhaltlich aus? Sie seien der Einfachheit halber in technische und soziale Anforderungen unterschieden, obwohl beide Arten natürlich stark vernetzt sind.

Technische Anforderungen

- In die Büros zieht sehr viel mehr Computertechnologie ein. Bildschirmarbeit bei der Datenverarbeitung, der Textverarbeitung, Bildschirmkonferenzen, fortlaufende Kommunikation durch tragbare Telefon- und Faxgeräte lassen die Nischen der Privatheit immer kleiner werden.
- Schon bei den „einfachen“ Gebrauchsgütern werden wir gefordert. Wir können die Komplexität einer Waschmaschine mit (unnötigen) 15 Waschgängen oder des Videogerätes mit verschiedensten 100 Programmiermöglichkeiten kaum bewältigen. Wenn wir Glück haben, können wir uns dadurch entlasten, daß wir solche Aufgaben an unsere 10jährigen Kinder delegieren.

- Computer Aided Design, Computer Aided oder Integrated-Manufactoring beschleunigen die Planungs-, Produktions-, Logistik- und Dienstleistungsprozesse in einer Weise, die immer mehr Tempo und Flexibilität bzw. Umstellungsfähigkeit erfordert. In Zukunft jagen nicht mehr so sehr die Großen die Kleinen, sondern verstärkt die Schnellen die Langsamen.
- Diese Technologien reduzieren für viele Menschen die Arbeitsplatzsicherheit, steigern aber gleichzeitig die Arbeitssicherheit. Die Unfallträchtigkeit sinkt durch verstärkte Maschinenarbeit und bessere Kontrollmöglichkeiten.
- Dezentralisierte Arbeitsplätze können das Verkehrsaufkommen und damit auch einen guten Teil der aus ihm entstehenden Beanspruchung reduzieren. Man arbeitet verstärkt zu Hause am Bildschirmarbeitsplatz. Inwieweit die damit verbundenen sozialen Veränderungen neue Beanspruchungen schaffen, ist heute noch nicht abzusehen. Vielleicht gehen Eheleute sich mehr auf die Nerven, wenn sie beide zu Hause an ihren Bildschirmen arbeiten.
- Die Bewältigungen der Anforderungen werden besser überprüfbar. Nischen der freizeitorientierten Schonhaltung werden schneller aufgedeckt. Der große Bruder läßt grüßen.
- Das Mithalten mit der technologischen Entwicklung verlangt dauerndes Lernen, Qualifizierung ohne Ende und Wachsein, was natürlich beansprucht.
- Die für die modernen Technologien erforderlichen Spezialisten werden anspruchsvoller und schwerer führbar. Dies beansprucht die Führungspersönlichkeiten stärker, die nicht mehr wie früher einfach delegieren können.
- Immer neue Technologien fordern ständig heraus, senken die Stabilität und Adäquatheit alter Denkmuster. Das erforderliche dauernd „auf dem Sprung sein" erhöht die Beanspruchung.
- Lean Production und Lean Management sorgen dafür, daß auf der einen Seite immer mehr Menschen freigesetzt werden. Die Arbeitslosigkeit ist einer der stärksten Stressoren. Sie sorgen andererseits dafür, daß die im Arbeitsprozeß verbleibenden Personen immer höheren

Anforderungen genügen müssen. Die ausgedünnten Personaldecken bewirken, daß Reserven und Puffermöglichkeiten fehlen. Wenn nun eine wichtige und kaum ersetzbare Person ausfällt, werden damit unter Umständen ganze Systeme lahmgelegt. Die höheren Beanspruchungen einzelner führen zu höheren Krankheitsrisiken und in der Folge zu ebenfalls stärkeren Fehlbeanspruchungen der jeweiligen Kollegen.

- Der technologische Fortschritt muß so gestaltet werden, daß die Innovationswiderstände bei den Mitarbeitern minimiert werden. Je rasanter die Anforderungen steigen und sich verändern, desto mehr Blockaden können bei den Mitarbeitern ausgelöst werden, die eine zunehmende Abneigung gegen alles Neue aufbauen und somit verstärkt den „guten, alten Zeiten" hinterhertrauern.
- Früher mußte sich das Personal den technischen Entwicklungen anpassen. Heute und in Zukunft können kraft der technologischen Leistungsfähigkeit umgekehrt die Techniken an den Menschen angepaßt werden. Hier liegt wiederum ein erhebliches Potential zur Beanspruchungsminderung vor.

Soziale Anforderungen

- In den industrialisierten Ländern wächst eine anspruchsvolle Generation heran, die in Deutschland nicht nur einen Wertewandel beschleunigt, sondern zusätzlich eine Erbengeneration darstellt.
- Der Wertewandel führt dazu, daß alte Wertmuster immer weniger Stabilität und Orientierung bieten. Preußische Tugenden wie Fleiß, Sparsamkeit, Pünktlichkeit, Sittsamkeit und Anstand, Arbeit als Berufung sowie das Zurückstellen kurzfristiger Bedürfnisse zwecks langfristigen Aufbaus gehen zurück. Neue Werte der Selbstverwirklichung, Emanzipation, Partizipation, des Genusses, der Spontanität, der Umwelt und Natur sowie der Arbeit als Job greifen stärker Platz. Man will den Genuß jetzt und nicht in eine ungewisse Zukunft aufgeschoben wissen.
  Aus diesen unterschiedlichen Wertvorstellungen ergeben sich die verschiedensten (Fehl-)Beanspruchungen. Derzeit tritt beispielsweise das Problem des Generationswechsels immer stärker in den Vordergrund. Die alte Pioniergeneration der Väter, die nach dem Zweiten Weltkrieg

die Firmen und Betriebe aufgebaut haben, tut sich schwer bei der Übergabe. Vielfach haben sie ihre Kinder im Betrieb zu Handlangern degradiert, die sich kaum selbständig entfalten können und gehorsam ihre Pflicht tun in der Hoffnung, selbst eines Tages die Firma zu führen. Aber der „Alte“ will sich einfach nicht auf sein Altenteil zurückziehen und hält sich für unentbehrlich. Er führt auch noch durch „Handauflegen“. Er kennt die alten Mitarbeiter noch mit Namen und genießt bei ihnen besondere Hochachtung. Aber die anderen Mitarbeiter, die in der wachsenden Firma hinzugestoßen sind, wollen auch geführt werden. Dies muß die Söhne- oder Töchtergeneration in vielen geschickten und diplomatisch verdeckten Prozessen tun.
Der alte Pionier hat häufig wenig Verständnis für die Enkelgeneration, die er meist verdächtigt, das mühsam erworbene Vermögen zu verschleudern. Sie sind ihm zu verwöhnt, zu weich und zu geldorientiert. Allein in dieser Problematik des Generationswechsels steckt eine Fülle von Streßproblemen, die geradezu dramatische Formen annehmen können. Der Generationenkonflikt ist ohnehin immer ein Feld, das reichlich Gelegenheit zu Streß bietet.

- Soziale Anforderungen ergeben sich auch aus Rollenverschiebungen, insbesondere durch die Emanzipation der Frauen. Allein die Quotenproblematik beinhaltet eine Fülle von Konflikt- und damit Beanspruchungsstoff. Die soziale Sicherung etwa in Form der Erziehungsjahre nach einer Geburt birgt, so sinnvoll sie auf der einen Seite ist, auf der anderen Seite das Problem einer deutlich erschwerten Personalplanung. Und wenn Frauen ihre Schwangerschaft manchmal weitherzig als Möglichkeit, sich zu pflegen, auslegen und sich laufend krank schreiben lassen, stehen sie unter Umständen am Arbeitsplatz ein Jahr nicht zur Verfügung. Ihre Arbeit muß dann von den Kolleginnen mit geleistet werden.

- In späteren Kapiteln wird noch des öfteren darauf verwiesen, daß wir die kommenden Komplexitäten nur durch Vielfalt von Spezialisten bewältigen können. Diese Spezialisten, die in ihrem jeweiligen Fachgebiet wesentlich kompetenter sind als ich, der ich sie führen muß, entwickeln natürlich Selbstbewußtsein, (Macht-)Ansprüche und akzeptieren mich als Chef nicht kraft höherer Fachkompetenz, sondern trotz niedrigerer Fachkompetenz kraft einer hoffentlich vorhandenen höheren Sozialkompetenz. Sie ist eine der Schlüsselqualifikationen der Zukunft.

Ein wesentliches Problem bei der Definition und Klassifikation solcher Anforderungen besteht darin, daß Instanzen außerhalb meiner Haut (zum Beispiel mein Chef) oder sogar innerhalb meiner Haut (ich selbst) etwas von mir verlangen, fordern. Nun kann die Aufgabe selbst überhaupt nichts fordern, sondern allenfalls eine Person. In dem Moment, in dem es „Anforderung" heißt, muß es einen Verlangenden geben. Ob ich eine solche (Auf-)Forderung wahrnehme, mir also „den Schuh anziehe" oder nicht, ist wiederum eine Frage meiner Wahrnehmung, mithin eigentlich eine Beanspruchungsfrage.

Im übrigen werden die meisten Belastungen, die täglich auf uns einstürzen, gar nicht bewußtseinspflichtig, sondern automatisch im Sinne von Regelung reguliert. Die bewußtseinspflichtigen Anforderungen, die ich aber selbst als mich angehende Belastungen definiere, „verlangen" von mir Steuerung, wobei im Grunde ich selbst der Verlangende bin. Ich definiere meine Anforderungen weitgehend selbst.

Ohne an dieser Stelle tiefschürfende philosophische Probleme der Identität wälzen zu wollen, muß dennoch auf die zentrale Frage verwiesen werden, was das „Ich" denn eigentlich ist. Handelt es sich dabei um mein Hirn? Was passiert, wenn mein Magen knurrt und Essen von „mir" fordert?

Wo liegt der Unterschied zwischen meinem Hirn und meinem Ich? Nicht ohne Grund heißt ein bekanntes Buch von Popper & Eccles (1982) „Das Ich und sein Gehirn". Das Hirn ist schließlich nur ein Instrument, das Ich ein Inhalt, ein Eindruck der Identität meiner Selbst. Habe ich ein Gehirn oder bin ich ein Gehirn? Habe ich ein Ich oder bin ich ein Ich?

Ist Geist nur die Software, ein Programm, wobei das Gehirn lediglich die Hardware darstellt? Bestehen Psyche, Gefühle, Phantasie, „Seele" etc. lediglich in einem bioelektrischen Feuerwerk? Wer ist das „Ich", wenn Descartes sagt „Ich denke, also bin ich"? Das „Ich" dürfte ein Hirnzustand sein. Mein Gehirn ist so weit entwickelt, daß ich auf mich selbst reflektieren kann, mich immer wieder selbst erkennen kann (Identität). Damit kann ich mich selbst steuern und bin nicht nur ein stoffwechselndes, ausschließlich regelndes Lebewesen. Ich kann die Zukunft antizipieren, also Vorstellungen über zukünftige Zustände meiner selbst entwikkeln, sogar was sein wird, wenn ich nicht mehr bin. Entscheidend für die Beanspruchungsoptimierung ist in jedem Falle die potentielle Steuerungsfähigkeit des Menschen. Er kann als einziges Lebewesen sogar die Steuerung über die Regelung stellen, er kann sich selbst umbringen, und er nutzt diese Fähigkeit ausgiebig.

Der Mensch kann auch steuern, was er als Anforderungen überhaupt zulassen will. Hier zeigt sich die volle Bedeutung seines Anspruchsniveaus. Wer als Inselbewohner mit seinen Kokosnüssen zufrieden ist, sieht keinerlei Notwendigkeit, Geld zu verdienen. Der gestreßte Mitmensch unserer Zivilisation lebt nach dem Motto „Je mehr er hat, je mehr er will, niemals steht der Ehrgeiz still". Was ist Ehrgeiz? Hier geht es wieder einmal um das Ich bzw. um den Eindruck, den andere von meinem Ich haben sollen. Und dies ist natürlich wiederum eine Frage meines Anspruchsniveaus. So drehen wir uns selbst beanspruchenderweise im Kreis.

Anforderungen durch die „situationserzeugende" Person

Motivation, Ermüdung, „Drive" und „Power" bei der Arbeit hängen natürlich einerseits von der Person ab. Andererseits werden diese Verhaltensmerkmale auch stark durch die situativen Anforderungen bedingt. Je nach Anreizen sozialer oder materieller Art, je nach Erfolgserwartungen, Übereinstimmungen zwischen persönlichen und geforderten Zielen und je nach Rückmeldungen der individuellen Arbeitsergebnisse ändert sich die Motivation (vgl. Heckhausen, 1980).

Das öfter zu beobachtende Phänomen, daß Mitarbeiter, die während der Arbeit nicht durch besonderen Einsatz auffallen, nach Dienst zu hochdynamischen Kleinunternehmern werden, wenn es um den „Schwarzbau" ihres Häuschens geht, bestätigt dies. In der Forschung wird diese Beobachtung als „Paradoxie der Müdigkeit" im Sinne von müde während der Arbeit, aber frisch in der Freizeit beschrieben (Hacker & Richter, 1980).

Personen beanspruchen sich selbst in einer Weise, die nicht auf die Situation oder Organisation zurückzuführen ist. Diese emotionale Selbstbeanspruchung hängt ab von der Konstitution, den persönlichen Erfahrungen, der Ausstattung mit Fähigkeiten und Fertigkeiten und dem Selbstbewußtsein.

Zahlreiche Unternehmen kommen derzeit in Schwierigkeiten, weil in den „fetten Jahren“ zuwenig für die (Selbst-)Organisation und Führung von Menschen getan wurde und weil offensichtlich die wenigsten Führungskräfte in hinreichendem Maße über die Schlüsselqualifikationen verfügen, die für die Regulation dieser komplexen, dynamischen und turbulenten Systeme erforderlich sind. Im folgenden seien einige Schlüsselqualifikationen zur Bewältigung zukünftiger Probleme näher beschrieben, die bislang weniger im Vordergrund des Interesses standen. Im einzelnen handelt es sich um:

- Sozialkompetenz
- Qualität, Qualitivität und Qualifizienz
- Fachkompetenz im Hinblick auf die Anzahl der Fachgebiete und Detailtiefe
- Inkompetenz-Kompensationskompetenz (IKK)
- Muster-Transfer

Für den täglichen Gebrauch würden schon wesentliche Fortschritte erzielt, wenn die wichtigsten Fehler vermieden würden. Niemand ist hundertprozentig sozialkompetent, liefert nur maximale Qualität und hat keine Lücken.

- Soziale Kompetenz

Zur sozialen Kompetenz gehören folgende Facetten:

- gutes Kommunizieren
- Umgang mit unterschiedlichen Personen und sozialen Systemen inklusive sozialer Unterstützung
- Umgang mit unterschiedlichen eigenen Rollen

Gutes Kommunizieren

Ohne an dieser Stelle auf die Flut von Kommunikationsmodellen eingehen zu wollen, seien im folgenden auf der Basis praktischer Erfahrungen zur organisationsinternen Kommunikation einige Kommunikationssünden, die in besonderer Weise beanspruchen, und einige Empfehlungen zu deren Vermeidung zusammengestellt:

- Zuhören. Wer selbst redet, erfährt nichts. „Labern" beansprucht die anderen über Gebühr.
- Selbstdarstellung vermeiden.
- Nicht erst dem anderen sagen, was richtig ist, und dann nach seiner Meinung fragen. Umgekehrt wird ein Schuh draus.
- Jede destruktive Kritik ist sinnlos, kontraproduktiv und beansprucht unnötig. Konstruktive Kritik sollte als Freund begriffen werden.
- Falsch ist es, erst zu bewerten und anschließend zu begründen. Richtig ist es, erst zu begründen und dann zu bewerten (wenn überhaupt).
- Niemals die Person angreifen, sondern konstruktive Kritik am *Verhalten* üben.
- Kommunikation muß reversibel sein, das heißt: Du darfst auch, was ich darf (unzulässig: zum Beispiel der Chef duzt, aber der Mitarbeiter siezt).
- Wir müssen bereit sein, bei guten Gründen unsere Meinung zu ändern.
- Begriffe müssen im Konsens geklärt werden. Streitigkeiten um „wahre" Bedeutungen sind sinnlos.
- Zurückkoppeln (Feedback) ermöglicht anderen und mir Verhaltenskorrekturen.
- Homogenisierung von Meinungen führt zu falschem Verhalten (Einseitigkeit und Monokultur). Heterogene Meinungen bieten höhere Chancen des letztlich richtigen Verhaltens.
- Es ist unkommunikativ, von anderen Begründungen zu verlangen und selbst keine zu geben.
- Die Diffamierung anderer Systemsichten, Manipulationstechniken etc. sind fehlbeanspruchend. Die gesprächstherapeutischen Regeln (Echtheit, Wertschätzung, Empathie) mindern Beanspruchung.
- Es ist kommunikativ unethisch, immer nur angesprochen werden zu wollen und selbst nichts zu tun.
- Doppelbindigkeit ist eine der schlimmsten und fehlbeanspruchenden Kommunikations- und Führungssünden.
- Beanspruchungsförderliche Kommunikation erfolgt in der Reihenfolge: Überzeugen, Kompromiß, fairer Deal, Macht als ultima ratio.
- Überzeugen wollen ist eine ethische Frage (Inhalt).

Umgang mit unterschiedlichen Personen(gruppen) und Rollen

Unsere Sozialkompetenz wird um so mehr gefordert, mit je mehr Menschen wir zu tun haben, je unterschiedlicher diese sind, je stärker sie über ihre Interaktionen zusammenhängen und auf sich gegenseitig wechselwirken und je „hektischer" sich diese Wirkprozesse permanent verändern.

Sozial kompetent zu sein bedeutet:

- mit zahlreichen eigenen unterschiedlichen sozialen Rollen zurechtzukommen (Vater, Freund, Chef, Clubmitglied etc.);
- viele und unterschiedliche soziale Interaktionen mit verschiedensten Personen und in unterschiedlichsten Situationen effektiv und effizient in bezug auf die Zeit zu gestalten;
- mit heterogenen Menschen und Gruppierungen sozialverträglich umzugehen;
- soziale Interaktionen zu verknüpfen, verschiedene Fäden zu verbinden und diese Verbindungen von sich selbst unabhängig und sie zu Selbstläufern zu machen, das heißt Vernetzungen und Interdependenzen zu gestalten und ihre adäquate Selbstorganisation bzw. Eigendynamik zu fördern;
- zwischen verschiedenen sozialen Interaktionen schnell und sicher umzuschalten.

Soziale Inkompetenz bedeutet in diesem Zusammenhang umgekehrt:

- nur mit wenigen Leuten und in wenigen sozialen Rollen kommunizieren können;
- nur mit homogenen Menschen kommunizieren zu können, Extremform von beiden oben genannten Punkten ist der Autismus;
- verschiedene Kommunikanden und Kommunikationsströme nicht vernetzen zu können;
- zu schnelle Solidarisierungen (Extremform ist Nachplappern);
- Konflikte unzulässig zu meiden, nicht aktiv zu bewältigen;
- Wahrheitsansprüche vertreten, nur die eigene Systemsicht gelten zu lassen.

Qualität, Qualitivität und Qualifizienz

Um die zukünftige Komplexität bewältigen zu können, müssen andere Organisationsstrukturen entwickelt werden. Wir brauchen mehr Selbstorganisation bei zugleich mehr Qualität in jeder Beziehung, das heißt bezogen auf das Produkt, die Arbeitsbedingungen, die Personen und deren Umgang miteinander. Wer weiß nicht, wie beanspruchend es ist, wenn irgendwelche Dinge nicht eingeordnet sind, oder wie nervend es sein kann, wenn Jahre nach dem Umzug immer noch die nackten Glühbirnen an der Decke hängen und die Fußbodenleisten nicht angebracht sind. Welche Beanspruchungen können daraus resultieren, daß Termine nicht richtig aufgeschrieben, zurückgekoppelt wurden oder keine Termintreue herrscht? Dies alles sind Qualitätsfragen. Beanspruchungsoptimierung ist um so eher möglich, je eher wir eines nach dem anderen richtig bearbeiten und „abhaken" können. Viele glauben, über die hierarchiefreie Organisation mehr derartige Qualität erreichen zu können. Langatmige Kommunikation, Demotivation und verkrustete Strukturen würden verschwinden.

Hierarchie kann Streß bedeuten, weil sie einen eingeschränkten Handlungsspielraum für den weiter Untenstehenden bedeutet. Es fragt sich allerdings, ob die Hierarchiefreiheit letztlich nicht noch mehr Streß bedeutet, weil Orientierung und klare Verantwortungszuweisungen sehr viel schwieriger werden.

Wir werden in Zukunft eher amöbenhafte Strukturen brauchen, das heißt kleinere Gruppen, die sich permanent problemorientiert selbstorganisatorisch neu finden. Projektgruppen, Qualitätszirkel, Lernstatt, Gesundheitszirkel etc. sind en vogue. Insbesondere ein gutes Qualitätsmanagement kommt ohne die Optimierung von Gruppenarbeit kaum aus. Es ist weniger eine Frage der Produktqualität als vielmehr ein Problem des qualitätsbewußten Arbeitsverhaltens, dessen Endprodukt erst eine bestimmte „Endqualität" aufweist. Qualität ist also immer ein Ergebnis eines bestimmten qualitätsbewußten und qualitativ genauen Verhaltens zuvor. Für einen Effekt gilt dasselbe. Effektives Verhalten führt zu einzelnen Effekten (Wirkungen) und langfristig zu der Eigenschaft „Effektivität" im Sinne von fortdauernder Wirksamkeit. Insofern erscheint es sinnvoll, wenn qualitatives Verhalten zu einzelnen Qualitäten führt, langfristig von „Qualitivität" zu sprechen.

Es gilt also Kriterien des Qualitätsbewußtseins und – da der Mensch überwiegend nicht das tut, was er für richtig hält – deren konkrete Umsetzung zu entwickeln.

Effektivität wird nun vielfach mit Effizienz verwechselt. Wenn eine gute Kosten-Nutzen-Funktion erreicht ist, spricht man von Effizienz. Ich kann sehr effektiv, aber völlig ineffizient agieren. Maximale Qualität im Verhalten, also Qualitivität, ist aber nicht unbedingt optimal. In manchen Bereichen genügt es, nach dem Pareto-Prinzip zu handeln (mit 20 Prozent des Aufwandes erledigt man 80 Prozent der Probleme). Man muß also wissen, an welchen Stellen man Mut zur Lücke beweisen oder auch „schlampern“ kann und an welcher Stelle hundertprozentige Qualität erwünscht ist. Analog der Effizienz müßten wir bei optimalem Qualitätsverhalten von Qualifizienz sprechen. Ohne dieses Wissen ist Beanspruchungsoptimierung unmöglich. Analog des Zusammenhanges zwischen Effekt, Effektivität und Effizienz müßte man nun von Qualität, Qualitivität und Qualifizienz sprechen.

Fachkompetenz

Es wird vielfach kolportiert, ein Mitarbeiter am Fuße der Hierarchie müsse viel Fachkompetenz und relativ wenig Sozialkompetenz besitzen, „oben“ in der Hierarachie gelte aber das Umgekehrte.

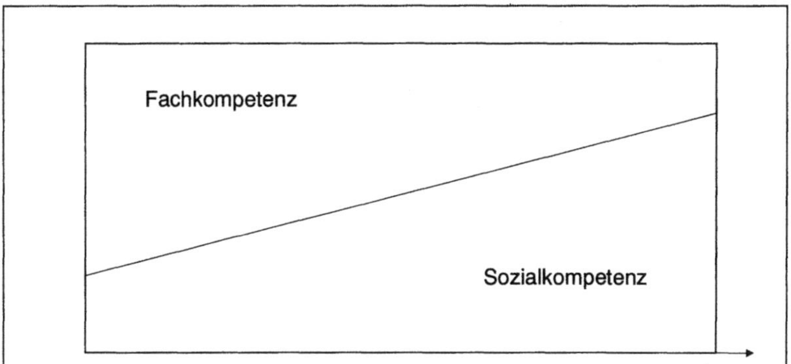

Abbildung 2.2: Scheinbare Kombination von Fach- und Sozialkompetenz

Diese Sichtweise erscheint recht oberflächlich. Meist müssen Mitarbeiter in unteren Hierarchieebenen eine relativ gute Detailkenntnis in wenigen Fachgebieten besitzen. Das Peter-Prinzip entwickelt sich nun dadurch, daß zum Beispiel ein guter junger Chemiker in der Forschung und Entwicklung beginnt. Wenn er dort gute Arbeit in Form chemischer Analysen und Experimente leistet, wird er ge- und befördert. Dies geschieht, indem man ihm immer mehr weitere Fachgebiete überträgt. Nach etlichen Jahren erfolgreicher Arbeit wird er beispielsweise Werkleiter und muß nun natürlich kaum noch das tun, was er studiert hat. Er muß vielmehr mit zahlreichen unterschiedlichen Fachgebieten wie Chemie, Verfahrenstechnik, Betriebswirtschaft, Arbeitsrecht und Personalmanagement und mit unterschiedlichsten Menschen umgehen. Erforderlich ist nun, daß er in vielen Fachgebieten zumindest die wesentlichen Muster kennt, um adäquate Entscheidungen treffen zu können. Und er muß zum Zwecke der Komplexitätsbewältigung möglichst selbstorganisatorische Subsysteme permanent zur Teilnahme anregen, Sinn stiften und diese Subsysteme integrieren.

Die wesentlichen Anforderungen bestehen also in zunächst weitgehend unbekannten Bereichen.

Wenn man zur Veranschaulichung die drei Facetten: Anzahl der Fachgebiete, Detailtiefe und Anforderungen hinsichtlich der Sozialkompetenz nur mit den Ausprägungen „hoch-tief" systematisch miteinander kombiniert, ergibt sich der Würfel, der in Abbildung 2.3, Seite 47, grafisch dargestellt ist.

Aus Abbildung 2.3 ergeben sich die Kombinationen, die in der darauffolgenden Tabelle auf Seite 47 aufgeführt sind.

Für höhere Führungspositionen ist nur die seltenst vorkommende Kombination B' oder die schon wahrscheinlichere Kombination A' verwendbar. Hier handelt es sich um eine Führungskraft, die in vielen Fachgebieten jeweils die entscheidenden Muster kennt, über keine Detailtiefe verfügt und sozialkompetent ist. Fehlbeanspruchungen durch Fehlbesetzungen im Sinne der übrigen Kombinationen sind leicht auszumalen.

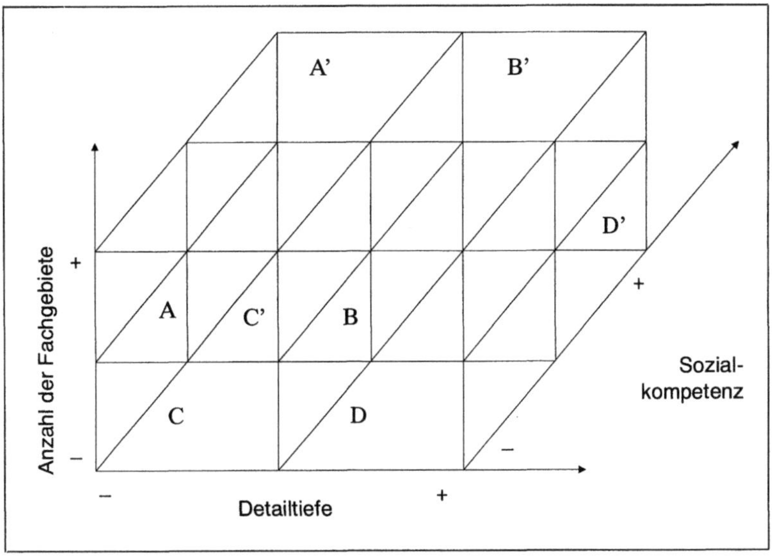

Abbildung 2.3: Kombinationen der Facetten „Anzahl der Fachgebiete", „Detailtiefe" und „Sozialkompetenz"

	Fachgebiete	Detailtiefe	Sozialkompetenz
A	+	–	–
A'	+	–	+
B	+	+	–
B'	+	+	+
C	–	–	–
C'	–	–	+
D	–	+	–
D'	–	+	+

Inkompetenz-Kompensations-Kompetenz

Wir können also „oben" unmöglich alle Fachgebiete hinreichend beherrschen. Wir sollten es auch gar nicht erst versuchen, weil Überbeanspruchungen vorprogrammiert sind. Jeder hat Lücken bzw. bestimmte Bereiche relativer Inkompetenz. Deren Bewältigung ist nur möglich, wenn wir uns auf entsprechende Spezialisten verlassen und/oder versuchen, diese Inkompetenzen zu kompensieren. Damit ergibt sich wiederum eine Metakompetenz, die Inkompetenz-Kompensationskompetenz (IKK). Sie dürfte insbesondere bei Politikern gefragt sein. Aber auch jeder Facharzt steht vor dem Problem, im Falle eines Notdienstes plötzlich die Allgemeine Medizin vertreten zu müssen. So mancher Patient ist zu bedauern, der am Wochenende mit einem chirurgischen Problem einem Psychiater in die Hände fällt. Einer Firma ergeht es nicht viel besser, wenn sie immer schlanker und den Führungskräften noch mehr Komplexität und Dynamik aufgebürdet wird. Hier sind Überbeanspruchungen zu erwarten.

Hinzu kommt zumindest in sicherheitssensitiven Bereichen, daß der eigene Beruf in Risikobereichen zu Leichtsinn verführt. Die Nähe zur Gefahr nimmt dieser das Angstpotential. Chirurgen rauchen vielfach. Chemiker und Physiker sehen Probleme der Radioaktivität oder anderer technischer Risiken im Vergleich zu anderen Berufsgruppen als geringer an.

Abgesehen von dem Verständnis für „die da oben" bleibt das Problem bestehen, daß sie zumindest die entscheidenden Muster kennen müssen, um bestimmte Notwendigkeiten zu erkennen. Oder sie müssen zumindest Muster aus anderen Gebieten übertragen, um somit besser Inkompetenzen kompensieren zu können.

Muster-Transfer

Hier setzt eine für Problemlöseprozesse generell wichtige Fähigkeit an, und zwar die des Erkennens relevanter Muster und die Bereitschaft, sich diese in hundertprozentiger Qualität anzueignen, um sie anschließend auch auf Bereiche, die man weniger gut im Detail beherrscht, übertragen zu können. So müßte man zum Beispiel einem Politiker raten, in einigen Wissensgebieten die entscheidenden Muster sehr gut zu erlernen und diese auf andere Bereiche zu übertragen. Ein solcher Ratschlag würde also Qualifizienz, Inkompetenz-Kompensations-Kompetenz und Muster-Transfer verbinden. In der Konsequenz müssen wir noch stärker lernen, bilanzierend zu balancieren zwischen:

- dem eigenen oft emotional gefärbten Wunsch nach spontaner Kommunikation (seinen Gefühlen Luft machen, direkte Kritik etc.) und „guter" Kommunikation;

- verschiedensten Interessen unterschiedlicher Personen und sozialer Systeme (Sozialkompetenz);
- zwischen eigenen und fremden „absoluten" Qualitätsansprüchen und realistisch umsetzbarer Qualität an den richtigen Stellen (Qualitivität und Qualifizienz);
- zwischen Fachkompetenz in vielen Gebieten hinsichtlich deren Mustern und Fachkompetenz in wenigen Gebieten, aber im Detail;
- zwischen Wissen und Kompensation von Nicht-Wissen.

Anforderungen durch die Organisation

Organisatorisch-betriebliche Bedingungen, die als „pathogene Organisationsstrukturen" (Friczewski & Thorbecke, 1976) gesehen werden, können auch stark emotional beanspruchen, vor allem wenn sie individuellen Zielen und Werten entgegenlaufen.

In der Organisationsentwicklung ist immer wieder festzustellen, daß die Personen durchaus gewappnet und guten Willens sind, mit den Anforderungen fertig zu werden. Auch die Situationen, sprich die Arbeitsplätze und Aufgaben, sind bewältigbar. Aber die organisatorischen Abläufe, das Betriebsklima, die Art des Miteinander-Umgehens, Doppelarbeit, Konkurrenzen innerhalb der jeweiligen Arbeitsbereiche, Mikropolitik in Form von Seilschaften und gegenseitigen Erpressungen sorgen für unnötige Beanspruchungen. Umgekehrt kann die Optimierung von Abläufen, beispielsweise in dem Sinn, daß darauf geachtet wird, wo falsches Verhalten sich lohnt und richtiges Verhalten bestraft wird, unendlich viel zur individuellen Beanspruchungsoptimierung beitragen.

Konsequenzen für das praktische Handeln

- Bezüglich der situativen Anforderungen liegt eine Fülle von Erkenntnissen zur Arbeitsgestaltung vor, die von der Frage des richtigen Bürostuhles bis zur Software-Ergonomie reichen. Inwieweit die Anforderungen an einem Arbeitsplatz die jeweilige Person über- oder unterfordern, kann gemessen werden.

- Die Computertechnologie wird einerseits mehr mentale Anforderungen ermöglichen, zugleich aber etliche Erleichterungen in der Informationsverarbeitung bringen. Insofern gilt es, die Computer problemadäquat zu nutzen, also beispielsweise keine überkomplexen Anlagen anzuschaffen, die man nicht braucht. Andererseits sollten aber die Erleichterungen wie zum Beispiel bei der Benutzung eines Textsytems unbedingt genutzt werden. Dabei wird ungeheuer viel Zeit und Energie gespart.

- Die mentalen Anforderungen werden weiter drastisch steigen, so daß es erforderlich ist, die eigenen Problemlöseprozesse zu optimieren.

- Die Angst vor mentalen Überforderungen kann stärker beanspruchen als die mentale Anforderung selbst. Insofern ist es dringend erforderlich, die jeweiligen Personen (auch sich selbst) vorsichtig an diese Anforderungen heranzuführen, um mögliche Ängste zu minimieren.

- Wir können entsprechend lernen, mit technischen Anforderungen fertig zu werden.

- Aber wir müssen auch unbedingt eine der wichtigsten Schlüsselqualifikationen der Zukunft, die Sozialkompetenz, optimieren. Wir müssen also lernen, besser zu führen, zu kommunizieren, mit verschiedenen Menschen und Rollen umzugehen.

- Sozialkompetenz ersetzt keineswegs Fachkompetenz. Je höher wir in der Hierarchie aufsteigen, um so wichtiger wird es, in vielen Fachgebieten die entscheidenden Muster zu kennen und die jeweiligen Spezialisten zu bündeln.

- Wir müssen weiter lernen, qualitativ besser in dem Sinne zu arbeiten, daß wir an den richtigen Stellen hundertprozentige Qualität liefern und an ebenfalls den richtigen Stellen mit dem Pareto-Prinzip (20 Prozent des Aufwandes reichen für 80 Prozent der Erledigung) arbeiten.

- Wir müssen weiter lernen, unsere Inkompetenzen zu kompensieren. Dies geschieht am effektivsten und effizientesten durch Mustertransfer, das heißt, durch das Erkennen entscheidender Muster und deren Übertragung auf die verschiedenen Fachgebiete.

3. Zu den Grundlagen des Beanspruchungsverhaltens

„Nur wer weiß, was ihn kaputtmacht, kann das Richtige dagegen tun."
(Polnisches Sprichwort)

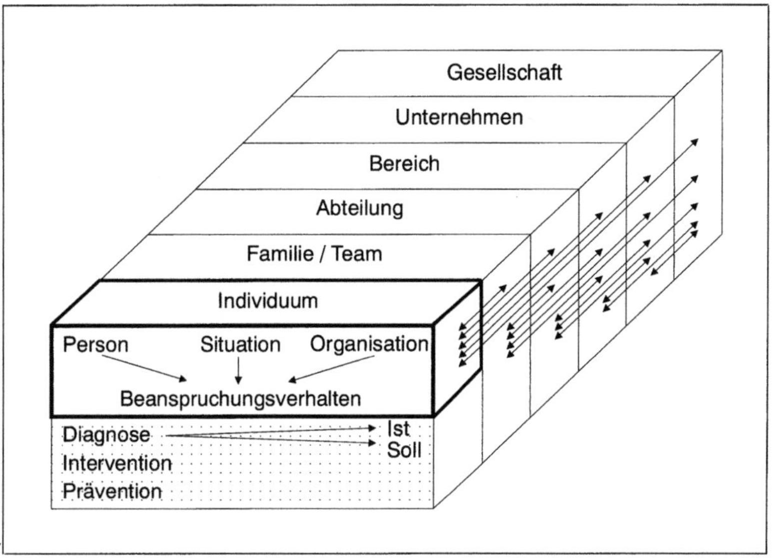

Abbildung 3.1: Blick auf das individuelle Beanspruchungsverhalten

In der Analyse der Anforderungen wurde deutlich, daß wir keine auf Reize reagierenden Ratten sind, sondern daß sich absichtsvolles Agieren und Reagieren vermischen. Gerade im Beanspruchungsverhalten verflechten sich alle Themen der Psychologie wie Denken, Fühlen, Wahrnehmen, Lernen, Motivation sowie etliche medizinische Fragestellungen aus den Bereichen Psychiatrie und Psychotherapie, der Psychosomatik und der Psychoneuroimmunologie in einer Weise, die schon für Fachleute außerordentlich schwer zu durchdringen ist. Insofern müssen zum besseren Verständnis dessen, was in uns bezüglich der Beanspruchung abläuft, einige Grundlagen gelegt werden.

Zum Facettenreichtum des Begriffes „Streß"

Streß ist nicht immer ein Problem der außergewöhnlichen Ereignisse, sondern unsere Fehlbeanspruchungen entstehen am häufigsten in den kleinen alltäglichen Ereignissen, die in ihrer Wirkung aufkumulieren. Man erstickt in Arbeit, sieht kein Licht am Ende des Tunnels, fühlt sich ungerecht behandelt und ausgeliefert, ohnmächtig, als ein Spielball der Ereignisse.

In der Folge zeigen sich:

- emotionale Reaktionen der Angst, des Ärgers;
- Verhaltensreaktionen wie Flucht, Vermeidung im kognitiven Bereich Leugnen, Bagatellisieren, Verdrängen und/oder Reaktanz im Sinne des Nicht-Entscheidens, um den eigenen Handlungsspielraum vermeintlich zu erhalten, oft in der Form des Trotzes bemerkbar;
- körperliche Reaktionen wie erhöhte Herzfrequenz, Muskelverspannungen, das flaue „Adrenalin-Gefühl" im Bauch und Schwitzen.

Viele haben entweder Angst, ihren Streß zuzugeben, oder sie betonen ihn umgekehrt im Sinne eines „Streßordens". Wer nicht allzu gequält von seinem Streß spricht, suggeriert Aktivität, Dynamik, unter Umständen Erfolg. Leidensvolle Berichte über Streß werden in unserer Leistungsgesellschaft leicht als Schwäche ausgelegt. Vor allem werden sie sofort mit weniger attraktiven Phänomenen des Alterns, der sinkenden Leistungsfähigkeit und geringerer Belastbarkeit assoziiert. Wer keinen Streß hat, wird leicht der Faulheit verdächtigt.

Alltagsstreß bedeutet, Dauerbeanspruchungen ausgesetzt zu sein bzw. sie sich selbst zu schaffen und dadurch die eigene Lebensqualität und die anderer Mitmenschen einzuschränken. Die Neigung dazu hängt unter anderem mit Persönlichkeitsfaktoren zusammen. Bösel et al. (1978) fanden Zusammenhänge zwischen Beanspruchungen und Persönlichkeitsmerkmalen dergestalt, daß

- psychisch labile Personen unter mehr Streßsymptomen leiden als stabilere Menschen;
- Ängstlichkeit, Emotionalität und Angstabwehr bestimmte Bewältigungsstile nach sich ziehen, die zu einer schlechteren Streßbewältigung führen.

Nezu & Ronan (1985) fanden ähnlich wie Kastner (1981) einen Zusammenhang zwischen Streßerleben und Depressivität. Einerseits entsteht Depressivität durch Streß, andererseits entwickeln Personen durch ihre negativ gefärbten Wahrnehmungen um so mehr Streß, je höher ihre Depressivität ist.

Natürlich stehen zahlreiche somatische Krankheiten in engster Beziehung zu Streß. Infektionskrankheiten, Bluthochdruck, Schmerzzustände, vor allem durch Muskelverspannungen, werden immer wieder in ihren Zusammenhängen mit Fehlbeanspruchung beschrieben (vgl. etwa Henry & Stephens, 1977; Berbalk, 1978). Dabei ist bislang nicht hinreichend klar, ob Streß im kausalen Sinne als Auslöser oder nur als begünstigender Faktor anzusehen ist oder möglicherweise auch nur etwa in Form einer Unterdrückung der Immunabwehr die Heilung behindert.

Umgekehrt führen insbesondere schwere Krankheiten zu hohen Beanspruchungen. Beispielsweise bei Krebs scheinen die Unvorhersagbarkeit des Krankheitsverlaufes, die reduzierte Leistungsfähigkeit und die ungewollte Abhängigkeit von anderen sowie die soziale Stigmatisierung besonderen Streß zu erzeugen (vgl. auch Beutel, 1988).

Menschen reagieren also je nach Persönlichkeitsstruktur in recht unterschiedlicher Weise auf Stressoren. Dies gilt interindividuell, das heißt, jeder reagiert in einer vergleichbaren Situation anders, aber auch intraindividuell, das heißt, heute reagiere ich anders als morgen, je nachdem, wie „gut ich drauf bin“. Die jeweilige Einstellung, innere Befindlichkeit (zum Beispiel verliebt sein), Lebenssituation (zum Beispiel kurz vor einer Prüfung) lassen dieselben Stressoren wir Lärm oder Hektik ganz anders wirken.

Natürlich beanspruchen auch verschiedene Situationen unterschiedlich. Normalerweise ist eine rasende Autofahrt mitten in der Stadt beanspruchender als ein gemütliches Dahingleiten in einer schönen Landschaft. Entscheidend ist dabei aber wiederum, wie diese Situationen subjektiv wahrgenommen werden und welche Folgen sich daraus ergeben. Eine Situation, in der einem normalen Menschen mulmig zumute wird, wirkt auf eine risikofreudige Person geradezu lächerlich, weshalb sie in der Folge bewußt gefährlichere Situationen aufsucht und sich damit auch in andere Beanspruchungsmuster begibt.

Derselbe Streßreiz in derselben Situation löst bei dem einen Menschen eine Streßreaktion aus, bei dem andern nicht. Dies muß wohl mit den jeweiligen Persönlichkeitsmerkmalen etwas zu tun haben.

Auf derselben Linie, nur etwas komplexer, liegt der Befund, daß zwar eindeutig Risikofaktoren wie Rauchen, Bluthochdruck, Bewegungsmangel, falsche Ernährung und zu hohe Blutfette zum Herzinfarkt führen. Aber selbst diese Faktoren erklären nur ca. 50 Prozent der Gesamtvarianz. Der Rest kann nicht nur Meßfehler sein. Sondern es muß relativ gut beschreibbare weitere Charakteristika geben, die zum Herzinfarkt führen. Diese werden hier in der fehlenden Beanspruchungsoptimierung gesehen. Wir haben bestimmte Verhaltensstile, die zwangsläufig zum Zusammenbruch des physischen und psychischen Systems führen, sofern eine Person nicht gerade über eine „Bärennatur" verfügt.

Diese äußern sich darin, daß wir uns selbst unter Zeitdruck bringen, zu wenig regenerieren, immer höhere Ansprüche haben, meist, weil wir mit anderen konkurrieren wollen. Der entscheidende Schlüssel zu der Frage, ob jemand fehlbeansprucht ist oder nicht, ist das Selbstwertgefühl. Die Überzeugungen über das Selbst, den Wert der eigenen Person, die Anforderungen an sie bewirken langfristig zwangsläufig um so mehr Fehlbeanspruchung je weniger sie mit der Realität übereinstimmen.

Mangelnde Selbstachtung hängt mit Streß zusammen, unabhängig von den wirklich vorhandenen Fähigkeiten, schwierige Situationen meistern zu können. Das Selbstwertgefühl dient als Bezugsrahmen der persönlichen Verhaltenssteuerung. Es kann dazu führen, daß eine Person unersättlich die Ziele immer höher hängt. Die Fehlbeanspruchung ist dann erst zu erkennen, wenn das System zusammenbricht. Das Selbstwertgefühl kann aber im umgekehrten Falle dazu führen, daß eine Person aufgrund ihrer Minderwertigkeitskomplexe permanent Gefahr wittert, ängstlich und neurotisch wird und deshalb durch die dauernden unnötigen Erregungen überbeansprucht ist.

In der Streßforschung konzentrierte man sich früher vor allen Dingen auf die folgenschweren Ereignisse, etwa auf die besonderen Lebensereignisse oder Krankheiten. In den letzten Jahren wächst hingegen das Interesse an den „kleinen Höllen des Alltages". Die kleinen Stressoren kumulieren, eins kommt zum anderen, und irgendwann ist das Faß voll. Diese kleinen

Stiche können in ihrer Wirkung letztlich dramatischer ausfallen als ein einziges dramatisches Ereignis.

Streßresistenz

Es gibt Leute, die halten Streß relativ gut aus, und solche, die schon bei kleinsten Anlässen hoch empfindlich reagieren. Generell scheint vor allem die Fähigkeit, schnell, flexibel und situationsangepaßt zu reagieren und entsprechende Kräfte zu mobilisieren, eine wesentliche Komponente der Streßresistenz zu sein (Becker & Minsel, 1985). In dem Konzept von Lazarus & Folkman (1984) betrifft dies insbesondere Strategien, die die eigene Person betreffen, das heißt ihre gesundheitlichen und psychischen Befindlichkeiten, ihre Einstellungen (etwa positives Denken), ihre Problemlösefähigkeiten oder ihre Sozialkompetenz. Zum zweiten betreffen diese Streßbewältigungsstrategien die Situation bzw. die Umwelt der Person. Inwieweit ist sie in der Lage, diese in ihren materiellen und sozialen Bedingungen so zu gestalten, wie sie sie haben möchte? Vor allen Dingen die soziale Unterstützung durch andere Personen, etwa die Familie, scheint ein sehr wesentlicher Streßreduktionsfaktor zu sein.

Wenn man bedenkt, daß prinzipiell Depressive eher in der Lage sind, die Realität realitätsnah zu erkennen, ergibt sich im Umkehrschluß, daß zur Streßbewältigung keineswegs absolute Realitätsnähe sinnvoll ist, sondern eher eine Verzerrung der Wirklichkeit zugunsten der eigenen „Traumwelt“ (vgl. auch Schwarzer & Schwarzer, 1982, S. 44).

Positives Denken ist nichts anderes als diese Realitätsverzerrung und auf jeden Fall kurzfristig gesundheitsförderlich. Es fragt sich nur, ob eine zu große Realitätsferne möglicherweise zu Fehlplanungen führt und damit zukünftigen Streß vorprogrammiert.

Streßresistenz und Persönlichkeitsvariablen

Streßresistenz ist zunächst nicht als „Stumpfheit“ gegenüber Streß anzusehen, sondern die Fähigkeit, nicht oder wenig in Aufregung zu geraten, obwohl Ereignisse vorliegen, bei denen andere weniger streßwiderstandsfähige Menschen in Streß geraten.

Damit gehört zur Streßresistenz eine konstruktive Streßbewältigung in dem Sinne, daß man nicht schnell „zusammenbricht“ und relativ schnell regeneriert. Streßresistenz beinhaltet auch die Fähigkeit, sich nach Anspannung schnell wieder „aufzurappeln“, wieder zu entspannen und neue Kräfte zu sammeln.

Wesentliche Merkmale psychisch gesunder Menschen sind Optimismus, Ausdauer, die Fähigkeit, Nicht-Änderbares zu akzeptieren, ein starkes Vertrauen in das eigene Urteil sowie eine geringere emotionale Reaktionsbereitschaft als bei psychisch Kranken (Becker & Minsel, 1985, S. 181).

Streßbewältigung

> *„Man soll allen wohl trauen und am meisten sich selber.“*
> (Norwegisches Sprichwort)

Die wichtigsten Streßbewältigungsaktivitäten bestehen nach Lazarus & Launier (1978) in:

- einer guten Informationssuche über die jeweilige Situation, auch wenn diese unbekannt ist, und in direkter Handlung, sobald sie bekannt ist;
- der Wahl solcher Handlungsalternativen, die eigene Werte am besten verwirklichen;
- der Unterdrückung von Handlungsimpulsen, die langfristigen Plänen im Wege stehen;
- der Bestimmung realistischer Ziele;
- einer effektiven Zeitnutzung;
- einer guten Regulation des eigenen Tempos;
- intrapsychischem Coping im Sinne eines Schutzes des Selbst vor unbekannten Situationen.

Ausdauer, Optimismus, Zufriedenheit mit sich selbst, Selbstvertrauen inklusive des Vertrauens in das eigene Urteilsvermögen, eine eher geringe emotionale Reaktionsbereitschaft und Lässigkeit im Sinne von „die Dinge nicht so schwernehmen“ hängen also mit Streßresistenz positiv zusammen. Hinzu kommen bei Männern Tatkraft und Ehrgeiz, bei Frauen die Fähigkeit, sich auf soziale Unterstützung einzulassen. Solche Befunde sollen keinesfalls Klischees zu Geschlechterrollen verstärken. Es handelt sich um Erkenntnisse zum Beanspruchungsverhalten und -erleben in einer Gesellschaft, die derzeit so aussieht, wie wir sie kennen.

Zur Streßresistenz gehören auch eine gewisse emotionale Stabilität und eine schnelle Regeneration.

Im konkreten Verhalten dienen der Streßbewältigung:

- ein begrenztes Herunterspielen von Problemen unter anderem durch Vergleiche mit anderen schlimmeren Schwierigkeiten
- ein Bewußtmachen eigener Gefühle mit anschließender Kontrolle
- eine Förderung des Selbstwertgefühls
- ein ungezwungener mimischer Audruck
- schnelle Regeneration
- Humor
- effektive und effiziente Zeitnutzung
- individuelle Temporegulation
- ausführliche Informationssuche bei unbekannten Situationen, aber schnelles Handeln bei bekannten Situationen
- nicht-berufliche Aktivitäten und Freizeit.

Streß kann nur erfolgreich bewältigt werden, wenn folgendes geschieht (Meichenbaum, 1977):

- Eine Person muß die Bedrohung einer Situation in ihrem Ernst erkennen.
- Sie muß den Eindruck haben, ihr Verhalten unter Kontrolle bringen zu können.
- Sie muß die einzelnen Schritte ihres Vorgehens selbständig bestimmen können.

Steuern und regeln

Letztlich ist Beanspruchungsoptimierung ein Problem der eigenen Verhaltensregulation, also des Selbstmanagements. Mein Erleben und Verhalten besteht aus Steuerungsprozessen, bei denen ich Ziele anstrebe, und aus Regelungsprozessen, bei denen Milieus in meinem Körper aufrechterhalten werden, die mir überhaupt Leben ermöglichen.

In der Technik bedeutet „steuern“, daß die agierende Größe von einem Ausgangspunkt startet, ein Ziel anstrebt und anschließend nicht mehr zum ursprünglichen Startpunkt zurückkommt.

Insofern ist Handlungssteuerung das richtige Wort für den Prozeß des bewußt geplanten und gezielt umgesetzten Verhaltens (= Handeln). Dies verlangt aber einen bestimmten Bewußtheitsgrad und das Vorausdenken (Antizipation) von Zielen.

Nach der Zielerreichung kehre ich nicht an den Ausgangspunkt zurück, da Zeit verflossen ist und ich mich selbst durch mein Verhalten verändert habe. Die Tatsache, daß wir uns sehr oft nicht so verhalten, wie wir es „eigentlich“ für richtig halten, wäre als Steuerungsfehler zu interpretieren. Bei einem Auto, das nicht in die gewollte Richtung fährt, werden wir sehr schnell auf die Konsequenzen aufmerksam gemacht. Beim Verhalten bemerken wir die Steuerungsfehler meist sehr spät, oft zu spät.

Der Begriff „Regelung“ bedeutet in der Technik, daß die agierende Größe von einem Ausgangspunkt startet und dorthin wieder zurückkehrt, zum Beispiel auf den eingestellten Temperaturwert im Wohnzimmer. Das Delta, also die Diskrepanz zwischen erwünschtem bzw. für die Funktionstüchtigkeit des jeweiligen Systems erforderlichen Soll und realem Zustand soll minimiert werden.

Insofern betrifft Verhaltensregelung alle Prozesse, die unbewußt und ohne meine gezielte Planung ablaufen und alte Zustände wiederherstellen.

Aufgrund dieses Ineinanderfließens von Steuerungs- und Regelungsprozessen scheint es sinnvoll, von einem Verhaltensregulationskontinuum auszugehen, also einer Skala mit den Polen „vollständige Steuerung“ (= höchstbewußtes Handeln) auf der einen und „vollständige Regelung“ (= unbewußte Lebensprozesse) auf der anderen Seite. Ein stark „kopfgesteuerter“ Mensch wäre also jemand, der versucht, alles willentlich absichtsgeleitet zu steuern. Ein stark „bauchgeregelter“ Mensch würde sich von seinen jeweiligen Bedürfnissen treiben bzw. regeln lassen. Um diese Regulationsimplikationen ein wenig näher zu betrachten, sei im folgenden eine gegenüberstellende Auflistung von Merkmalen der Steuerung und Regelung präsentiert, wobei auf dem Regulationskontinuum mit den Polen „Steuerung“ und „Regelung“ alle Zwischenformen denkbar sind.

Steuerung	**Regelung**
Absichtsgeleitete Lenkung eines Außensystems, mein Gehirn sagt meinen Augen wohin sie sich richten sollen.	Selbstregulation durch das System selbst, meine Augen nehmen automatisch die Lichtwellen an.
Willentliche Änderung eines ansonsten selbstregulativ anders verlaufenden Prozesses, damit diskrete Abläufe (Sprünge) zwischen neuen Absichten.	Kontinuierliche Abläufe des permanenten Einpendelns auf bewährte Sollgrößen.
Keine Rückkehr zum Ausgangspunkt.	Durch Fließgleichgewichte fortlaufende Rückkehr zum Ausgangspunkt.
Ziel ist ein antizipierter Zustand und somit anderer Zustand des Systems, verlangt Visionen.	Ziel ist gleich Start, somit der Erhalt dieses Systems, keine Visionen.
Dadurch entstehen Nebenwirkungen.	Keine Nebenwirkungen.
Unregelmäßigkeiten gibt es per definitionem nicht, höchstens Unerwartetes.	Unregelmäßigkeiten werden ausgeregelt oder führen zu zufälligen qualitativen Sprüngen, die nicht einer Absicht entspringen.
Die Absichten werden von Regelungen „unbewußt" beeinflußt.	Die Regelungen können durch Absichten beeinflußt werden (siehe Psychoneuroimmunologie).
Ziel ist das „Nicht-Normale" bzw. „Nicht-Selbstregulative".	Ziele gibt es nicht, es bleibt einfach das „Bewährte".
Diskontinuierliche Aktionen fordern meist einen hohen Energieaufwand.	Kontinuierliches Regeln ist sehr energie-ökonomisch, Minimalaufwand.
Die Bewertung (Evaluation) erfolgt in diskreten Schritten mit der Frage „Ziel erreicht?".	Die Evaluation ist systemimmanent und erfolgt kontinuierlich mit der Frage „Immer noch Abweichung?".

Tabelle 3.1: Unterschiede zwischen Steuerung und Regelung

Steuerung	Regelung
Wenn das Ziel nicht erreicht ist: – mehr Aufwand – anderes Ziel suchen – fliehen, aus dem Felde gehen – Anspruchsniveau senken.	Wenn immer noch Abweichung, steigt die Spannung bis zur Einpendelung auf neuem Niveau (zum Beispiel Fieber) oder „der Bogen bricht“. Ein Fliehen ist unmöglich.
Offener Prozeß, Wiederholungen sind unmöglich.	Geschlossener Prozeß, Wiederholungen sind normal.
Kreativität und Innovation, weil Alternativen erdacht werden können. Je höher die Anzahl der Alternativen, desto erforderlicher ist Disziplin, Fleiß.	Keine Kreativität, allenfalls zufällige Neuerungen, keine erdachten Alternativen, daher Disziplin nicht erforderlich. Das System funktioniert, oder es funktioniert nicht. Hier gibt es keinen Fleiß.
Inhaltliche Ziele müssen erdacht werden, wenn sie erreicht sind, sind sie keine Ziele mehr.	Ziele gibt es nicht, nur bekannte Zustände.
Der Start ist bekannt.	Es gibt keinen Start, nur Momente in einem Prozeß.
Der Weg ist zumindest relativ unbekannt.	Der Weg ist bekannt und nicht änderbar.

Tabelle 3.1: Unterschiede zwischen Steuerung und Regelung (Fortsetzung)

Automatisierung ist der Übergang von der Steuerung zur Regelung. Automatische Handlungen unterliegen Regelungsprozessen. Sie können meist nur unter hohem Aufwand durch Steuerungskontrolle und anschließendes neues Einüben verändert werden.

Derartige Implikationen der Beanspruchungsregulation im Sinne des Kontinuums von Steuerung bis Regelung lassen sich nun für zahlreiche Verhaltens- und Erlebensformen durchspielen. Wie oft sollten wir lieber auf unseren „Bauch hören“ (Regelung), oder wie oft haben wir zu wenig auf unseren Verstand gehört (Steuerung)? Die mangelnde Korrelation zwischen Einstellung und Verhalten, zwischen Wollen und Tun ist die Folge vielfältiger Fehlregulationen. Solche Steuerungs- und Regelungsprozesse müssen zunächst erfaßt und diagnostiziert werden, um sie anschließend optimieren zu können.

Unsere Erlebens- und Verhaltenswelten

Nach Laucken (1989) und Mees (1991) sollten wir prinzipiell zwischen zwei Denkformen unterscheiden: der Bedingungsanalyse und der Verweisungsanalyse.

Wenn wir in der bedingungsanalytischen Denkform denken, dann unterteilen wir unsere Welt in isolierte Ereignisse, die über zeitliche Zusammenhänge geordnet werden. Wir denken im naturwissenschaftlichen Sinne kausal, das heißt, in zeitlich gerichteten Beziehungen zwischen diesen Ereignissen. Erst kommt dies, und dann kommt das.

Dieser Art zu denken können wir die Verweisungsanalyse gegenüberstellen. In den Geisteswissenschaften erfassen wir im Kantschen Sinne nicht die „Sinnenwelt“ (Sehen, Hören, Tasten), sondern die „Verstandeswelt“. Geistige Zusammenhänge können nicht mehr mit den Händen greifbar gemacht werden sondern sind nur in einem Gefüge, in einem Kontext verstehbar, in dem jeweils eine Einheit auf die andere verweist. Eine motivierte und intelligente Führungskraft bemüht sich um Sinnstiftung und Integration ihrer Mitarbeiter. Hier verweist eine Verstandeseinheit auf die andere, deshalb der Name „Verweisungsanalyse“. Jeder Rechenvorgang ist eine Verweisungsbeziehung. Wenn ich drei mal drei gleich neun rechne, stellen diese Zahlen keine Ereignisse sondern Verstandeseinheiten in einer Verweisungsstruktur dar. Diese geistigen Prozesse sind dem Kind zunächst fremd. Deshalb füllt man sie meist zunächst mit konkreten, also anfaßbaren Dingen. Man legt drei mal drei Äpfel auf den Tisch und läßt das Kind abzählen. Wenn ich drei Äpfel hierhin lege, und noch einmal drei Äpfel usw. Hier bewegt man sich in der bedingungsanalytischen Ereigniswelt.

Die beiden Denkformen, Bedingungs- und Verweisungsanalyse, sind wichtig für die Beanspruchungsoptimierung, weil sie bedeutsame Konsequenzen für das Verständnis der eigenen kognitiven (Erkenntnis-, Wahrnehmungs-, Denk- und Interpretationsprozesse) und emotionalen Vorgänge haben.

In der Bedingungsanalyse ist der Gegenstand sächlich und in der „Körperwelt“. Die Glieder sind die Ereignisse oder Zustände, die isoliert bestimmbar sind (zum Beispiel der Tritt meiner Ehefrau gegen mein

Schienbein), und das Bindemittel ist die Ursache-Wirkungsbeziehung (weil ich mich verplappert habe). Der Zeitbegriff ist die physikalische Zeit, in der sich die Ereignisse abspielen. Die Daten sind Beobachtungen. Und die Erklärungen lassen sich in solche erster und zweiter Ordnung unterteilen. Bei Erklärungen erster Ordnung arbeitet man mit Erfahrungsaussagen (wenn ich mich verplappere, ernte ich einen Tritt). Bei Erklärungen zweiter Ordnungen wird für diese Erfahrungs„tatsache" eine Theorie erarbeitet. Meine Frau hat mich schon vielfach getreten, wenn ich mich verplappert habe, und erst mit der Zeit habe ich den Zusammenhang verstanden (sie will mich, unerkannt für die anderen, warnen). Der unmittelbaren Erfahrung wird also ein theoretisches Konstrukt bzw. Gedankennetz zugeordnet.

Bei der Verweisungsanalyse ist der Gegenstand die ideelle „Verstandeswelt". Die Glieder dieser Analyse sind Verstandeseinheiten, die nur in der Verweisungsbeziehung (Bindemittel) verstehbar sind (zum Beispiel meine Frau ist empfindlich bezüglich der Offenlegung unserer Privatheit und hat Angst, daß die anderen aus ihrer Sicht zuviel erfahren).

Der Zeitbegriff bezieht sich auf eine logische Zeit mit logischen Abfolgen. Nicht die physikalischen Zeitabstände sind wichtig, sondern „nur" die nachvollziehbaren Abfolgen. Das Erklärungsmittel muß nicht wie bei der Bedingungsanalyse zwischen Erfahrungs„tatsachen" und theoretischer Erklärung differenzieren. In der Verstandeswelt sind alle Verstandeseinheiten geistig und symbolisch. Sie werden erfaßt und gedacht, indem sie gegenseitig aufeinander verwiesen werden.

Die Unterscheidung zwischen Bedingungs- und Verweisungsanalyse wird nun wichtig für die Differenzierung dreier Erlebens„welten", der Lebenswelt, der Geisteswelt und der Körperwelt.

Sie haben ihre eigene subjektive Erlebensqualität. Ich fühle meine Angst, und die kognitive Erklärung, daß ich in einer gefährlichen Situation meine eigenen Bewältigungsmöglichkeiten als niedrig einschätze, nützt mir in diesem Moment wenig. Gefühle „hat man einfach" in ihrer unmittelbaren Erlebnisqualität. Man kann auf sich reflektieren, z. B. „ich freue mich gerade". Das beschreibt aber nicht die Qualität des Erlebens. Sie ist im Bewußtsein oft überwältigend vorhanden, verschwindet aber in der Information darüber. Das Reden darüber, wie glücklich ich bin, kann gar nicht diese Erlebnisqualität widerspiegeln. Wenn ich dieses Gefühl bedingungsanalytisch untersuchen will, brauche ich Ereignis- oder Zustandseinheiten, die ich „greifen“ und kausalanalytisch verkoppeln kann. Introspektion, das Hineinschauen in sich selbst, ähnelt damit dem Beobachter, der quasi die nach physikalischen Gesetzen funktionierende innere Ereigniswelt begutachtet. Unser kartesianisches Denken veranlaßt uns, auch die Gefühle wie Liebe, Freude, Ärger etc. als innere Ereignisse zu begreifen, die doch bitteschön physikalischen Meßmethoden zugänglich sein und kausalanalysiert werden sollten.

Außen ist demnach die physikalische Welt. Innen ist die Welt der psychischen Ereignisse. Zwischen beiden sollte „am besten“ eine Eins-zu-eins-Relation bestehen, so daß sich jeder Ärger durch entsprechende Muskelzuckungen dingfest machen läßt.

Diese Denkungsart ist uns spätestens seit den Erkenntnissen des Konstruktivismus und der entsprechenden neurophysiologischen Modelle (vgl. Maturana & Varela, 1987; v. Foerster, 1985) gründlich versalzen worden. Dort wird klar, daß wir Menschen als nicht-triviale Maschinen durch unsere Außenwelt nur angeregt werden und anschließend in unserer Eigendynamik laufen. Ich kann mich selbst beobachten, aber nicht „objektiv“, sondern nur nach Maßgabe meines Nervensystems. Dessen Organisation und Struktur bestimmen, wie ich mir meine Welt „konstruiere“. „Ich beobachte, daß ich mich beobachte, daß ich mich beobachte usw. all dies in den Bahnen, die mir mein phylogenetisch evolutioniertes und ontogenetisch entwickeltes Nervensystem vorschreibt. Ich kann es nicht verlassen.“ Wenn ich ein kartesianisch erzogener Mensch bin, der immer in Wenn-dann-Beziehungen denkt und damit subjektiv gute Erfahrungen gemacht hat, werde ich auch meine Gefühle so zu ordnen versuchen. Ich meine, meine Innenwelt müsse so funktionieren wie meine Außenwelt. Da diese Bedingungsanalyse die falsche Art zu denken (bezogen auf das falsche Denkobjekt) darstellt, ist es sinnvoll, sich zum Zwecke einer Beanspruchungsoptimierung mit Überlegungen auseinanderzusetzen, die Laucken (1989) als phänographisch bezeichnen würde.

Die Lebenswelt

In der Phänographie beschreibt man die Lebenswelt als ursprünglich und selbständig. Diese Lebenswelt (das „Bewußtsein“) ist nicht bedingungsanalytisch zerlegbar und nicht durch einen Blick ins Innere beobachtbar. In der Geisteswelt kann ich Metakognition betreiben, also darüber nachdenken, wie ich denke. In der Lebenswelt kann ich dies nicht. Ich bin nicht in der Lage darüber zu fühlen, wie ich fühle. Ich kann mich nicht meinem eigenen Bewußtsein gegenüberstellen. Ich kann nicht in mir und außerhalb meiner zugleich sein. Mein Denken gehört zu meinem Erleben und kann sich nicht ihm gegenüber in eine Außenposition bringen. Selbst die Reflexion ist eine bestimmte Art des lebensweltlichen Daseins. Auch die Metakognition, das Denken über das Denken, ist ein Denken. Mithin ist die Lebenswelt eine innere Welt des direkten Wahrnehmens, in der ein Moment auf das andere verweist. Wir nehmen wahr, denken und fühlen jeweils direkt, ohne reflexiv Hypothesen zu entwickeln, warum wir gerade so wahrnehmen, denken und fühlen. Diese Art von Beschreibung kostet meist schon wieder Spontanität und Ursprünglichkeit von Gefühlen wie Freude, Glücksgefühl usw. Dies kann allerdings bei negativen Gefühlen der Wut, des Ärgers auch nützlich sein, da es zerstörerische Kraft herausnimmt.

Die Geisteswelt

Phänographie beschreibt also die „direkte“ Lebenswelt. Die Logographie beschreibt logische Strukturen einer Geisteswelt. In dieser ideellen, kognitiven Verstandeswelt hat das lebensweltliche direkte Erleben von Gefühlen keinen Platz. Laucken (1989, S. 77) bringt das schöne Bild des Computers, der nicht „direkt“ neidisch sein kann, wohl aber die Aussagenstruktur von Neidgeschichten speichern kann.

Die Körperwelt

Hier wird bedingungsanalytisch gedacht, geforscht und erschlossen. Beobachtbare Ereignisse werden zeitlich strukturiert. Im Sinne der empirischen Forschung werden theoretische Konstrukte in einer Theorie verwoben und auf beobachtbare Ereignisse bezogen. Hypothesen über deren logisch kausale Abfolgen, Unterschiede zwischen Experimental- und Kontrollgruppen und dergleichen werden abgeleitet. Bedingungen werden gesetzt. Wenn die Ergebnisse die Theorie nicht falsifizieren, wird diese beibehalten. Es ist unmittelbar einsichtig, daß diese Welt nichts mit der Lebenswelt zu tun hat. Sie ist aber auch losgelöst von der Geisteswelt.

Dies wird sehr schön an dem Unterschied zwischen Software und Hardware deutlich (vgl. auch Laucken, 1989, S. 87). Dasselbe Programm (Geisteswelt) kann auf verschiedenen Rechnern laufen (Körperwelt). Die Hardware muß lediglich materiell und energetisch die Voraussetzungen bieten, also ermöglichen, daß die Rechenprozesse gemäß der Software laufen (Ermöglichungsbeziehung). Analog ermöglicht das Hirn den Denkprozeß. Die Körperwelt (Hirn) ist angeboren, die Software wird erlernt. Allerdings verändert die wechselseitige Interaktion in der Folge sowohl die Körperwelt als auch die Geisteswelt. Wer viel denkt, verändert seine Software, fördert aber auch die strukturellen Koppelungen (Maturana & Varela, 1987) seines Hirns.

Damit sind wir bei der Verbindung der drei Welten, Lebenswelt, Geisteswelt und Körperwelt. Jede dieser drei in sich geschlossenen Welten hat ihre eigene Geschichte. Sie stehen aber nicht beziehungslos nebeneinander. Sie ermöglichen sich gegenseitig.

Wenn ich das Büro meines Chefs in all seiner Pracht sehe, dann handelt es sich hier um eine Körperwelt, die physikalisch leicht beschreibbar ist. Möbel aus Holz mit einem bestimmten Gewicht, in einer bestimmten Farbe, mit einem bestimmten Design etc.; Bilder mit einem Rahmen und Ölfarben hängen unter Wandstrahlern. Aber hier spielt auch die Geisteswelt eine Rolle. Die Größe und der Luxus signalisieren mir hohe Position, Macht, Einfluß, Reichtum. In der Lebenswelt finde ich die Bilder einfach schön und freue mich an ihrem Anblick. Oder ich finde sie scheußlich (Lebenswelt), mein Verstand untersagt mir eine entsprechende spontane Äußerung (Geisteswelt, karriereschädlich) oder gar die körperweltliche Zerstörung der Bilder. Dissoziationen zwischen diesen Welten werden meist von anderen als unangenehm wahrgenommen.

Das Büro meines Chefs ist also eine Körperwelt, ein Stück Geisteswelt und bietet etwas für meine Lebenswelt. Die Körperwelt ermöglicht die Geisteswelt und regt vielleicht meine Lebenswelt an. Diese Ermöglichungsbeziehung ist für die Beanspruchung außerordentlich wichtig.

Vom Ermöglichten aus muß „rückwärts" gedacht werden zu dem Ermöglichenden. Mein Ärger (Lebenswelt) kann durch eine verschlossene Tür ausgelöst werden (Körperwelt) oder auch durch einen schäbigen Gedanken über einen vermeintlich faulen Mitarbeiter (Geisteswelt).

Das Ermöglichte existiert nur durch das Ermöglichende. Die Kenntnis der Himmelsrichtung wird dem Seefahrer nachts durch den Polarstern ermöglicht. Dieser steht aber auch ohne seine Funktion als Wegweiser am Firmament. Mithin kann das Ermöglichende auch ohne das Ermöglichte existieren. Es ermöglicht in diesem Falle nichts.

Das Ermöglichende ist lediglich die Voraussetzung für das Ermöglichte, nicht mehr und nicht weniger. Es besteht keinerlei kausale Beziehung zwischen Ermöglichendem und Ermöglichtem. Das eine ist auch keine Eigenschaft des anderen. So mancher Aberglaube stellt hier unzulässig Verbindungen her.

Der Gehalt des Ermöglichten ist nicht durch eine Analyse des Ermöglichenden zu erfassen. Die chemische Analyse von Druckerschwärze und Papier sagt nichts über den ästhetischen Gehalt eines Buches. Dieses ermöglicht mir aber Verweisungen in einer Geisteswelt und eventuell sogar über diese einen Zugang zu meiner Lebenswelt, wenn ich traurig bin über das schwere Schicksal einer durch das Buch (Körperwelt) und schließlich durch meine Vorstellung (Geisteswelt) ermöglichten Romanfigur.

Diese drei Welten und ihre jeweiligen Gefühle gilt es zu berücksichtigen, ohne unzulässige Vermengungen zu diagnostizieren und schließlich positiv zu beeinflussen, um Beanspruchung zu optimieren.

„In der Lebenswelt werden Gefühle zu Momenten episodisch geordneter Erlebens- und Handelnszusammenhänge (L-Gefühle); in der Geisteswelt sind Gefühle bestimmte geistige Gehalte, Informationen und Modi deren Verarbeitung (G-Gefühle); in der Körperwelt sind Gefühle Ereignisse, zum Beispiel neurochemische …“ (Laucken, 1989, S. 104).

Mit L, also lebensweltlichen Gefühlen, meinen wir unmittelbare Gefühle der Liebe, der Freude, des Zorns, des Ärgers in der ge- und erlebten Geschichte. Sie lassen sich nicht aus ihrem Verweisungszusammenhang herausreißen und zu Ereignissen umfunktionieren, um sie anschließend bedingungsanalytisch in Beziehung zu Gefühlsauslösern zu setzen.

So wie eine Zahl nur im Zahlensystem bestimmbar ist, ist ein Gefühl ein Moment in einer Daseinsstruktur (vgl. Mees, 1991, S. 14).

In der Körperwelt existieren der Mensch und seine Umwelt als Figur vor einem Hintergrund. Körpermensch und Körperumwelt wirken gegenseitig auf sich ein. Dies kann bedingungsanalytisch beobachtet und beschrieben werden.

In der Geisteswelt können sich verschiedene Menschen nur verstehen, wenn sie kompatibel sind, das heißt einer geistigen „Art“ sind.

Nun werden gerade in der Beanspruchungsforschung etliche Kategorienfehler begangen, die Laucken (1989, S. 135) verquere Fragen nennt:

- Dabei werden verschiedene Welten bedingungsanalytisch (kausal) unzulässig verbunden: Inwieweit verursacht Lärm in Dezibel (Körperwelt) das Gefühl des Erschreckens (Lebenswelt)? Beispielsweise geht ein erholungsuchender und -erwartender Spaziergänger in einem Frühlingswald mit Vogelgezwitscher als einzigem Geräusch spazieren. Plötzlich hört er einen völlig unerwarteten Knall einer Sprengung. Er erschrickt: Überbeanspruchung. Führt der Lärm zu dem Erschrecken oder die nichterfüllte Erwartung? In demselben Wald unter absolut vergleichbaren Bedingungen sitzt ein Sprengmeister und wartet auf den Knall seiner Sprengung. Der erwartete Knall bleibt aus. Die Sprengung findet nicht statt. Der Sprengmeister leidet unter Streß, weil der Lärm nicht kommt. Hier zeigt sich, daß die bedingungsanalytische Verknüpfung von Lärm in Dezibel und Gefühl des Erschreckens unsinnig ist.
- Man mißversteht Ermöglichungsrelationen als Ursachenbeziehungen. Welche neurochemischen Ereignisse beispielsweise verursachen bestimmte Gefühle? Hier werden unzulässig kausale Beziehungen zwischen Körperwelt und Lebenswelt angenommen.
- Methodisch werden Verweisungsbeziehungen unzulässig bedingungsanalysiert, zum Beispiel verursachen Kognitionen Emotionen bzw. werden Gefühle durch Gedanken kausal bestimmt?

Konsequenzen für das praktische Handeln

- Wir verstehen die Beanspruchungsoptimierung als einen Regulationsvorgang, bei dem permanent Diskrepanzen zwischen Ist und Soll in einer möglichst guten Kosten-Nutzen-Relation minimiert werden sollen.

- Diese Regulation erfolgt durch Steuerungs- und Regelungsprozesse, das heißt, wir können von einem Kontinuum ausgehen mit den Polen Steuerung und Regelung. Je stärker eine Handlung automatisiert ist, desto mehr unterliegt sie Regelungsgesetzen. Bei der Wahl der anzusteuernden Ziele sind wir frei, bei unseren Regelungen nicht.
  Totale Steuerung würde bedeuten, daß Ziele immer vorausgedacht werden müssen, daß es Nebenwirkungen und Unerwartetes gibt, daß ein relativ hoher Energieaufwand erforderlich ist, aber Kreativität und Innovation möglich sind. Bewertungen müssen jeweils eigens erarbeitet werden.
  Totale Regelung bedeutet Selbstregulation, kontinuierliche Fließgleichgewichte, höchste Ökonomie und systemeigene permanente Bewertungen.
  Steuerung ermöglicht Wandel, Regelung sichert Kontinuität.

- Für eine optimale Regulation der eigenen Beanspruchung sollten wir:

  – soviel Regelung zulassen wie möglich, soviel steuern wie nötig;
  – durch Regelungen („Bauch") nicht die Steuerungen („Kopf") und umgekehrt durch Steuerungen nicht die Regelungen beeinträchtigen lassen, sondern sie vielleicht günstig beeinflussen;
  – Steuerungsziele so klar wie möglich definieren;
  – den permanenten Wandel aktiv gestalten, dabei aber
  – die Bedingungen für Regelungsprozesse optimieren.

- Beispielsweise erfolgt die Bewältigung meiner Arbeit am besten, wenn ich:

  – mit möglichst wenig Energie- und Zeitaufwand einen möglichst hohen Nutzen gemäß meiner Ziele erreiche;
  – ich mittels Verstand und Vernunft ohne Beeinträchtigung durch Gefühle und körperliche Regelungen steuere, was steuerbar ist, respektiere, was nicht steuerbar ist, Nebenwirkungen und Uner-

wartetes einkalkuliere und möglichst kreativ verschiedenste Handlungsalternativen entwerfe;
- gleichzeitig alle sinnvollen Automatismen „ablaufen“ lasse, das heißt, sie nicht unnötig reflektiere und den körperlichen Regelungen optimale Bedingungen verschaffe, etwa in Form genügenden Schlafes, guter Ernährung, richtiger Haltung und Bewegung.

- Die Steuerung gelingt uns am besten, wenn wir uns nicht selbst durch unzulässige Denkweisen verwirren. Wir können auf zwei verschiedene Weisen denken. Zum einen denken wir kausal in zeitlichen Zusammenhängen zwischen Ereignissen (bedingungsanalytisch, zum Beispiel mein Herz rast, weil ich mich ärgere). Zum anderen denken wir in geistigen Zusammenhängen, in denen ein Inhalt auf den anderen verweist. Ich erkläre mir zum Beispiel meine mangelnde Konzentrationsfähigkeit mit meiner psychischen Labilität. Hier gibt es keine logische Ereignisfolge.
Die Unterscheidung dieser beiden Denkarten ist wichtig für den Zugang zu uns bzw. für die Diagnose unseres Beanspruchungsverhaltens.

- Den Zugang zu uns selbst und der Art, wie wir bei der Beanspruchung „funktionieren“, finden wir über drei verschiedene „Datenwelten“, und zwar:

- die körperliche Welt der physikalisch meßbaren Vorgänge wie zum Beispiel der Herzrate, hier sind die Bedingungen und Ereignisse erklärbar. Der Blutdruck steigt bei Streß durch die Adrenalinausschüttung;
- die geistige Welt der Vorstellungen, Gedanken, Einstellungen. Hier verweist eines auf das andere. Eine Diskrepanz zwischen Anforderungen und eigener Kapazität führt zu Handlungsunsicherheit;
- die Lebenswelt, in der ich unmittelbar fühle und erlebe. Hier kann nichts in Bedingungen zerlegt werden. Die sprachliche Beschreibung ist schon ein Akt der geistigen Welt, der nie die unmittelbare Gefühlsqualität ausdrücken kann.

Diese drei Datenwelten haben ihre eigenen Gesetze und ermöglichen sich gegenseitig. Die Melodie ist auch ohne Begleitung sinnvoll, aber die Begleitung nicht ohne die Melodie. Die Melodie ist nicht kausal mit der Begleitung verknüpft, sondern sie ermöglicht sie. Mein Ärger in der Lebenswelt wird erst möglich durch eine Differenz zwischen der Erwartung, der Mitarbeiter wäre pünktlich und der Erkenntnis, daß er es nicht ist (Geisteswelt). Diese Erkenntnis wird erst ermöglicht durch die Tatsache, daß er erst später eintrifft (Körperwelt).

Wir stressen uns oft unnötig, weil wir unzulässig kausale Beziehungen zwischen diesen Welten herstellen. Ich ärgere mich besonders, wenn ich annehme, der Mitarbeiter sei eigens zu spät gekommen, um mich zu ärgern. Vielleicht ist er aber später gekommen, weil er am Abend zuvor bis in die Nacht gearbeitet hat, um mir eine Freude zu machen. Mir fehlt nur diese Information.

Wir müssen lernen, unsere drei Datenwelten auseinander zu halten, zu prüfen, was auf was verweist bzw. was kausal wie zusammenhängt. Und wir sollten uns nicht unnötig durch den Denkfehler der Verwechslung von Bedingungs- und Verweisungsanalyse beanspruchen. Gefühle sind nur in ihrem Verweisungszusammenhang zu verstehen und sollten nicht kausal durch die Bedingung, unter der sie auftreten erklärt werden. Wenn eine Melodie an eine laue Sommernacht in mir wehmütige Gefühle weckt, ist die Melodie nur der Anlaß nicht aber der Grund für die Gefühle. Allzu oft neigen wir dazu, den Anlaß als kausalen Stressor zu sehen. Damit verstehen wir natürlich nicht, was in uns vorgeht.

Die Zusammenhänge zwischen Körper und Geist

Die beschriebenen Regelungsprozesse spielen eine besondere Rolle in dem Konzert der komplexen Zusammenhänge zwischen Körper, Geist und „Seele“.

Zweifellos gehören Krankheiten und Mißbefindlichkeiten zu den stärksten Stressoren. Wer nicht „fit“ ist, kann auch nicht gut arbeiten, hat wenig Lebensqualität und färbt negativ auf die Kollegen ab. Fitness ist nicht nur eine Frage des körperlichen Trainingszustandes, sondern auch eine der Einstellung, der psychischen Konstitution und der Freude an der eigenen Leistungsfähigkeit. Hier wirken die Körperwelt, die Geistes- und die Lebenswelt so eng zusammen, daß es sich lohnt, diese verschiedenen

Wechselwirkungen näher zu betrachten. Die medizinische wissenschaftliche Disziplin, die sich mit ihnen schwerpunktmäßig beschäftigt und im Begriff ist, die alte Psychosomatik sehr zu unterstützen, wenn nicht gar ihr den Rang abzulaufen, ist die Psychoimmunologie oder auch Psychoneuroimmunologie.

- Psycho(neuro)immunologie

> *„Krankheiten überfallen uns nicht aus heiterem Himmel, sondern sie entwickeln sich allmählich aus vielen kleinen, gegen die Gesundheit begangenen Sünden. Und erst wenn letztere sich angehäuft haben, brechen die Krankheiten scheinbar plötzlich hervor."*
> (Hippokrates)

Die Psycho(neuro)immunologie hat wie die meisten guten Gedankengebäude ihren Urvater im alten Griechenland.

Jeder kennt den Placebo-Effekt, vielleicht sogar aus eigener Erfahrung. Man kann sich Krankheiten „einbilden" und bekommt sie auch. Man kann sich auch Gesundheit „einbilden" und erhält damit eine höhere Wahrscheinlichkeit, auch gesund zu bleiben bzw. zu werden. Wer sich psychisch wohl fühlt und sich für etwas engagiert, bewältigt die milliardenfach um ihn schwirrenden Grippeviren seiner schniefenden Mitmenschen, ohne krank zu werden. Viele Mitmenschen halten bis kurz vor Weihnachten durch, obwohl seit drei Monaten die ganze Umgebung kränkelte. Kaum sind sie in der Ruhephase, setzt die Grippe mit Vehemenz ein. Zuvor konnte man sie sich einfach nicht erlauben. Im Urlaub wäre die Grippe zwar nicht willkommen, aber weniger schlimm. Also bekommt man sie auch. Was passiert dabei im Zusammenspiel von Körper und Psyche? Die immer gesuchte Brücke zwischen Körper und „Geist" oder „Seele" ist zweifellos das Immunsystem. Und es gibt offensichtlich eine biologische Brücke zwischen Immunsystem und Gehirn. Der Zusammenhang zwischen psychischen Prozessen und deren Einflüssen auf Gesundheit bzw. Krankheit wird vermutet, solange es Menschen gibt (vgl. Baker 1987). Die Frage ist nur, wie diese Wirkgefüge im einzelnen aussehen und wie sie nutzbar gemacht werden können.

Nerven-, Immun- und Hormon-System sind ein neuro-immuno-endokrines Netzwerk, und zwischen diesen Teilsystemen findet Kommunikation statt. Genauer gesagt, wenn Gehirn und Immunsystem miteinander „reden", sind die Hormone die Sprache. Die entscheidenden Immunstationen, die lymphatischen Organe, werden direkt durch Nerven angeregt, so daß von einer direkten Beeinflussung des Immunsystems durch das Gehirn ausgegangen werden kann. Aber auch indirekte Beeinflussungen des Immunsystems durch zentralnervöse Prozesse wurden nachgewiesen (vgl. etwa Payan, McGills & Goetzel, 1986).

Wir wissen, daß typische Streßhormone wie die Katecholamine (Adrenalin und Noradrenalin) und Kortisol die körpereigene Abwehr hemmen. Streß erhöht die Anfälligkeit für Infektionen und verringert die Anzahl der Lymphozyten (bestimmte weiße Blutkörperchen).

Derartige Zusammenhänge sind erst seit einigen Jahren bekannt. Erst Ende der sechziger Jahre wurde das erste Hirnhormon aus dem Hypothalamus gewonnen. Diese Region im Zwischenhirn beeinflußt sämtliche Hormondrüsen des Körpers. Schon daraus ergibt sich, daß Hirn und Hormone sowie das Immunsystem eng korrespondieren. Erst seit Ende der siebziger Jahre wissen wir, daß das Immunsystem nicht nur über Hormone etwas vom Gehirn erfährt, sondern auch über Neuropeptide. Zu diesen Botenstoffen gehören die Endorphine, das heißt körpereigene Opiate, auf die Marathonläufer „süchtig" werden können.

Das Immunsystem im engeren Sinne ist ungeheuer komplex, womöglich das komplizierteste menschliche Organ und kann hier nur in wesentlichen Grundzügen dargestellt werden. Unser Immunsystem schützt als ein Heer von etlichen Millionen Abwehrzellen unseren Körper vor Erregern, die für ihn gefährlich sind, und säubert ihn von Krebszellen.

Zunächst einmal bedeutet Immunität im strengen Sinne die erworbene Unempfindlichkeit gegenüber Krankheitserregern oder Giften. Resistenz hingegen bezeichnet die angeborene Widerstandsfähigkeit gegen Infektionen, Vergiftungen oder sonstigen physikalischen, chemischen oder biologischen Schädigungen.

Beim gesunden Menschen ist schon die Haut für die zahllosen Krankheitserreger undurchdringlich. Auch die Lungenbläschen oder die Schleimhäute, etwa im Magen und im Darm, filtrieren Mikroben aus. Nur verhältnismäßig wenige Krankheitserreger wie zum Beispiel die häufigsten, die Bakterien und die Viren, schaffen es, in Tarn- und Täuschaktionen in den Körper einzudringen. Als Bakterien (gr. Stock oder Stäbchen) bezeichnet man übrigens kleine einzellige Lebewesen. Bakterien sind überall in großen Mengen vorhanden. Ein Gramm Ackerboden beinhaltet beispielsweise über 2500 Millionen Bakterien. Hier sind Bakterien für uns lebenswichtig. Im Erdboden werden alle organischen Stoffe durch die Stoffwechseltätigkeit der Bakterien mineralisiert. Somit werden sie zu anorganischen Stoffen gemacht, die wiederum den grünen Pflanzen als Nährstoffe zur Verfügung stehen.

Viren (*lat.* Virus = giftiger Saft) sind Erreger von Infektionskrankheiten bei Menschen, Tieren, Pflanzen und auch Bakterien. Es ist fraglich, ob Viren zu den Lebewesen gehören. Sie sind zumindest die kleinsten, sich selbst reproduzierenden Einheiten in der Natur. Sie haben keinen eigenen Stoffwechsel, das heißt, sie brauchen die lebende Wirtszelle zu ihrem Überleben. Sie verfügen über wenig Erbsubstanz (DNA oder RNA) in einer Hülle aus Eiweiß. Die meisten Viren zerstören ihre Wirtszellen. Es gibt aber auch einige Viren, die diese zum Wuchern anregen, also somit bösartige Tumoren erzeugen, oder sie sind zumindest bei deren Entstehung mitbeteiligt. Wir kennen weit über hundert verschiedene Virenarten, die für unsere Infektionskrankheiten von Bedeutung sind. Besonders häufig sind natürlich die Grippeviren in ihren verschiedenen Spielarten, die Herpesviren, die Windpocken und die mit Streß zusammenhängende Gürtelrose sowie Viren, die z.B. Kinderlähmung, Masern, Röteln, Tollwut und Pocken auslösen.

Die „Feinde“, die Infektionen bewirken und gegen die sich die Abwehr richtet, sind vor allem:

- *Antigene.* Dies sind zunächst Stoffe mit zumeist komplexer Molekülstruktur, die oft Eiweiß enthalten und vom Körper als fremd erkannt werden. Dabei kann es sich um Bakterien, Viren aber auch um chemische Substanzen (Kosmetika), Nahrungsmittel, Blütenpollen, Kunststoffe, Benzin, Asbest, Hühnereiweiß, Penicillin, fremde Organe, fremdes unpassendes Blut usw. handeln.

- *Bakterien und Viren.*

- *Protozoen.* Dies sind einzellige Schmarotzer mit Zellkern wie zum Beispiel die Malaria-Erreger. Sie sind relativ hoch entwickelt und verbreiten sich oft über Insekten.

- *Pilze.* Diese schädigen häufig die Haut (warm und feucht), lösen aber auch Lungenentzündungen bei Abwehrschwäche zunehmend aus.
- *Würmer.* Sie sind ebenfalls Schmarotzer, die zum Beispiel die in Ägypten häufige Bilharziose bewirken.

Möglichkeiten der Immunisierung

Bei den sogenannten Immunotherapien versucht man, Infektionskrankheiten und Vergiftungen durch Impfungen oder Heilseren in Form einer künstlichen Immunität zu bekämpfen. Dazu gehören auch unspezifische Maßnahmen wie Naturheilverfahren oder Reizkörperbehandlungen, das heißt alle Verfahren, die die unspezifische Resistenz des Körpers steigern.

Umgekehrt versucht man mittels immunsupressiver Therapien die Bildung körpereigener Antikörper zu verhindern, damit beispielsweise transplantierte Organe nicht abgestoßen werden. Dies gilt teilweise auch für Autoaggressionskrankheiten, bei denen eine fehlgeleitete Immunabwehr körpereigenes Gewebe angreift.

Immunität kann der Organismus dadurch erlangen, daß arteigene Immunglobine gespritzt werden (passive Immunisierung). Wenn man artfremde Antikörper spritzt, entsteht eine spezifische Immunisierung gegen das Antigen, das die Antikörper bekämpfen können (zum Beispiel Tetanus-Schutzserum vom Rind).

Bei der aktiven Immunisierung wird in Form der Impfung das Immunogen eines Krankheitserregers dem Organismus so verabreicht, daß er, ohne Schaden zu nehmen, selbst Antikörper gegen das gegebene Antigen bildet (zum Beispiel aktive Tetanus-Prophylaxe durch ein geschwächtes Tetanus-Gift oder Impfungen gegen Masern, Kinderlähmung usw.).

Immuntoleranz besteht normalerweise gegen körpereigene Gewebe und Flüssigkeiten.

Normalerweise hilft sich der Körper recht gut selbst, man muß ihm nur die Gelegenheit dazu geben. Schon in den Schleimhäuten sitzen Abwehrzellen. Weiter schützt sich der Körper auch mechanisch. Feine Härchen in der Nase filtern das Grobe aus. Noch feinere Härchen in den Bronchien (Zilien) fangen kleine Partikel ab. Sie erzeugen wie bei im Wind bewegtem hohem Gras Wellen, die in Richtung Nasen-Rachenraum laufen. Wenn dies nicht ausreicht, wird durch den Husten ein Luftstrom erzeugt, der mit höchstem Druck unliebsame Fremdkörper hinausbefördert. Sollte doch einmal ein Fremdkörper bis in die Lungenbläschen vordringen, erwarten ihn Makrophagen, die ihrem Namen „Freßzellen“ gerecht werden. Asbestfasern sind allerdings so klein, daß sie unter Umständen alle Hürden überwinden. Auch Fasern aus Zigarettenfilterpapier sind nicht gerade gesund, besonders auf dem Hintergrund einer chemisch permanent geschädigten schwarz-teerigen Lunge.

Auch die Darmwand läßt keine Mikroben hindurch, sondern nur kleine Moleküle wie zum Beispiel enzymatisch aufgespaltene Nährstoffe. Sollten Krankheitserreger die Magensäure überstanden haben, warten im Darm verschiedenste Antikörper (meist IgA), die an „Feinde“ biochemisch „andocken“ und sie somit fesseln und anschließend zu den Verdauungsresten „in den Müll“ werfen. Diese Antikörper werden von dicht unter der Darmschleimhaut sitzenden, spezialisierten weißen Blutkörperchen (B-Lymphozyten) permanent nachgeliefert.

Dieser Ausflug in die Basiskenntnisse zum Immunsystem sollte klarwerden lassen, daß diese hochkomplexen Prozesse stark mit der jeweiligen Lebensweise verknüpft und abhängig von den übergeordneten Steuerungsprozessen des Gehirns sind. Zu den Zusammenhängen zwischen Prozessen in der Körper-, Geistes- und Lebenswelt existieren zahlreiche empirische Befunde.

Zunächt einmal scheint die Funktionsweise des Immunsystems mit Persönlichkeitseigenschaften zusammenzuhängen.

Die vegetativen Nerven vom Gehirn, also dem unwillkürlichen Anteil des Nervensystems, zu den Lymphorganen scheinen sowohl die Teilung als auch die Reifung von B- und T-Zellen zu beeinflussen (Mechsner, 1988). Mithin dürfte sich das, was wir im Volksmund als „Zappeligkeit“ und „Dünnhäutigkeit“ bezeichnen, negativ auf die wichtigsten Abwehrzellen auswirken.

Neuropeptide stehen in einem engen Zusammenhang zu Gefühlen (Mechsner, 1988). Also muß es in Verbindung mit Gefühlen Substanzveränderungen geben.

Lymphozyten haben Annahmestellen für

- Kortikosteroide, die für den gesamten Stoffwechsel wichtig sind;
- Wachstumshormone;
- männliche Geschlechtshormone wie Testosteron;
- weibliche Geschlechtshormone, vor allem Östrogene;
- Adrenalin;
- Endorphine, also die körpereigenen Drogen, die wie erwähnt Marathonläufer produzieren.

Glukokortikoide hemmen Entzündungen und kleine Mengen können die Abwehr unterstützen. Langfristige Steroidgabe zerstört Thymuszellen und die Infektionswiderstandsfähigkeit.

Die Wirkung von Stressoren auf die Immunabwehr wurde vielfach bei Tieren untersucht. Die Ergebnisse sind nicht ohne weiteres auf Menschen übertragbar. Immerhin ergeben sich hier zahlreiche Plausibilitätsnetze.

Die Lymphozytenproliferationsrate, also die „Produktionsrate" gilt als Indikator für die Abwehrbereitschaft. Sie ist in den meisten Untersuchungen nach Streß vermindert. Als Stressoren dienten Elektroschocks, Bewegungsbehinderungen oder ähnliche. Wenn die Hypophyse entfernt wurde, waren die Effekte der Lymphozytenverminderung besonders stark. Daraus wird gefolgert, daß die Hypophyse an einer Gegenregulation von Streßeffekten besonders beteiligt ist und daß Katecholamine, also Adrenalin und Noradrenalin, wesentlich für die Vermittlung immunologischer Streßeffekte sind.

In der Psychologie der Beanspruchung spielt die Kontrollierbarkeit eine wesentliche Rolle. Der Eindruck, die Ereignisse nach eigenem Willen steuern zu können (Kontrolle), trägt wesentlich zur Streßreduktion bei, während umgekehrt der Eindruck des Ausgeliefertseins, also von Nicht-Kontrolle, selbst einen starken Stressor darstellt. Wer jemals unerwartet mit seinem Auto auf Glatteis gefahren ist weiß, was ein Kontrollverlust ist. Man spürt förmlich, wie das Adrenalin in das Blut einschießt.

In der immunologischen Humanforschung wurden vor allem Astronauten, Witwen bzw. Witwer und Studenten untersucht. Bei den Astronauten fand man nach der Landung verminderte Lymphozytenproliferationsraten. Während des Fluges war sie vollständig unterdrückt. Es gilt zu berücksichtigen, daß Astronauten meist psychisch besonders stabil sind.

In der Life-event-Forschung untersucht man, inwieweit besonders beanspruchende Lebensereignisse bestimmte Krankheiten fördern bzw. die Abwehr schädigen.

Bei Männern mit Lungenkrebs wurde eine deutliche verminderte NK-Zellaktivität gefunden. NK sind natürliche Killerzellen, die vor allem Jagd auf krebs- und virusinfizierte Zellen machen.

Recht gut sind weiter die Effekte von Streß auf IgA untersucht. IgA dient der Abwehr von Infekten. IgA im Speichel sinkt bei Studenten mit überdurchschnittlichem Machtbedürfnis gegenüber solchen mit durchschnittlichen Machtwerten (McClelland, 1980). Ebenfalls bei akademischen Prüfungen wurde erniedrigtes IgA festgestellt (Jemmot et al., 1984). Umgekehrt konnten Dillon et al. (1986) zeigen, daß ein Lachfilm im Gegensatz zu einem Lehrfilm zu erhöhten IgA-Ausschüttungen führte.

Die Befunde zu menschlichen psychoimmunologischen Streßstudien sind zumindest in diesem jungen Entwicklungsstadium dieser wissenschaftlichen Disziplin, wenn nicht ganz einheitlich, so doch in Tendenzen interpretierbar.

Die Aktivität von Viren erhöht sich, wenn psychosoziale Stressoren wirksam werden.

Schlafentzug sorgt für verminderte Lymphozytenproliferationsraten und für eine Steigerung der Blutsenkungsgeschwindigkeit.

Einsamkeit scheint zu einer Minderung der Abwehr zu führen. Kiecolt-Glaser et al. (1984) fanden bei entsprechenden psychiatrischen Patienten, die weder schwachsinnig waren noch unter Drogenproblemen litten, erniedrigte Aktivitäten der natürlichen Killerzellen.

Der Verlust eines Ehepartners bewirkte eine Unterdrückung des Immunsystems in Form verringerter Lymphozytenproliferationen (Linn, Linn & Jense, 1982) oder in Form einer eingeschränkten Funktion der T- und B-Lymphozyten.

Studenten nach dem Examen zeigten ebenfalls eingeschränkte Funktionsfähigkeit des Immunsystems (vgl. Buske-Kirschbaum et al., 1990).

Zwischen Extraversion und einem speziellen Abwehrindikator einerseits sowie zwischen dem Eindruck, die Dinge selbst bewältigen zu können, und IgA andererseits fanden sich negative Korrelationen (Ursin et al., 1984). Das heißt: bei Menschen, die recht kontaktfreudig und nach außen gewandt sind und meist unter dem Eindruck leben, ihre Aufgaben und Probleme bewältigen zu können, läuft die Abwehr nicht auf vollen Touren.

Fehlbeanspruchungen begünstigen Infektionskrankheiten. Der Lippen-Herpes tritt öfter auf nach Angst und „stressigen" Zeiten.

Krebs ist aufgrund seiner Unkontrollierbarkeit und seines „unheimlichen" Charakters besonders angstauslösend.

In diesem Kontext interessiert natürlich auch der Zusammenhang zwischen Krebs und bestimmten Persönlichkeitsvariablen. Demnach korrelieren mit Krebs (vgl. Temoshok 1987; Klosterhalfen & Klosterhalfen 1990):

- eine eher instabile Persönlichkeit;
- eine geringe Fähigkeit, Emotionen auszudrücken;
- die Tendenz zur Reaktionsvermeidung, Zurückhaltung, Schlucken von Ärger;
- Depressivität;
- Einzelgängertum;
- Angst, Schuldgefühle, Feindseligkeit, wenig Aggressivität, hohe emotionale Kontrolliertheit.

Immunologische Balancen

Emotionen regulieren die körpereigene Abwehr wesentlich stärker als bislang vermutet.

Wenn das Immunsystem in seinen Balancen vom übrigen Körper abhängt, muß es nicht nur Botschaften empfangen, sondern auch selbst Signale senden, das heißt, andere Organe werden darüber informiert, womit die Abwehr gerade beschäftigt ist. Es gibt Hinweise auf Signale des Immunsystems an das Gehirn. Während einer Immunreaktion bei Ratten erhöhte sich die Nervenaktivität im Hypothalamus von Ratten auf das Zwei- bis Dreifache. Zugleich steigert die Immunreaktion die Glukokorikoid-Hormone im Blut, die ihrerseits wiederum diese Immunreaktion dämpfen.

Etwas spekulativ formuliert könnte man sagen, das Immunsystem „sagt" dem Gehirn: „Hier ist was los, ich schicke meine Truppen hinaus." Das Hirn antwortet über die negative Rückkopplung durch die Glukokortikoide : „Immer mit der Ruhe, nur keine Überreaktion." Dieser natürliche Balance-Akt der Regelung sollte durch ein entsprechend ausgewogenes Verhalten unterstützt werden.

Die Waffen des Immunsystems sind scharf, und diese gefährlichen Wachhunde drohen laufend über die Stränge zu schlagen. Insofern ist der Balanceakt des „soviel wie nötig, so wenig wie möglich" lebenswichtig. Immunsysteme, die vor lauter Aktivitität „austicken" greifen unter Umständen körpereigenes Gewebe an. Hier mag eine Ursache für die zunehmenden Autoaggressionskrankheiten in unserer streßgeplagten (Arbeits-) Welt liegen.

Was schädigt das Immunsystem?

Zunächst einmal schädigt ionisierende Strahlung schon in kleinsten Dosen. Es gibt sicherlich nicht den Schwellenwert, ab dem Strahlung gefährlich wird. Durch die Schädigung des Immunsystems wird Krebs, vor allem Leukämie ausgelöst. Inwieweit ein geistiger Prozeß im Sinne der permanenten Vorstellung, man könne Krebs bekommen, weil die Strahlenexposition steigt, eine aktivierende Rolle spielt, ist bislang nicht empirisch nachgewiesen. Es scheint aber plausibel.

Ein Ski-Aufenthalt von 14 Tagen auf 3 000 Meter Höhe verabreicht etwa soviel ionisierende Strahlung wie 20 Lungenaufnahmen.

Weiter wird das Immunsystem durch jegliche Art von Fehlbeanspruchung geschädigt. Dies gilt schon für Lärm. In Mitteleuropa sollen gemäß der WHO über 20 Prozent aller Menschen Lärm in unverträglichem Maße ausgesetzt sein.

In Europa werden ca. 65 000 Chemikalien industriell hergestellt, von denen mindestens 30 direkt Krebs auslösen. Die Zahl derer, die andere Krankheiten vor allem der Haut und des Nervensystems sowie Veränderungen des Erbgutes auslösen, dürfte ungleich höher sein.

Weiter führt Fehlernährung zu Schädigungen des Immunsystems. Wir essen, auf den Punkt gebracht, zu wenig ballastreich, zu fett, zu süß, zu viel, und dies in der falschen Zusammensetzung.

Praktische Konsequenzen für die Optimierung von Beanspruchung

Wir können uns natürlich fragen, ob wir die wesentlichen Einzelheiten des Immunsystems zur Kenntnis nehmen müssen und uns durch solche Komplexitäten unsere subjektive Welt noch schwieriger machen. Aber die vielen wesentlichen Befunde zu den Zusammenhängen zwischen Hirn, Nerven-, Hormon- und Immunsystem sind ohne die Kenntnis der wichtigsten Akteure nicht verstehbar. Im übrigen hat Wissen um den eigenen Körper noch nie geschadet, sondern wir gehen viel behutsamer mit ihm um, je stärker wir uns seiner Differenziertheit und Empfindlichkeiten bewußt sind.

- Stressoren hemmen die Immunabwehr. Dieser Effekt wurde in Tierstudien unter anderem aus ethischen Gründen deutlicher gezeigt als in Humanstudien. Er scheint für die zelluläre Abwehr stärker als für die humorale Abwehr nachweisbar zu sein.

- Streß begünstigt Infektionen und bösartige Tumore, sowie wahrscheinlich auch rheumatoide Beschwerden.

- Es scheint einige Zusammenhänge zwischen bestimmten Persönlichkeitsvariablen und der Neigung an Krebs zu erkranken zu geben. Vor allem überstarke Kontrolliertheit, mangelnde Emotionalität und Genußfähigkeit, Angst und Depressivität sowie die Unfähigkeit, Ärger kontrolliert herauszulassen, scheinen wesentlich zu sein. Diese Effekte sind vorläufig als Tendenzen, nicht als bewiesene Fakten anzusehen.

- Freude, Lebensmut, Liebe, Gelassenheit, Heiterkeit, Zufriedenheit, Glück und Zuversicht fördern die Abwehr und statten mit einem Polster für die Lebensbewältigung aus.

- Es besteht die Möglichkeit, das Immunsystem durch streßreduzierende Maßnahmen günstig zu beeinflussen.

- Die Möglichkeiten der konditionierten Immunstimulierung sind noch nicht hinreichend erforscht. Aber erste Tendenzen deuten auf die Möglichkeit des „eingebildeten“ Gesunden. Möglicherweise sind hier auch positive Effekte von Entspannung, Sauna (bei richtiger Anwendung: 80 Grad Hitze, Abkühlung auf Zimmertemperatur, von lauwarm bis kalt duschen, insgesamt zwei Gänge) und dergleichen einzuordnen.

- In jedem Falle bestehen so enge Vernetzungen zwischen Psyche und Physis, zwischen Körper und „Geist“, daß es nicht sinnvoll ist, von verschiedenen Systemen zu reden. Im Gegenteil, in einer ganzheitlichen Sicht sorgen die unendlich zahlreichen Zusammenhänge zwischen neuroanatomischen (Nerven), psychoneuroendokrinologischen (Hormone), biochemischen und physiologischen Vorgängen (etwa in Blut und Lymphe) für ein hochdynamisch ausbalanciertes Konzert in Fließgleichgewichten, das durch die verschiedensten Einflüsse, vor allem aber Streß, gestört werden kann. Jede sinnlose Angst, jeder Ärger, „verklemmte“ Gefühle, jede Dissonanz zwischen Psyche und Physis sorgt nicht nur für weniger Lebensqualität, sondern auch für ein erhöhtes Krankheitsrisiko und in der Folge für eine geringere Lebenserwartung.

- Das Immunsystem ist trainierbar.

- Das Immunsystem hat ein Gedächtnis. Insofern ist es nicht sinnvoll, schon Kleinkinder vor allen möglichen Mikroben schützen zu wollen, sondern im Gegenteil, ein gewisses „Drecktraining“ ist von Nutzen.

- Es gilt vor allem, die körpereigenen Signale zu erkennen und entsprechende Bedürfnisse des Körpers nach Regeneration zu befriedigen.

- Zuviel Sonne, Fehlernährung, Drogen und Bewegungsmangel schwächen das Immunsystem.

- Auf seinen Körper hören ist gut. Ihn permanent wegen eventueller Wehwehchen zu beobachten und darauf zu warten, daß sich endlich ein Krankheitszeichen einstellt, wäre ein psychoneuroimmunologischer Fehler. Dies wird deutlich in dem Bild von dem Patienten, der zum Arzt kommt und klagt: „Herr Doktor, wenn ich hier drücke, tut es weh." Die Antwort des psychoneuroimmunologisch vorgebildeten Arztes: „Dann drücken Sie nicht."

- In Deutschland sterben jährlich fast 200 000 Menschen an Krebs. Er stand um die Jahrhundertwende an siebter Stelle der Todesursachen, mittlerweile hat er Rang zwei. Über 350 000 Menschen erkranken bei uns jährlich neu an Krebs. Jeder vierte Krebskranke ist ein Raucher. Der Lungenkrebs hat bei Frauen in nur 20 Jahren um 300 Prozent zugenommen.
  Rauchen schadet dem Immunsystem und schadet im übrigen einer generell gesunden Einstellung zum eigenen Körper, die wiederum das Immunsystem stärken könnte.

- Das Immunsystem ist sehr anpassungsfähig. Meist verfügen die Zellen über eigene Reparaturmechanismen. Die eigenen DNS-Ketten werden permanent geprüft und repariert. Zudem existiert ein Gewebskontrollsystem, das dafür sorgt, daß sich die Zellen in der richtigen Position zueinander befinden und sich in den richtigen Folgen teilen bzw. selbst begrenzen.

- Wir brauchen folgende Verhaltensweisen, damit unser Immunsystem optimal arbeiten kann:
  - richtige Ernährung;
  - genügend Bewegung, also einen Sport, der langfristig belastet, aber nicht übertrieben wird (Jogging, Schwimmen, Dauer-Radfahren, Ski-Langlauf, schnelles Gehen);
  - Meidung von ionisierender Strahlung und von zuviel Sonne;
  - Meidung von Ärger und Angst. Wenn sie aber auftreten, sollten wir sie aktiv bewältigen und nicht in uns hineinfressen;
  - Förderung aller positiven Emotionen wie Glück, Zufriedenheit, Freude;
  - Lachen ist wirklich gesund;
  - eigene Bedürfnisse artikulieren;
  - soziale Unterstützung, Ansprache, das Gefühl, unter wohlgesinnten Menschen zu sein;
  - genügende Regenerationsphasen zwischen beanspruchenden Lebensereignissen;
  - eine Haltung des positiven Denkens nach dem Motto „Krankheit kommt für mich nicht in Frage";

- der Eindruck von Kontrolle, also die Dinge nach eigenen Wünschen beeinflussen können, fördert die Gesundheit;
- Training des Immunsystems im Sinne der „Dreckimmunisierung“.

„Echter“ Streß ist im Umkehrschluß alles, was dem Immunsystem schadet.

- Psychosomatik

Es ist des Doktors größte Not,
a) die Gesundheit
b) der Tod
Drum hält er uns, damit er lebe,
zwischen beiden in der Schwebe.
(Wilhelm Busch)

Die beschriebene Psychoimmunologie beinhaltet als zentrales Thema die Frage: „Wie schädigend oder auch heilend wirken sich Gedanken und Einstellungen auf das Immunsystem aus?“

In der Psychosomatik, der älteren wissenschaftlichen Disziplin, stellt man sich die Frage: „Wie entstehen aufgrund psychischer Phänomene körperliche (somatische) Erkrankungen?“

In der Gesundheitspsychologie fragt man sich: „Welches Verhalten und Erleben ist besonders gesund bzw. krankmachend?“

Die Verhaltensmedizin (vgl. Miltner et al., 1986) stellt sich im Prinzip die gleichen Fragen. Die Erkenntnis, daß Situationen wie zum Beispiel Partner- oder Arbeitsplatzverlust, Umgebungswechsel, soziale Isolation die Wahrscheinlichkeit für das Auftreten bestimmter Krankheiten erhöhen, führte zu dem Versuch, die organmedizinischen „Scheuklappen“ abzulegen und alle möglichen Verhaltensbeeinflussungen (zum Beispiel durch Psychotherapie, Entspannung) zur Gesundung bzw. Vermeidung von Krankheiten einzusetzen.

Es geht in diesen vier wissenschaftlichen Disziplinen letztlich immer darum, die Wechselwirkungen zwischen Verhaltens- und Erlebensfaktoren, biologischen Prozessen, objektivierbaren Daten und subjektiven

Empfindungen in ihren Auswirkungen auf Gesundheit und Krankheit zu erfassen. Wie in der Psychoneuroimmunologie zeigt sich auch in der Psychosomatik der Zusammenhang zwischen Körper und „Geist“. Die körperlichen Beschwerden haben ihren Ursprung im Hirn. Über vegetative und motorische Bahnen gelangen krankmachende Impulse in den Körper und bewirken dort Gefäßkrämpfe, Lähmungen oder zumindest das Zusammenziehen von Hohlorganen (der Magen krampft sich zusammen), zu Muskelverspannungen und -verhärtungen etc. Dadurch entwickeln sich naturgemäß Funktionsstörungen und auf Dauer chronische Erkrankungen. Wahrnehmungen, Gedanken und Gefühle zeigen sich neurobiologisch als Erregungen der Großhirnrinde, die über das limbische System, den Hypothalamus und verschiedene Nervenbahnen unter Beteiligung des Rückenmarks in die Organe fortgeleitet werden.

Das Gehirn einer psychosomatisch kranken Person ist biologisch gesehen gesund. Es ist nur durch Fehlbeanspruchungen falsch „programmiert“. Es schaltet nicht nur in solchen Situationen auf Kampf, Flucht oder Unterwerfung, in denen dies zwecks Überleben angemessen ist, sondern auch in Situationen, die normal gesunde Personen nicht aufregen. Die inneren Relationen des Gehirns sind wie immer entscheidend. Insofern nützt es wenig, einen psychosomatisch gestörten Mitarbeiter darauf hinzuweisen, daß er doch eine so angenehme Arbeit und so nette Kollegen hat. Er erzeugt „sinnlos“ – im Sinne von situationsinadäquat – seine Streßreaktionen und wird an ihnen auf Dauer auch körperlich krank.

Ähnliche Vorgänge sind übrigens beim Schmerz zu verzeichnen. Er findet im Gehirn und nicht an der Wunde statt. So ist auch der Phantomschmerz des Beines zu erklären, das gar nicht mehr existiert. Schmerzen spielen sich im limbischen System und im Großhirn ab und können bei entsprechender Bewußtheit zu unerträglichen Qualen werden. Angst wirkt nun schmerzverstärkend, so daß sich ein Aufschaukelungsprozeß entwickelt. Ein relativ banaler Anlaß wie eine kleinere Verletzung oder eine Erkältung mit an sich wenig besorgniserregenden Muskelverspannungen trifft auf den Humus einer generellen Ängstlichkeit. Sofort aktiviert der Psychosomatiker seine schlimmsten Befürchtungen. Diese Angst verstärkt die Symptome, wodurch er sich wieder bestätigt fühlt. Wiederum zeigen sich die Phänomene der sich selbst erfüllenden Prophezeihung. Wir kennen dies aus eigener Erfahrung. Wenn mir jemand sagt: „Du siehst aber schlecht aus", laufe ich zum Spiegel und stelle in meiner Angst, es könne etwas Ernsthafteres dahinterstecken, fest, daß er recht hat. Sofort fühle ich mich noch schlechter, wodurch mein Gegenüber leicht erschrocken schaut, diesmal aber nichts sagt, um mich nicht zu beunruhigen. Ich bemerke dies und denke prompt: „Jetzt nimmt er schon Rücksicht auf mich". Wenn schließlich mein Gegenüber seine Bemerkung wieder gutmachen will und sagt: „Die Beleuchtung war schlecht, Du siehst ganz frisch aus", denke ich: „Jetzt ist es schon soweit, daß ich getröstet werden muß". So wird man natürlich seine Ängste nie los und chronifiziert sie mit der Folge fortlaufender Mißbefindlichkeiten und schließlich wirklichen körperlichen Symptomen, die die ganzen Befürchtungen wiederum bestätigen. Dies alles streßt ungemein, und so wird man eingebildet richtig krank und sollte umgekehrt schleunigst dahinkommen, eingebildet gesund zu werden.

Nicht ohne Grund drücken wir in unserer Alltagssprache Derartiges aus. „Mir ist etwas auf den Magen geschlagen". „Ich habe mir etwas zu Herzen genommen". „Das nimmt mir den Atem."

Die Dauererregungen unseres Gehirns sind nicht mehr wie früher durch evolutionär bereitgestellte Verhaltensmuster wie Kämpfen oder Weglaufen abzureagieren. Auch eine gemäßigte verbale Auseinandersetzung haben wir nicht gelernt. Also „ersticken" wir an unserem Ärger. Wir stehen durch die täglichen Fehlbeanspruchungen, „kleinen" Ärgernisse und dauernden Anforderungen fortlaufend „unter Strom". Diese nicht abreagierte Dauerspannung bleibt nicht im Gehirn stecken, sondern pflanzt sich durch bioelektrische Impulse in die Organe und die Muskulatur fort. Dort entstehen die Verkrampfungen der Muskeln und Gefäße und in der Folge Schmerzen. Auch die Herzneurosen sind psychisch real, obwohl man in der Intensivstation zum wiederholten Male keine Anzeichen eines Herzinfarktes feststellt. Die Herzanfälle kommen durch sympathische Impulse zustande, die „wirklich" zu Herzrasen und Krämpfen der Herzkranzgefäße führen.

Wir sagen in der Alltagssprache teils mitleidig, teils genervt, teils beruhigend: „Das ist psychisch". Also mit anderen Worten: „Nun reiß Dich mal zusammen, was sollen andere sagen, die wirklich krank sind." In der Alltagssprache sprechen wir von „sauer sein", was bezogen auf den Magen absolut richtig ist. Der reagiert nämlich bei fortlaufenden vegetativen Aktivierungen sauer. Die von ihm produzierte für die Verdauung notwendige Salzsäure greift seine eigene Schleimhaut an. Es kommt eben wie immer auf die Dosis an.

Welche Krankheiten zählen denn nun zu den psychosomatischen Krankheiten, die unmittelbar mit Fehlbeanspruchungen zu tun haben?

Kopfschmerz

Bei Kopfschmerz muß zunächst abgeklärt werden, ob ein Hirntumor die Ursache ist (vor allem bei Kindern).

Meist entsteht der Spannungskopfschmerz durch Verkrampfungen der Muskulatur im Stirn- und Nackenbereich, die wiederum meist durch Fehlbeanspruchungen entstehen. In der Konsequenz werden häufig Schmerztabletten und muskelentspannende Medikamente gegeben.

Die Migräne zeigt sich als periodisch wiederkehrender starker, pochender, meist einseitiger Kopfschmerz mit oder ohne Sehstörungen. Zweifellos können Fehlbeanspruchungen vor allem verursacht durch Dauerbelastungen Migräneanfälle auslösen. Häufig tritt die Migräne erst in der Entspannungsphase nach der Beanspruchung ein. Verschiedene Autoren gehen bei über 50 Prozent der Fälle von emotionalen Fehlbeanspruchungen aus (vgl. Köhler, 1985).

Interessant ist, daß die „Migränepersönlichkeit“ schon seit über 50 Jahren immer wieder in gleicher Weise beschrieben wird. Demnach sind Personen, die unter Migräne leiden - Ausnahmen bestätigen die Regel - meist angespannt, ehrgeizig, inflexibel, von zwanghaftem Perfektionismus und von aufgestauten negativen Gefühlen bis zum Haß geplagt, die nicht bewältigt, nicht einmal ausgesprochen werden (vgl. Wolff, 1937, zit. nach Henryk-Gutt & Rees, 1973).

Bluthochdruck

Muskulatur und Organe müssen mit Sauerstoff und verschiedenen Nährstoffen, vor allem Zuckern, versorgt werden. Der Transport erfolgt über das Blut, das durch ein ca. 100000 Kilometer langes Leitungssystem gepreßt werden muß. Je weiter und flexibler diese Leitungen sind, um so weniger Widerstand muß überwunden werden, das heißt mit um so weniger Druck muß das Herz pumpen. In unserer Jugend sind diese Bedingungen gegeben. Das Herz muß nur relativ wenig Kraft erzeugen, um das Blut in die entferntesten Areale des Körpers fließen zu lassen.

Der Wert des höchsten Druckes, den das Herz beim Auswurf des Blutes aus der Kammer erzeugt, heißt systolischer Blutdruckwert. Er sollte nicht höher als ca. 120 bis 140 mmHg (Millimeter der geeichten Quecksilbersäule) sein. Der Wert der Grundspannung in dem Leitungssystem, der auch erhalten bleibt, wenn das Herz gerade nicht Blut aktiv auswirft sondern „nachlädt“, heißt diastolischer Blutdruckwert. Er sollte in Ruhe nicht höher als 85 mmHg sein. Gemäß den Empfehlungen der Weltgesundheitsorganisation spricht man bei über längere Zeit mehrfach gemessenen Werten, die über 160 zu 95 mmHg liegen, von Bluthochdruck (Hypertonie). Bei Kindern gelten andere Werte. Zwischen den genannten Idealwerten und diesen Hochdruckwerten spricht man von Grenzwerten oder bei Schwankungen von labiler Hypertonie. Nach Laaser (1980) wissen etwa die Hälfte aller Personen mit Bluthochdruck nichts von ihrer Krankheit.

Frühsymptome können sein: Schwindel, Kopfschmerzen, Nervosität oder Leistungsminderungen. Später treten Atemprobleme vor allem beim Treppensteigen und bei sonstiger körperlicher Anstrengung, Nierenbeschwerden, Augenschädigungen bis hin zur Blindheit hinzu. Die Blutgefäße werden verengt und verhärtet, etliche Areale, unter anderem das Hirn, werden nicht mehr hinreichend durchblutet. Rauchen fördert zusätzlich diesen sklerotischen Prozeß (Raucherbeine). Durch die Sklerose (Einengung und Verhärtung der Gefäße) der Herzkranzgefäße wird das Herz nicht mehr genügend mit Sauerstoff und Nährstoffen versorgt. Dies wiegt besonders schwer, weil das Herz aufgrund seiner ungeheuren energetischen Leistung der größte „Sauerstoffresser“ des Körpers ist. Vergleicht man beispielsweise ein gleich großes Stück Oberschenkelmuskulatur mit dem Herzen, so verbraucht letzteres etwa 20mal soviel Sauerstoff.

Das geplagte Herz muß also mit zunehmendem Alter durch engere und weniger flexible Gefäße genauso viel Blut pressen wie früher in der Jugend durch weite und dehnbare Gefäße. Muskeln und Organe fordern immer ihren Sauerstoff und ihre Nährstoffe. Meist muß sogar noch mehr Körpervolumen versorgt werden, weil wir mit zunehmendem Alter dicker geworden sind. Das Herz muß also mehr arbeiten, nimmt an Muskulaturmasse zu (Herzhypertrophie) und „leiert" irgendwann aus. Damit wird es „schlapp" oder, medizinischer ausgedrückt, insuffizient. Vor allem der Herzinfarkt und die Linksherzinsuffizienz sind bei weitem die häufigsten Todesursachen bei Bluthochdruckkranken. Der Schlaganfall, also Hirnschlag kommt erst an zweiter Stelle. Nach neueren Forschungen scheint hier übrigens das Schnarchen beteiligt zu sein, weil dadurch ein enormer Sauerstoffmangel auftreten kann.

Der Bluthochdruck dürfte zu 80 bis 90 Prozent der Fälle nicht auf eine Grundkrankheit zurückzuführen sein. Solche Grundkrankheiten sind meist angeborene oder entzündliche Nierenveränderungen, Schädigungen der Nebennieren, übrigens auch solche, bei denen unzulässig viel Streßhormone ausgeschüttet werden, oder auch (Fett)Stoffwechselkrankheiten.

Die übrigen 80 bis 90 Prozent der Hochdruckkranken können ihr Leiden auf eine mangelnde Beanspruchungsoptimierung zurückführen. Der essentielle Bluthochdruck ist vor allem eine Krankheit der hochzivilisierten Länder. In Primitiv-Kulturen ist er kaum bekannt. Dies entspricht den Vorhersagen der Beanspruchungshandlungsanalyse. Diese Völker leben in ihrer evolutionär vertrauten Welt und unterliegen nicht den permanenten Anforderungen. Demgemäß sind auch bei der bäuerlichen Bevölkerung die Hochdruckraten geringer.

Die Schätzungen über die Häufigkeit der Hypertonie gehen auseinander. Bei einer Mittelung können wir von ca. 10 bis 20 Prozent der Bevölkerung ausgehen. Im Alter von über 55 Jahren steigen die Anteile auf 25 bis 40 Prozent. Unter 55 Jahren überwiegen beim Bluthochdruck die Männer, über 55 die Frauen. Bezogen auf den sozio-ökonomischen Status sind vor allem die unteren Einkommensschichten stärker betroffen. Dies gilt übrigens auch für das Übergewicht.

Blutdruck hat auch eine erbliche Komponente. Die Untersuchungen zur Persönlichkeit von Hypertonikern zeigen recht unterschiedliche Ergebnisse. Wenn man die wesentlichen Tendenzen zusammenfaßt, ergeben sich ein Hang zur emotionalen Labilität (Neurotizismus), eine Neigung zur unterdrückten Aggression sowie vermehrtem Ärger und Neigung zu Feindseligkeit, hohes Dominanzstreben und hohe Selbstkontrolle sowie eine generelle physiologische Übererregbarkeit und Reagibilität sowie geringe Anpassung des Blutdruckes an die jeweilige Situation (vgl. McClelland, 1979; Köhler, 1985). Offensichtlich neigen Hypertoniker dazu, auch in für andere harmlosen Situationen mit Fehlbeanspruchungen zu reagieren. Generell kann man also davon ausgehen, daß Fehlbeanspruchungen über eine Aktivierung des sympathischen Nervensystems zu Bluthochdruck führen.

Zur Therapie werden neben Medikamenten verschiedene Entspannungsverfahren eingesetzt, die nach dem Grundsatz „Angst und Entspannung gehen nie zusammen“ die Reagibilität des sympathischen Nervensystems senken. Dies kann in den verschiedensten Varianten geschehen.

Die koronare Herzkrankheit (KHK) und der Herzinfarkt

Wenn sich durch Rauchen, falsche Ernährung, zuwenig Bewegung, zuviel Ärger etc. die Herzkranzgefäße mehr und mehr zusetzen, entsteht eine Koronarinsuffizienz, das heißt eine mangelnde Fähigkeit der Herzkranzgefäße, den „Sauerstoffresser“ Herz ausreichend zu versorgen. Symptome sind die Angina pectoris, Herzanfälle und Rhythmusstörungen bis hin zum Herzinfarkt.

Bei der Angina pectoris („Brustenge“) bemerkt der Betroffene zunächst nur bei Belastung, später auch in Ruhe, hinter dem Brustbein Schmerzen, die in den Kieferwinkel, den linken Arm, das linke Schulterblatt usw. ziehen können. Der Umkehrschluß, wegen Schmerzen im linken Arm gleich auf einen drohenden Herzinfarkt zu schließen, ist nicht erlaubt. Meist handelt es sich um Muskelverspannungen aufgrund schlechter Haltung.

Im Anfang verschwinden die Beschwerden einer Stenocardie (Herzattacke) wieder, wenn die Beanspruchung aufhört und/oder wenn Nitropräparate eingenommen werden.

Beim Infarkt stirbt Herzmuskulaturgewebe ab. Meist wird die für das Gebiet zuständige Herzkranzarterie durch ein Blutgerinsel (Thrombus) verschlossen. Es kann aber auch eine kritische Grenze der Sauerstoffaufnahme unterschritten werden.

Als Faustregel gilt, daß man eine um so bessere Chance hat, den Herzinfarkt zu überleben, je höher das Lebensalter bei Auftreten des Infarktes ist. Falls man den akuten Herzinfarkt überlebt (etwa 60 Prozent der Fälle), der übrigens oft (ca. 20 Prozent) nicht bemerkt wird und erst später bei der Obduktion als früherer stummer Infarkt diagnostiziert wird, zeigt er sich wie ein schwerer Angina-pectoris-Anfall und eventuell einem Schock (Pulsanstieg, Blutdruckabfall, Atemnot, Kaltschweiß).

Bei Männern tritt der Herzinfarkt das erste Mal meistens zwischen 40 und 70 Jahren auf, bei Frauen etwa zehn Jahre später. Weibliche Hormone scheinen vor Herzinfarkt weitgehend zu schützen. Deshalb kommt er bei Frauen vor der Menopause praktisch nur bei starken Risikofaktoren wie Rauchen, Bluthochdruck, Übergewicht oder ungesunde Ernährung vor. Je mehr Frauen in Führungspositionen hineinwachsen, um so stärker nähern sich ihre Krankheitsstatistiken denen der Männer an.

Es gibt weiter einen deutlichen positiven Zusammenhang zwischen dem Serumcholesterin und der KHK. Wichtig ist dabei das Verhältnis von HDL (high-density-lipoproteines) und LDH (low density lipoproteines). Als Eselsbrücke kann man sich merken, daß die HDL auch hoch sein müssen. Sie sollten möglichst mehr als 25 Prozent des Gesamtcholesterins betragen.

Personen mit Typ-A-Verhalten sind besonders wettkampforientiert, ehrgeizig, abhängig von Anerkennung, fühlen sich ständig unter Zeitdruck und sind insgesamt besonders aktiv. Sie produzieren im Verlaufe eines Tages mehr Noradrenalin, also Streßhormone, als Personen mit B-Verhalten, und sie scheinen verstärkt über das Kreislauf-System zu reagieren. Dieser Verhaltensstil scheint für den Herzinfarkt wesentlich mitverantwortlich zu sein.

Derartige Faktoren wirken nicht additiv, sondern in Wechselwirkungen teilweise multiplikativ. Wer drei Risikofaktoren hat, trägt ein deutlich höheres als das dreifache Risiko.

Eine Besonderheit scheint es bei Herzinfarkt-Patienten dergestalt zu geben, daß sie zu Dissimulation, also zum Herunterspielen der Symptome neigen, während für Herzneurotiker das Gegenteil gilt. Diese neigen dazu, fortlaufend über alle möglichen Symptome zu klagen, die das Bild einer KHK vortäuschen. Aber bei der Untersuchung finden sich kaum körperliche pathologische Werte.

Die Life-event-Forschung (Lebensereignisse) zeigt, daß Herzinfarktpatienten in dem halben Jahr vor dem Infarkt besonders viel gravierende belastende Lebensereignisse zu verzeichnen hatten. Vor allem beim Herztod war dieser Effekt besonders deutlich (vgl. Theorell, 1982). Wiederum wird als Ursache die vermehrte Katecholamin-Ausschüttung (Adrenalin und Noradrenalin) durch Überbeanspruchung gesehen. Zudem steigt bei Beanspruchung auch der Cholesterin-Spiegel.

Herzneurose

Oben wurde die Herzneurose oder Herzphobie erwähnt. Es handelt sich um eine übersteigerte Angst, einen Herzinfarkt zu erleiden. Oft beginnt sie mit tatsächlichen Herz-Kreislauf-Regulationsstörungen, wird vom Arzt als vegetative Dystonie diagnostiziert und anschließend vom Patienten hypochondrisch weiterentwickelt. Diese Regulationsstörungen können wirklich beängstigen. Es kommen sehr hohe Herzfrequenzen (bis zu 160 Schlägen pro Minute) und hohe Blutdruckwerte vor. Dieser Anfall führt unter Umständen zu einer Todesangst. Der Patient wird unter Infarktverdacht in die Intensivstation verlegt. Dort zeigt sich in der Folge schlichtweg meist nichts.

Es handelt sich um ein psychologisches Problem. Dieses Angstverhalten führt zu einer dauernden Selbstbeobachtung. Man fühlt dauernd den eigenen Puls, mißt den Blutdruck in kurzen Zeitabständen usw. Die dauernde Frage: „Wie geht es mir denn jetzt?“ kann natürlich auch im Sinne einer Sich-selbst-erfüllenden-Prophezeiung zu Verstärkungen der Symptome führen. Das Ganze hat mit Beanspruchungsoptimierung insofern etwas zu tun, als der Betroffene sich nichts mehr zutraut, damit keine Erfolge erzielt und sich dadurch wiederum in seiner „Krankheit“ bestätigt sieht.

Magengeschwür

In Magen und Zwölffingerdarm wird die Nahrung zerlegt, damit sie anschließend im Darm aufgenommen werden kann. Diese Zerlegung erfolgt durch die Magenenzyme, vor allem eine Verbindung aus Salzsäure und Pepsin. Die Ausschüttung der Magensäure (Salzsäure-Pepsin-Gemisch) wird durch örtliche Vorgänge und durch höhere eigenständige

Zentren geregelt, die wiederum durch die Nahrungsaufnahme im Mund aktiviert werden. Schon bei dem Gedanken an eine leckere Mahlzeit „läuft einem das Wasser im Munde zusammen". Die Magenaktivität wird durch parasympathische Nerven gefördert, durch sympathische aber gehemmt. Wer also dauernd auf Kampf oder Flucht eingestellt ist, gewährt dem Magen wenig Möglichkeiten der Entfaltung. Durch Emotionen werden die Aktivität der Magenmuskulatur und die Ausschüttung der Magensäure beeinflußt. So scheint diese bei Gefühlen, die in Aggression münden (Ärger, Wut), gefördert, bei depressiven Verstimmungen hingegen gehemmt zu werden. Wenn man „sauer" ist bzw. etwas „sauer aufstößt", entspricht dies durchaus den Zuständen im Magen.

Das Zwölffingerdarmgeschwür tritt bei Männern im Schnitt Mitte Dreißig, das Magengschwür Anfang Vierzig auf. Bei Frauen entstehen die Geschwüre meist erst nach der Menopause. Auch hier sieht man wieder die Bedeutung der Hormone auf Stoffwechsel- und Streßbewältigungsprozesse.

Das Zwölffingerdarmgeschwür tritt häufiger auf als das Magengeschwür (ca. 10 : 1). Männer erkranken hier wesentlich häufiger als Frauen (etwa 4 : 1). Beim Magengeschwür sind Männer und Frauen etwa gleich häufig betroffen.

Als Auslöser gelten vor allem der Verlust von Anerkennung, Schutz und Zugehörigkeit zu einer Gruppe, also der sozialen Unterstützung. Besonders begünstigend für Magen- oder Zwölffingerdarmgeschwüre scheinen zu sein:

- die Unmöglichkeit der Vermeidung von Stressoren;
- Einschränkung der Bewegungsfähigkeit;
- die Unvorhersehbarkeit von Stressoren und
- die Unmöglichkeit, aggressive Tendenzen auszuleben.

Darmkrankheiten

Chronisch entzündliche Darmkrankheiten wie der Morbus Crohn und die Colitis ulcerosa sind zweifellos sehr stark psychosomatisch bedingt und hängen eng mit Fehlbeanspruchungen zusammen.

Bei der Colitis ulcerosa ist der Dickdarm, vor allem der Enddarm, entzündet, was zu häufigen blutig-schleimigen Stuhlentleerungen führt (30mal pro Tag sind durchaus möglich). Zugleich können Fieber, Anämie, Gelenkerscheinungen und weitere Komplikationen dieser Krankheit zu schwersten Beeinträchtigungen des Wohlbefindens führen.

Beim Morbus Crohn ist primär das untere Ende des Dünndarms (in der Nähe des Blinddarms) entzündet. Es können aber auch Dünn- und Dickdarm gleichzeitig befallen sein. Wässrige Durchfälle, krampfartige Unterbauchschmerzen und etliche uncharakteristische Beschwerden beeinträchtigen ebenfalls sehr stark die Lebensqualität. Die Colitis ulcerosa tritt meist zwischen 15 und 40 Jahren auf, der Morbus Crohn zwischen 20 und 30 Jahren. Beide Krankheiten nehmen an Häufigkeit zu, sind aber deutlich seltener als die Magen- und Zwölffingerdarmgeschwüre.

Als Auslöser gelten Streßereignisse, die vielfach als Verlust einer Person beschrieben werden. Die früheren Wechselwirkungen in der Familie sollen gefühlsmäßig einengend gewesen sein.

Personen mit diesen Krankheiten sollen besonders feinfühlig, verletzlich sein, aggressive Neigungen unterdrücken und zu Zwanghaftigkeit neigen. Vielfach wurden depressive Züge und eine Neigung zu Hypochondrie gefunden. Anders als beim Magenschwür oder dem Asthma wurden bei diesen Darmerkrankungen gehäuft zugleich schizophrene Erkrankungen gefunden.

Das Reizkolon oder Colon irritabile ist eine Bezeichnung für funktionelle Darmbeschwerden ohne eine organische Veränderung. Die Beschwerden bestehen in Bauchschmerzen, oft im linken Unterbauch, die denen der Blinddarmentzündung im rechten Unterbauch entsprechen. Die Stuhlgewohnheiten sind verändert (Verstopfung oder Durchfall, manchmal auch im Wechsel). Der Stuhl ist oft bleistiftdünn geformt. Hinzu können Aufstoßen, Übelkeit, Erbrechen, Müdigkeit, Herzbeschwerden oder Kopfschmerzen kommen. Das Colon irritabile tritt besonders häufig bei jungen Erwachsenen (Frauen etwa doppelt so häufig wie Männer) unter besonderem Streßeinfluß auf. Die Schätzungen bezüglich der Häufigkeit des Auftretens schwanken zwischen 10 und 35 Prozent der Bevölkerung (vgl. Köhler, 1985). Patienten mit einem Reizkolon werden als ängstlich, depressiv und emotional labil beschrieben.

Die Gründe für das Reizkolon werden im wesentlichen in der Überbeanspruchung von Personen, die generell psychovegetativ labil sind und bei denen der Streß dann „auf den Darm schlägt“, gesehen.

Asthma

Grundsätzlich unterscheidet man zwischen dem exogen-allergischen (von außen durch Hausstaub, Pollen, Tierhaare kommenden) Asthma, dem infektiös bedingten Asthma und dem psychogenen Asthma. Gerade beim letzteren liegen natürlich die psychoneuroimmunologischen Zusammenhänge auf der Hand. Vor allem bei der Auslösung von Asthma-Anfällen spielen psychologische Faktoren wie starke Emotionen (Angst, Ärger, Aufregung) eine außerordentlich wichtige Rolle. Selbst in den Erziehungsstilen scheinen Eltern von Asthmatikern stärker zu Überfürsorglichkeit (Overprotection), Perfektionismus und teilweise auch Ablehnung der Kinder zu neigen.

Die Persönlichkeit von Asthmatikern wird bei aller Vorsicht hinsichtlich der Generalisierungsmöglichkeiten in der Tendenz als egozentrisch, ungeduldig, leicht kränkbar, impulsiv und nach Dominanz strebend, oft auch mit Zwanghaftigkeit verbunden, gekennzeichnet (Petzold & Reindell, 1980).

Bei der Asthma-Therapie werden verschiedene Entspannungsmethoden, Transzendentale Meditation usw. eingesetzt, weil Streß Asthma-Anfälle auslösen und generell die Krankheit verschlimmern kann.

Rheuma

Schmerzen in Gelenken, Knochen und Muskeln werden umgangssprachlich oft als Rheuma bezeichnet. Etwas genauer ist eine Einteilung der über 150 Rheumaarten in den Weichteilrheumatismus (Entzündungen in Muskeln und Sehnen) sowie in degenerative und entzündliche Gelenkerkrankungen. Schon immer wurden psychosomatische Zusammenhänge beim Weichteilrheumatismus vermutet.

Bei den degenerativen Gelenkerkrankungen (Arthrosen) liegt ein Gelenkverschleiß vor. Liegen Entzündungen im Gelenk vor, spricht man von Arthritis.

Die rheumatoide Arthritis ist als eine entzündliche Systemerkrankung des Bindegewebes zu verstehen, vor allem im Bewegungsapparat mit Veränderungen der Gelenke.

Vielfach wird ein durch Viren ausgelöster Immundefekt angeschuldigt, demzufolge die Immunabwehr auch körpereigenes Gewebe angreift. Man geht davon aus, daß in Westeuropa ca. 2 Prozent der Bevölkerung unter dieser Krankheit leiden, wobei das Verhältnis von Frauen zu Männern etwa 3 : 1 sein dürfte. Die rheumatoide Arthritis ist teilweise familiär bedingt.

Wiederum werden als Auslöser besondere Streßereignisse im Sinne belastender Lebensereignisse gesehen.

Die Persönlichkeit von Rheumatikern gilt eher als angepaßt, unterwürfig, perfektionistisch und zwanghaft.

Hautkrankheiten

Für den Zusammenhang zwischen Streß und Hautkrankheiten ist die „gehemmte Aggression“ besonders interessant. Immer wieder gehen vor allem junge Frauen zum praktischen Arzt wegen kleinfleckiger Ausschläge am ganzen Körper. Wenn nach Verabreichung diverser Salben keine Besserung eingetreten ist, erfolgt die Überweisung zum Hautarzt. Dieser kommt nach verschiedenen Kratz- und Allergietests zu dem Schluß, es handele sich um keine Pilzinfektion, keine Allergie und keine sonstige ihm bekannte Krankheit, es müsse wohl „psychisch“ sein, die betreffende Dame solle sich doch einmal richtig erholen. Die Längen der Leidenswege sind unterschiedlich. Meist landen die PatientInnen bei einem Psychiater, dem das Phänomen der „gehemmten Aggression“ vertraut ist. Eine nähere Untersuchung belegt, daß diese Hauterkrankungen zusammen mit bestimmten psychischen Ereignissen und Verhaltensgewohnheiten auftreten. Vielfach befinden sich die jungen Frauen in psychischen Situationen, in denen sie ihrem Ärger keine Luft machen können und natürliche Aggressionen unterdrücken. Sie befinden sich beispielsweise in einer Zweierbeziehung, in der sie sich sehr lieb, angepaßt, freundlich und fürsorglich verhalten. Dies ist für die entsprechenden Situationen auch angebracht. Der springende Punkt ist, daß sie sich auch in ärgerlichen Situationen, bei Ärger und Frustration so verhalten, weil sie in der permanenten Angst leben, den Partner zu verlieren. Die natürliche Abfuhr des Ärgers durch Aggression oder im zivilisierteren Falle durch Rückkopplung und aktive Konfliktbewältigung scheint nicht möglich, weil der Partner unwillig werden könnte. Die körperliche Umsetzung besteht unter anderem in den beschriebenen „unerklärlichen" Hauterscheinungen, die im übrigen zumeist recht schnell abklingen, wenn die Partnerbeziehung beendet und verarbeitet ist.

Gemäß der Beanspruchungshandlungsanalyse (vgl. Kapitel 7) handelt es sich bei psychosomatischen Erkrankungen um ein Problem der Fehlregulation, das hier nicht im Detail bearbeitet werden kann, bei dem aber folgende Facetten ihre Rollen spielen:

- „Gärungsprozesse" dergestalt, daß kognitive Dissonanzen „im Kopf" und kognitiv-emotionale Dissonanzen „Kopf-Bauch-Konflikte" zu permanenten Aktivierungen, auch unterhalb der Bewußtseinsschwelle, führen, die aus der Sicht des Gesunden inadäquat sind;
- Minderungen oder Gefährdungen des Selbstwertgefühles;
- Hemmungen bzw. Unterdrückungen von Emotionen. Das ungenügende Ausleben von Aggressionen aufgrund von Wut, Zorn, Ärger und das In-sich-Hineinfressen erlauben keine endgültige Verarbeitung und damit kein „Abhaken". Die ganze Umgebung wird im Lichte der weniger bewußten Ängste und des Ärgers hoch sensibilisiert wahrgenommen. Jedes Lachen von Kollegen wird als Auslachen oder Lachen auf Kosten des Betreffenden gewertet. Diese Art von „Paranoia" (Verfolgungswahn) ist auch ein wesentliches Merkmal des burn-out-Phänomens.

Konsequenzen für das praktische Handeln

- Verschiedene wissenschaftliche Disziplinen wie die Psychosomatik, die Psychoneuroimmunologie, die Verhaltensmedizin und die Gesundheitspsychologie stellen das zentrale Thema der Zusammenhänge zwischen Körper und „Geist", zwischen Verhalten und Gesundheit, zwischen Streß und Krankheit in den Vordergrund.

- Phänomene der sich selbst erfüllenden Prophezeihung führen bei entsprechendem Verhalten dazu, daß man wirklich gesund oder krank wird. Es ist eher gut, sich einzureden, gesund zu bleiben, solange dies nicht zur Vernachlässigung von Körper und Psyche führt.

- Kopfschmerzen, Bluthochdruck, die koronare Herzkrankheit, Herzneurosen, Magen- und Darmgeschwüre, Darmentzündungen, Rheuma, Asthma und Bronchitis und manche Hauterkrankungen sind typische psychosomatische und verhaltensbedingte Erkrankungen, sofern keine organischen Verursachungen zur Erklärung herangezogen werden können. Bei all diesen Krankheiten ist Streß der zentrale Schlüssel zur Erklärung.

- Alle derartige Krankheiten haben nur eine Chance auf langfristige Linderung oder gar Heilung, wenn die Beanspruchung optimiert wird. Umgekehrt sind eine Prophylaxe und präventive Vermeidung derartiger Krankheiten nur mittels der Beanspruchungsoptimierung sinnvoll.

- Wissen über diese Zusammenhänge ist eminent wichtig und sollte schon in der Schule vermittelt werden. Wenn wir uns nur die Differenziertheit des Kreislaufes anschauen, der ein sehr einfaches System darstellt, und wenn wir uns klarmachen, daß beispielsweise unsere Adern insgesamt über 100 000 Kilometer lang sind, also etwa zweieinhalb mal die Erde umspannen könnten, dann gehen wir sorgsamer mit unserem Körper um.

- Wachheit, Aufmerksamkeit und Aktivierung

Zum Verständnis der Zusammenhänge zwischen Körper und „Geist" sind die Vorgänge im Zusammenhang mit unserer Wachheit, Aufmerksamkeit und der Erregung, Aufregung bzw. Aktivierung von besonderer Bedeutung.

Wie oft vergessen wir Dinge, die wir nicht für wichtig halten, merken uns aber unwichtige Telefonnummern sofort? Motivation bedingt also Aufmerksamkeit, unter Umständen sogar so stark, daß wir in kritischen Situationen 36 Stunden wachbleiben und Übermenschliches leisten können.

In unserer komplexer werdenden Arbeitswelt wächst der Anteil der mentalen Aufgaben, der Denk- und Überwachungsfunktionen und der komplexen Problemlösungsaufgaben. Wir brauchen im Vergleich zu früher unseren Kopf immer mehr.

In Zeiten hochtechnisierter Anlagen nehmen auch die Überwachungsfunktionen zu. In einem Atomkraftwerk beispielsweise laufen die meisten Prozesse vollautomatisch. Der Überwacher handelt selbst kaum, außer er wartet darauf, daß etwas Ungewöhnliches passiert. Wenn nichts besonderes passiert, was zu hoffen ist, wird die Arbeit leicht monoton, ein Gewöhnungseffekt tritt ein, und damit sinkt die Aufmerksamkeit.

Nun könnte man argumentieren, derartige Berufe, in denen es nicht viel zu tun gibt, müßten doch besonders wenig beanspruchen und in der Konsequenz gesund sein. Dem ist nicht unbedingt so. Das Warten auf ein Ereignis, das eigentlich nicht auftreten sollte, kann fehlbeanspruchend sein.

Vigilanz ist zunächst die Fähigkeit, in langandauernden Beobachtungssituationen auf kleine Veränderungen in der Umwelt zu reagieren. In unserer technischen Umgebung geht es meist darum, vor einem normalerweise reizarmen Hintergrund eher seltene Signale in einer nicht vorausbestimmbaren Zeit- und Raumverteilung zu entdecken (vgl. Rützel, 1977). Dabei vermindern sich die Trefferrate und die Reaktionsgeschwindigkeiten unter anderem durch Gewöhnungseffekte, die Anzahl falsch positiver Alarmreaktionen aber steigt. Umgekehrt verkürzen sich die Reaktionsgeschwindigkeiten, wenn wir wacher und etwas aufgeregter sind. In der Neurophysiologie ist die Vigilanz die entscheidende Führungsgröße der Hirnregulation. Verschlafen ist riskant.

Bei jeder Arbeitstätigkeit muß zwischen Rauschen und Signal entschieden werden. Dazu benötigt man a) die Fähigkeit, zum richtigen Zeitpunkt das Signal vom Rauschen zu unterscheiden, und b) ein subjektives Kriterium, nach dem ein Signal als eindeutig vom Rauschen unterscheidbar bewertet wird.

Wenn man die beiden Facetten bestimmen will, braucht man Informationen darüber, ob der Reiz als Signal oder Rauschen aufgefaßt wurde und ob die Reaktion richtig oder falsch war (vgl. Abbildung 3.2, Seite 99).

In dem oberen rechten Feld dieses Vierfelderschemas liegt ein Signal vor, und die Person reagiert auch richtig, indem sie sagt, es liege ein Reiz vor.

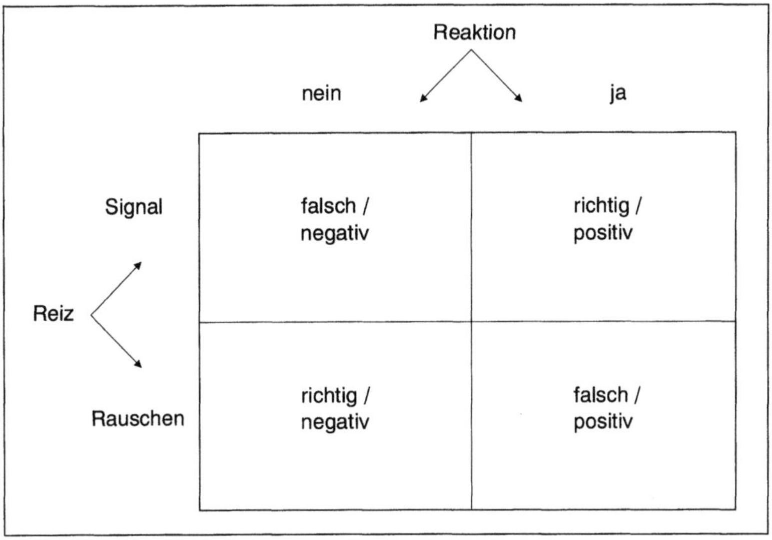

Abbildung 3.2: Muster der Signalentdeckungen

Wie viele Führungskräfte erkennen aber Signale nicht, zum Beispiel bei einem überbeanspruchten Mitarbeiter? Wir sehen meist das nicht, was wir nicht sehen wollen (Feld oben links). Oder umgekehrt, wie oft hört ein überbeanspruchter Mitarbeiter „die Flöhe husten", wenn er in jedem Rauschen schon ein Signal sieht (Feld unten rechts). Jedes Augenbrauenzucken des Chefs wird als besonderes Signal gesehen. Fehlalarme können recht beanspruchend für alle Beteiligten sein.

Die Möglichkeiten falschen Verhaltens sind also sehr zahlreich, in diesem Vierfelderschema immerhin zwei Viertel der Kombinationen. Auf Rauschen nicht zu reagieren wäre auch richtig.

Wichtig wäre es im Sinne einer adäquaten Beanspruchung, die Anzahl richtiger Reaktionen bei den richtigen Signalen ins Verhältnis zu setzen zu:

- der Anzahl falscher Reaktionen bei richtigen Signalen, also dem Nicht-Erkennen von Problemen, Gefahren etc.;
- der Anzahl falscher Reaktionen bei Nicht-Vorliegen von Signalen, also den Fehlalarmen.

Wie oft reagiert ein erwartungsfroher Chef entnervt, wenn ein Mitarbeiter immer wieder durchaus korrekt meldet, daß Rauschen vorliegt?

Umgekehrt beherrschen manche Mitarbeiter folgende mikropolitische Technik. Sie erkundigen sich zunächst vorsichtig bei der Chefsekretärin nach der Laune des Chefs, Rauschen oder Signale? Wenn er empfänglich erscheint, tauchen sie rein zufällig mit einer angenehmen Botschaft auf (positives Signal). Die schlechten Nachrichten unter Signalbedingungen überlassen sie dem konkurrierenden Kollegen. Die richtigen Nachrichten unter Rausch-Bedingungen ebenfalls. So entwickelt sich auf Dauer beim Chef die gewünschte Assoziation des mikropolitisch begabten Mitarbeiters mit positiven Signalen.

Wesentlich ist die Unterscheidung zwischen Arousal und Aktivierung. Der Begriff „Arousal“ als Wachheit und Erregung bezieht sich auf einen allgemeinen Zustand kortikaler Anregung, der durch eine sensorische Reizung erfolgt.

Der Begriff „Aktivierung“ bezieht sich auf vielfältige psychophysiologische Vorgänge. Vor allem im Nerven- und endokrinen (Hormon-) System laufen Prozesse ab, die oft als Globalreaktion hinsichtlich aller möglichen Umwelteinflüsse bezeichnet werden.

Der positive Zusammenhang zwischen Arousal und Leistung entsteht offensichtlich über die Aufmerksamkeit. Nach Easterbrook (1959) führt ein erhöhtes Arousal zu einer selektiveren Aufmerksamkeit, das heißt die irrelevanten Informationen werden ausgefiltert. Wenn nun die unwichtigen Informationen schon eliminiert sind, kann eine weitere Steigerung des Arousal nur noch wichtige Informationen ausfiltern, wodurch die Leistung wieder schlechter werden müßte (vgl. auch Pennekamp 1992, S. 42). Wenn also eine komplexe Aufgabe mehr wichtige Informationen beinhaltet als eine einfache, würde ein erhöhtes Arousal früher die wichtigen Informationen ausfiltern.

Für die tägliche Praxis bleibt festzuhalten, daß es einige entscheidende Unterschiede zwischen Aufmerksamkeit und Vigilanz gibt, die beispielsweise in der Sicherheitsarbeit wichtig sind.

Aufmerksamkeit ist eine auf die willentliche Beachtung eines Vorganges, Gegenstandes usw. gerichtete Bewußtseinshaltung. Bei dem Objekt der

Aufmerksamkeit werden einzelne jeweils interessierende Merkmale hervorgehoben. Beim Subjekt, also demjenigen, der aufmerksam ist, entstehen eine höhere Bereitschaft und ein konzentrierterer Einsatz des Aufnahme- und Bearbeitungsapparates (vgl. Pennekamp 1992, S. 55).

Der entscheidende Unterschied zwischen Aufmerksamkeit und Vigilanz besteht darin, daß bei der Aufmerksamkeit Reize dauernd vorhanden sind und in einer Reaktionsbereitschaft selektiv bemerkt werden müssen bzw. die Aufmerksamkeit auswählend auf bestimmte Reize fokussiert. Bei der Vigilanz geht es um relativ seltene Reaktionen auf meist unregelmäßig vorkommende Reize.

Bei der Lösung eines komplexen Problems wäre also eher Aufmerksamkeit gefordert, bei einer Überwachungstätigkeit hingegen Vigilanz.

Die Aufmerksamkeit wird reguliert durch:

- die Voreinstellungen und Erwartungen, die aus Erfahrungen resultieren;
- das Arousal als Hirnimpulsgeber ähnlich „Stromstößen", wenn ein Reiz überraschend, selten, unerwartet oder neu ist;
- die Aktivierung als energetische Gesamtbereitschaft zur Reaktion;
- die willentliche Vornahme der Reaktion im Sinne von Anstrengung.

Dies alles muß wiederum geregelt werden, sonst wäre der Organismus allen neuen Reizen, auch den selbst erzeugten, laufend reagierend ausgeliefert. Arousal und Aktivierung müssen geordnet oder auch entkoppelt werden können. Wie schwierig das Entkoppeln oft ist, weiß jeder Schachspieler. Man nimmt sich immer wieder vor, das Gehirn zu aktivieren (Arousal) und wach kleinste Veränderungen zu bemerken (Vigilanz), man konzentriert sich nur auf das Spiel und filtert alle anderen Umgebungsreize aus (Aufmerksamkeit), man möchte aber nicht Adrenalin ausschütten, dieses flaue Gefühl im Magen bekommen und die eigene Hand zittern sehen (Aktivierung).

Lampenfieber ist ein ähnliches Phänomen. Trainierbar ist diese Entkoppelung von wachem, aufmerksamem Denken und Aufregung nur durch Gewöhnung. Wenn man zahlreiche Vorträge gehalten hat und aufgrund eines gewissen Erfolges keine Angst vor dem nächsten Vortrag entwikkelt, gewöhnt man sich daran und ist nicht mehr aufgeregt, befindet sich auf einem adäquaten Beanspruchungsniveau. Ein Ungeübter würde „sterben vor Angst". Er wäre überwach, sehr aufgeregt und könnte sich nicht auf sein Konzept konzentrieren, weil seine Überaufmerksamkeit tausend unwichtige Dinge mit einbezieht. Sitzt die Krawatte richtig, was denken bloß die Leute, was passiert, wenn ...?

Dauernd hoch aufmerksam sein, immer wach und aktiviert sein, weil man alle möglichen Gefahren wittert, hält kein Organismus aus. Also muß über die Vigilanz auch der Rhythmus zwischen Erregung und Beruhigung, zwischen Aktivität und Regeneration gewährleistet werden. Bei Schlaflosigkeit wird diese Regulation gefährdet.

Konsequenzen für die Praxis

- Der Anteil unserer mentalen Anforderungen wächst. Insofern werden die Zusammenhänge zwischen Aufmerksamkeit, Wachheit und Aktivierung für uns immer wichtiger, weil wir mit unseren Kräften, sprich Erregungen, zunehmend „geiziger" haushalten müssen.

- Über diese quantitative Zunahme mentaler Anforderungen hinaus öffnet sich eine Schere zwischen Überwachungstätigkeiten an Automaten, bei denen der Überwacher selbst normalerweise nicht aktiv wird, also monoton arbeitet, und hoch kreativen, innovativen Problemlöseprozessen, die unsere höchsten Prüf-, Planungs- und strategischen Denkprozesse erfordern.

- Vigilanz ist die Fähigkeit, in langandauernden Beobachtungssituationen auf kleine Veränderungen zu reagieren. Sie ist eine entscheidende Führungsgröße der Hirnregulation, denn unsere permanenten Reizfluten von außen und innen müssen geordnet werden. Es muß von einer Steuerungsinstanz entschieden werden, was der Aufmerksamkeit wert ist und was nicht.

- Das meiste an Reizen und Informationen kommt von innen, wird also innerhalb unserer Haut konstruiert. Das wenigste kommt von außen. Das Verhältnis aus externen und internen Beziehungen liegt bei etwa 1 : 100 000. Das meiste an Streß machen wir uns also auch physiologisch selbst.

- In der Zukunft jagen die Schnellen die Langsamen. Verschlafen wird immer riskanter. Also müssen wir lernen, immer besser die richtigen Reize zu erkennen, das heißt, wichtige Signale vom Rauschen zu trennen und umgekehrt nicht in jedes Rauschen Signale „hineinzuhören".

- Arousal ist ein Zustand allgemeiner Hirnerregung, der durch einen Sinnesreiz erfolgt. Wach und neugierig sein ist für die Beanspruchung nützlich.

- Aktivierung ist eine allgemeine Erregung des ganzen Nerven- und Hormonapparates mit der Folge einer eventuellen Alarmreaktion des ganzen Körpers. Es gilt: soviel Aktivierung wie nötig, so wenig wie möglich.

- Unsere Wachheits-, Aufmerksamkeits- und Aktivierungsregulation erfolgt nach hierarchischen Prinzipien über verschiedene Hirnstationen beginnend am Übergang zwischen Hirn und Rückenmark. Für die Beanspruchungsoptimierung wesentlich ist, daß diese Erregungsmuster situationsangepaßt erfolgen und nicht unnötig Erregungen „verschwendet" werden. „Rege Dich nicht unnütz auf, aber rege Dich auf die richtige Weise in einer Verhältnismäßigkeit der Mittel an den richtigen Stellen auf!"

- Gewöhnung ist ein wichtiger Streßreduktionsfaktor, weil sich die Erregung auf das niedrigst mögliche Maß einpendelt. Sie darf allerdings nicht zur Vernachlässigung anderer wichtiger, meist unerwarteter Reize führen. Herabgesetzte Vigilanz, also Schläfrigkeit, führt vielfach zu riskantem Fehlverhalten (Sicherheitsbereich, Autofahren usw.).

- Überwach und „überdreht" sein ist ebenfalls schädlich.

- Wir können lernen, unsere Kapazitäten zu erweitern, indem wir auf jeweils höherem Abstraktionsniveau Inhalte zusammenfassen, üben, seriell zwischen verschiedenen Aufgaben hin- und herzuspringen, und motorische und Denkprozesse automatisieren.

- Bei der Lösung komplexer Probleme ist eher Aufmerksamkeit, bei Überwachungstätigkeiten eher Vigilanz gefordert.

- Beanspruchungsoptimierung bedeutet im vorliegenden Zusammenhang das Ausbalancieren von:
  - Vigilanz als Steuergröße, die feststellt, ob die Subsysteme und Automatismen ordnungsgemäß funktionieren;
  - Arousal als Hirnerregung, die wiederum kanalisiert, welche Reize der Aufmerksamkeit welche Ausprägung wert sind;
  - Aufmerksamkeit als bewußtes Hinwenden zu dem Problem und
  - Aktivierung als energetische Kraftentfaltung, um die jeweiligen Tätigkeiten auszuführen.

  Im Koma sind Aktivierung, Aufmerksamkeit und Arousal auf Null gestellt, selbst die Vigilanz ist stärkstens eingeschränkt.
  Bei der höchst wachen Lösung komplexer Probleme laufen alle Prozesse bis auf die Muskelaktivität auf Hochtouren, weshalb Denken auch anstrengend ist. Wenn wir uns dabei auch noch körperlich betätigen, läuft die komplette Maschinerie.

- Hohe Wachheit steigert die selektive Aufmerksamkeit. Ab einem gewissen Punkt des „Überwachseins" steigt aber auch die Bereitschaft, weitere für die eigentliche Aufgabe unwichtige Dinge wahrzunehmen, wodurch die Aufgabenbewältigung erschwert wird. Störungen reißen aus der Aufgabenbewältigung heraus, führen zu Reizungen, die wiederum die Gefahr des „Überdrehens" steigern. Auf diese Weise spiralisiert man sich von der adäquaten Wachheit über eine verallgemeinerte Wachheit und eine allgemeine Aktivierung, an der nicht mehr nur das Hirn sondern auch der ganze Körper beteiligt ist, in die „Überdrehung" hinein. Längerfristiges Überdrehen schadet natürlich nicht nur der Aufgabenbewältigung, sondern auch der Gesundheit. Der Organismus kann lernen, im Sinne einer Verhaltensökonomie, immer nur die wirklich wichtigen Subsysteme abzurufen. Diese spielen sich durch Gewöhnung (Erfahrung) auf ein effizientes Energieoptimum selbstregulativ ein.

- Die richtige Drehzahl ist wie beim Motor eine entscheidende Größe für die Leistung, die Beanspruchung und die Langlebigkeit.

- Die Streßkaskade

„Die dicken braunen Bären lauern überall."

Wie unser Leben verlaufen auch unsere Beanspruchungsprozesse in Wellenbewegungen. Aktive Phasen und Ruhephasen wechseln einander ab. Ein gesunder Rhythmus dient der Beanspruchungsoptimierung. Aber es muß auch sichergestellt sein, daß Aufregung und allgemeine Aktivität einander entsprechen. Ein typisches Symptom für Streß ist das zu frühe morgentliche Aufwachen. Beim richtig Beanspruchten kommt dies ab und zu einmal vor. Der Tag verspricht eine Prüfung oder ein sonstiges wichtiges Ereignis. Hier hat die Aufregung ihren Sinn. Es werden alle möglichen Kräfte mobilisiert. Im normalen Leben aber möchte der Gestreßte eigentlich noch weiter schlafen und dreht sich etliche Male im Bett herum. Die innere Unruhe läßt allerdings keinen Schlaf zu. Zugleich bringt der Gestreßte nicht so viel Schwung auf, konsequent aufzustehen. Vigilanz, Arousal und Aktivierung entsprechen nicht der Situation, in der er eigentlich pünktlich aufwachen und sich noch einmal wohlig räkeln sollte. Statt dessen hat er bereits die Streßkaskade am falschen Ort zur falschen Zeit ausgelöst.

Zuviel Vigilanz, Arousal und Aktivierung bedeuten also bezogen auf eine jeweilige Situation Kräfteverschwendung und sind zugleich Indizien für eine generelle Überbeanspruchung. Zuwenig Vigilanz, also Schläfrigkeit, bedeuten bezogen auf die jeweilige Situation gefährliches Handeln. Man denke an übermüdete Autofahrer.

Dem unwillkürlichen oder auch wegen seiner Selbständigkeit autonomen oder vegetativen Nervensystem kommt beim Beanspruchungsgeschehen eine besondere Rolle zu. Es arbeitet wie die meisten Regelungsprozesse im Yin- und Yang-Prinzip, das heißt mit sinnvoll zusammenspielenden Antagonisten. Man kann sich diese wie eine Warmwasserregelung vorstellen, bei der die gewünschte Temperatur durch Mischung der beiden Antagonisten „heißes" und „kaltes" Wasser erreicht wird.

Diese beiden Antagonisten innerhalb des vegetativen Nervensystems heißen Sympathikus und Parasympathikus. Der Sympathikus ist als ergotrophes System zuständig für „power", Kraft, Aktivität, Energieentfaltung und Leistung. Der Parasympatikus hingegen sorgt für Ruhe, Regeneration, Schlaf, Erholung. Diese beiden Gegenspieler haben die Aufgabe, die jeweils situationsangepaßte Dosis an Energie oder Ruhe bereitzustellen.

Sexualität gehört übrigens in den Bereich des Parasympathikus, also der Ruhe und Erholung. Viele Ärzte und Psychologen behandeln impotente junge und alte Männer, die physiologisch gesehen völlig gesund und funktionstüchtig sind. Sie haben aber psychologisch nicht begriffen, daß bei Sexualität alles Mögliche förderlich ist, nur nicht Leistung. Sie gehört zu dem Prinzip Kampf oder Flucht. Sexualität sollte aber friedliche Annäherung sein und ist eine ausgesprochen gesunde und streßreduzierende Angelegenheit.

Stellen wir uns unseren Vorfahren vor, der als Jäger und Sammler im Zockeltrab sein Revier auf der Suche nach Beeren und Bären durchstreift. Er ist wach, hat seine Scheuklappen aufgestellt, damit ihm nichts Futterverwertbares entgeht. Plötzlich hört er ein Geräusch und weiß, daß dort etwas los ist, aber noch nicht was.

Sicherheitshalber wird Alarm ausgelöst (Wachreaktion des Gehirns, arousal) „Hirn, aufwachen, es kommt Arbeit“. Dem Reiz wird Aufmerksamkeit gewidmet, damit er identifiziert werden kann. „Was will der überhaupt? Oh, dicker, brauner Bär.“ Nun wird vom „input“ der Informationsaufnahme und -verarbeitung auf „output“ umgeschaltet. Dieser Prozeß läuft in mehreren Hirnstationen (Thalamus, Hypothalamus, Hypophyse) ab.

Der Aktivierungsalarm erfolgt auf der Basis des Arousals teilweise über den Sympathikus direkt an zu aktivierende Organe, wie zum Beispiel „Herz, schneller schlagen, die Muskeln brauchen Blut mit Sauerstoff und Zucker!“ und über hormonelle Meldungen. Diese erreichen die Nebennieren (kleine „Hütchen“, die auf den Nieren sitzen). Sie haben ein Mark und eine Rinde. Durch Nervenimpulse angeregt, schüttet das Mark die klassischen Streßhormone Adrenalin und Noradrenalin in das Blut aus (die sogenannte Katecholamine), die wiederum zahlreiche Reaktionen veranlassen.

Die Hypophyse produziert auch selbst ein Hormon, das ACTH, das später in den Nebennierenrinden zur Ausschüttung einer Reihe von Hormonen führt. Beispielsweise werden Glukokortikosteroide (Kortisol und Kortison) in das Blut eingeschleust, die einerseits die Stoffwechselvorgänge beeinflussen und andererseits eventuelle beim Kampf enstehende Wunden an der Entzündung hindern. Denn Heilung soll ja erst in der parasympathischen Ruhephase erfolgen. Der Jäger und Sammler hat keine Zeit zum Wunden lecken, er muß kämpfen oder fliehen.

Die abbauende (katabole) Wirkung des Glukokortikoide besteht unter anderem darin, daß eingelagertes Depotfett zu Zucker umgewandelt wird. Aus diesem Grund bleibt oder wird man bei Streß schlanker. Wer argumentiert: „Ich habe aber viel Streß und bin trotzdem zu dick", den mag die Gegenprobe trösten, denn wie dick wäre er erst, wenn er keinen Streß hätte? Im übrigen meldet Kortisol dem Hypothalamus zurück, wenn die Streßreaktion erfolgreich war und damit nicht weiter aktiviert werden muß.

Die verschiedensten Hormone wirken nun überall im Körper, vor allem aber auf Herz, Lunge, Magen, Leber, Darm, Niere und Blase. Die Blutgefäße werden zunächst enger gestellt, Puls und Atemfrequenz beschleunigt. Der Blutdruck steigt. Die Muskulatur braucht für ihre Arbeit Blut. Die Blutgerinnung steigt, weil durch den möglichen Kampf entstandene Wunden möglichst schnell blutgestillt werden müssen. Dieses Phänomen erhöht die Gefahr des Herzinfarktes bei zuviel Streß.

Wenn die „Kampfmaschine" unseres Jägers auf vollen Touren läuft, werden alle Vorgänge, die momentan weniger wichtig für die Verringerung der Gefahr sind, heruntergefahren. Die parasympathischen Funktionen werden weitgehend stillgelegt. Die Verdauung wird reduziert bzw. zunächst im ersten Schreck unter Umständen schlagartig abgeführt (die berüchtigten „vollen Hosen"), weil es in höchster Gefahr sehr sinnvoll sein kann, allen überflüssigen Ballast abzuwerfen, um schneller weglaufen zu können. Sexualität wird zurückgestellt, ein Phänomen, das die meisten unter Streß leidenden Personen kennen, und die Abwehr wird geschädigt. Der Jäger kämpft oder flieht und sinkt zwecks Erholung auf die Mooskissen in seiner Höhle.

Derartige Streßreaktionen sind unproblematisch, wenn sie nicht zu häufig erfolgen und wenn zwischendurch genügende Regenerationsphasen sichergestellt werden. Geschieht dies nicht, werden die Nebennieren dicker (hypertrophieren), schütten am laufenden Band Katecholamine aus und produzieren nicht mehr genügend Kortisol, wodurch wiederum dem Hypothalamus weniger erfolgreiche Streßbewältigung zurückgemeldet wird. Die Folgen bestehen in etlichen Krankheiten, vor allem dem Herzinfarkt, weil der „Superkraftstoff" (vor allem Zucker, Fette) im Blut in unserer modernen Zeit nicht verbrannt wird und sich in den Gefäßen absetzt.

Konsequenzen für das praktische Handeln

- Zunächst gilt es, die Angepaßtheit der eigenen physiologischen Reaktionen zu überprüfen. Wache ich zu früh auf und wälze mich unruhig im Bett herum? Bin ich vor an sich völlig harmlosen Situationen unnötig aufgeregt? Rege ich mich über die „Fliege an der Wand" auf? In diesem Falle ist körperliche Aktivität das Mittel der Wahl.
- Sexualität gehört in den Ruhebereich des Parasympathikus und hat mit Leistung nichts zu tun. Im übrigen bedeutet sexuelles Verhalten Entspannung und ist physiologisch gesehen eine der stärksten Beanspruchungsminderungsgrößen.
- Wir brauchen einen Rhythmus aus sympathischen und genügenden parasympathischen Phasen, um den „Akku wieder aufzuladen".
- Streßreaktionen sollten wir uns möglichst nur ein-, zweimal am Tage leisten.

4. Der Umgang mit komplexen Problemen

„Wie kommt bei vielen das schiefe Denken,
die reich doch mit Verstand beschenkt?
Man kann sich das Gehirn verrenken,
wie man die Beine sich verrenkt.“
(Bodenstedt, Nachlaß des Mirza Schaffy)

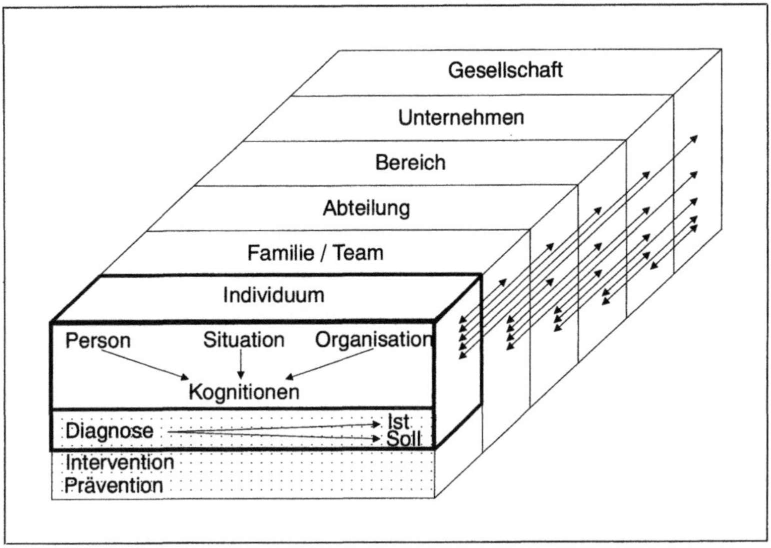

Abbildung 4.1: Betrachtung der individuellen Kognitionen im Hinblick auf die Beanspruchung

Jeder mag für sein eigenes Verhalten analysieren, wieviel unnötige Beanspruchung er sich durch mangelnde Planung, Doppelarbeit, mangelhafte Information, ungezieltes Versuch- und Irrtum-Verhalten etc. aufgehalst hat.

Die psychologische Problemlöseforschung hat einiges zu bieten, um Beanspruchung durch Komplexität zu optimieren. Im Grunde geht es um die Frage, wie können wir lernen, „richtig“ zu denken, um in dieser komplexer werdenden Welt mit einer akzeptablen Lebensqualität zu überleben. Es geht also nicht darum, die Probleme möglichst logisch abzubilden und zu lösen, sondern sie unseren Zielen in bezug auf Leistung und Gesunderhaltung gemäß zu bewältigen.

Eine ungesunde Fixierung auf den Begriff „Intelligenz“ führt zum Beispiel dazu, daß Eltern ihre weniger theoretisch begabten Kinder durch das Abitur quälen, weil nach ihren Vorstellungen der erstrebenswerte Mensch erst beim Akademiker anfängt. Damit wird unendlich Fehlbeanspruchung vorprogrammiert, weil die Handlungssteuerung eines Menschen, der in einem handwerklichen Beruf viel glücklicher geworden wäre und im übrigen mehr Erfolg gehabt hätte, in die falsche Richtung kanalisiert wird.

Empirische Untersuchungen haben gezeigt, daß zwischen Intelligenztestergebnissen und Problemlöseerfolg kein statistisch eindeutiger Zusammenhang besteht und daß Intelligenz anders gemessen werden müßte, da einerseits gutes Problemlösen Intelligenz verlangt, aber umgekehrt die herkömmliche Testintelligenz nicht automatisch zu gutem Problemlösen führt.

In der Lohhausen-Studie (Dörner et al., 1983) hatte sich gezeigt, daß gute Problemlöser im Vergleich zu schlechten Problemlösern:

- generell mehr Entscheidungen treffen;
- pro Absicht mehr Entscheidungen treffen, also parallel mehr Maßnahmen umsetzen;
- mehr Aspekte des komplexen Systems erwägen;
- sich von vornherein mit den wichtigen Aspekten eines Problems beschäftigen und kaum Zeit mit unwichtigen Dingen verlieren;
- häufiger ihre Hypothesen überprüfen;
- mehr Warum-Fragen stellen und nicht die Ereignisse einfach hinnehmen;
- stärker in die Problemtiefe gehen;
- eher geneigt sind, bei einem Thema zu bleiben und dies abzuschließen;
- schneller ihren jeweiligen richtigen Beschäftigungsbereich finden und sich diesem kontinuierlich widmen;
- sich besser selbst organisieren und selbstkritischer sind;
- ihr Denken besser vorstrukturieren („erst muß ich dies tun, dann dies“).

Schlechte Problemlöser verhalten sich natürlich gegenteilig, wobei folgende Verhaltensweisen besonders ins Gewicht fallen:

- Sie gehen weniger geplant vor als die guten Problemlöser.
- Sie treffen häufiger nicht stimmige Entscheidungen.
- Sie wechseln öfter das Thema bzw. fliehen daraus.
- Sie wechseln häufiger ihre Beschäftigung ohne jeweiligen erfolgreichen Abschluß, das heißt, sie fangen immer wieder Neues an, ohne etwas zu Ende zu führen.
- Sie lassen sich leichter ablenken.
- Sie neigen dazu, unreflektiert Dinge ohne gründliche Überlegung sofort zu tun.
- Sie delegieren die Verantwortung und verlagern die Probleme.

Dörner (1979) nimmt ein Denksystem an, das zwei Ebenen beinhaltet, und zwar eine, die als Datenbasis bzw. Informationsträger dient, und eine, die gezielt geistige Operationen aktiviert und den kognitiven Prozeß steuert. Diese beiden Ebenen, genannt „epistemische" und „heuristische" Struktur, bilden eine ganzheitliche Struktur, genannt „kognitive Struktur". Menschen sind hinsichtlich dieser Strukturen nun unterschiedlich kompetent, so daß man auch von „epistemischen" und „heuristischen" Kompetenzen sprechen kann.

Die epistemische Struktur dient dem bedürfnisgesteuerten Handeln im Bereich der Erfahrungen, beinhaltet also alle gespeicherten Programme, ohne die ein Überleben überhaupt nicht möglich ist. Wenn wir bei jedem Problem Lösungen völlig neu entwickeln müßten, wären wir sehr schnell überbeansprucht.

In dem Wort „heuristische" Struktur scheint das „Heureka" des guten alten Archimedes auf, als er in der Badewanne angesichts der schwimmenden Seife die Gesetze des Auftriebes entdeckte. Heuristische Strukturen kommen immer dann zum Tragen, wenn die epistemischen Kompetenzen zur Behebung eines Mangels nicht mehr ausreichen. Geistige Operationen wie abstrahieren, ordnen, klassifizieren, neu kombinieren werden im Rahmen der heuristischen Strukturen im Sinne einer Meta-Instanz organisiert. Mediziner haben oft das Problem, mittels ihrer epistemischen Strukturen wie zum Beispiel „Vermutung von Entzündungen und Gabe von Breitbandantibiotika" vor allem bei hormonellen Problemen keinen therapeutischen Erfolg zu erzielen. Wenn andere epistemische Denkweisen auch nicht funktionieren, wird die Kategorie „psychische Störung" herangezogen. Entnervt absolviert der Patient auf diese

Weise etliche „Spezialisten“. Hier wären bessere heuristische Kompetenzen vielfach angebracht.

Ein Problem besteht immer aus einer Ausgangssituation, Hindernissen, die überwunden werden müssen, und einem „problematischen“ Endzustand, den es zu erreichen gilt. Im Moment verfügt man aber nicht über die Mittel, um einen unerwünschten in einen erwünschten Zustand zu überführen (Dörner, 1979, S. 10).

Dies ist der entscheidende Unterschied zur Aufgabe, bei der der Endzustand unproblematisch ist. Das heißt, bei der Aufgabe kann sehr viel mehr geregelt werden, während bei einem Problem Steuerung verlangt wird. Das Ziel ist bei der Aufgabe bekannt, und die Mittel zu seiner Erreichung sind es ebenfalls. Und falls kein besonderes Hindernis auftaucht, können epistemische Strukturen abgerufen werden.

Es hängt nun von dem Realitätsbereich einer Person ab, ob sie „nur“ eine Aufgabe oder „schon“ ein Problem bewältigen muß.

Reaktiv Depressive beispielsweise könnten „eigentlich“ viel mehr, als sie sich zutrauen. Absichtsgeleitetes Handeln wird aber konkret nur auf der Basis dessen in Gang gesetzt, was die handelnde Person bei sich selbst vermutet. Hier besteht eine entscheidende Verbindung zwischen Emotionen und Kognitionen. Je nachdem, wie eine Person sich fühlt, sich selbst sieht, ihre eigenen Fähigkeiten und Fertigkeiten subjektiv einschätzt, wird sie Anforderungen anders bewerten. Der Depressive wird das, was früher nur eine Aufgabe für ihn darstellte, heute als Problem sehen. Dinge, die früher selbstverständlich, teilweise sogar automatisiert waren, werden plötzlich zum Problem.

Entscheidend ist somit auch für einen Denkprozeß, daß die Wahl der Operationen wie Abstrahieren, Klassifizieren usw. von der psychologischen Situation abhängen. Die subjektive Wahrnehmung und die von Gefühlen beeinflußten Wertungen bezogen auf die Situation und die eigene Person sowie die daraus entstehenden Motivationen färben den Denkprozeß und damit auch die Entscheidung aus subjektiver Sicht dahingehend, ob eine Aufgabe oder ein Problem vorliegt. Grenzen zwischen gesund und fehlbeansprucht oder gar depressiv sind somit unter vielen anderen Gesichtspunkten dadurch zu ziehen, ob für eine Person das, was andere „durchschnittliche" Personen in einer vergleichbaren Situation als Aufgabe ansehen, für sie zu einem Problem wird.

Unsere Begriffe und Operationen werden nur dann zu „Instrumenten eines lebendigen Denkens" (vgl. Aebli, 1983, S. 269), wenn wir es schaffen, sie beweglich zu halten und nicht an bestimmten Situationen oder Objekten „kleben" zu lassen. Wir müssen immer wieder neu die Probleme verstehen, bearbeiten und reflektieren. Hilfreich dabei ist folgendes Vorgehen im Sinne von Heuristiken (vgl. Schwarck, 1986, S.43).

Konsequenzen für das praktische Handeln

a) Zum Verstehen des Problems:
   - Fasse das Problem bzw. die Schwierigkeit begrifflich, sprachlich anschaulich!
   - Versuche das Problem in der Alltagssprache zu beschreiben. Versuche es Deiner (fiktiven) 13jährigen Tochter zu erklären (es darf auch ein Sohn sein)!
   - Präzisiere die Ausgangssituation, die vorhandenen Schwierigkeiten und Barrieren sowie das Ziel!
   - Betrachte die Problemsituation im Umfeld!
   - Kennzeichne den Problemtyp!
   - Finde eine möglichst gute Darstellung der Problems und gute andere Beispiele!

b) Zum Bearbeiten des Problems:
   - Bilde Teilziele im Rahmen des Gesamtproblems!
   - Arbeite nicht nur vorwärts vom Gegebenen zum Gesuchten, sondern auch umgekehrt vom Gesuchten zum Gegebenen!
   - Überprüfe jeweils die Fortschritte der (Teil)Lösungen!
   - Gehe „Holzwege" nur soweit wie unbedingt nötig zurück!
   - Versuche alle Daten zu nutzen!
   - Wenn Du das Problem nicht lösen kannst, suche Dir ein anderes, möglicherweise ähnliches!

c) Zur Reflexion des Problems:
   - Betrachte Deine Problemlösung und die „Holzwege", überlege, wie es hätte idealerweise laufen können und versuche daraus zu lernen!
   - Überlege, auf welche anderen Probleme Deine Lösung übertragbar wäre!

Komplexität

„Die größten Schwierigkeiten liegen da, wo wir sie nicht suchen."
(Goethe, Wilhelm Meister)

Was ist eigentlich Komplexität?

Komplexität als Eigenschaft eines Systems beinhaltet die Facetten „Anzahl der Elemente", „Vielfalt der Elemente", „Vernetzungsgrad der Elemente", „Interdependenzen und Dynamik des Geschehens".

Die Anzahl oder Menge von Elementen, Zuständen, Merkmalen eines Systems

Eine Firma als soziales System von 300 Mitarbeitern ist demnach komplexer als ein kleiner Betrieb mit vier Kollegen. Was jeweils als Element, Merkmal oder Zustand gesehen wird, ist eine Frage der jeweiligen Systemsicht des Betrachters. Schaue ich mir in dem größeren Betrieb alle 300 Mitarbeiter an und vergleiche sie dann mit den vier Kollegen der Kleinfirma, dann ist letztere weniger komplex. Betrachte ich aber nur die drei Hauptabteilungen der großen Firma und fasse die vier Kollegen als Hauptabteilungen der Kleinfirma auf, dann ist die letztere komplexer. Die Definition der Menge von Elementen ist also immer abhängig vom Auflösungsgrad des Betrachters.

Man kann sich selbst viel Komplexität erzeugen und sich damit überbeanspruchen, wenn man ein System unnötig in Kleinstdetails zerlegt und damit die Anzahl der Elemente erhöht. Wie stark die jeweilige Abstraktionsebene unbewußt gewechselt wird und wie überdeutlich damit Emotionen verändert werden, zeigen zum Beispiel die subjektiven Zahlenverhältnisse und die damit möglichen emotionalen Verknüpfungen. Die Tatsache, daß der Zweite Weltkrieg mehr als 50 Millionen Menschenleben gekostet hat und daß mehr als 6 Millionen Juden ermordet wurden, findet jeder schlimm und unfaßbar. „Unfaßbar" bedeutet dabei, daß man „eigentlich" mit dieser Anzahl nicht viel anfangen und im Verhältnis zur Zahl relativ wenig Emotionen verknüpfen kann. Wenn aber in dem Film Holocaust Einzelschicksale gezeigt werden, also „nur" ein Element der 50 Millionen in kleineren, faßbareren Einheiten nachvollziehbar und erlebbar gemacht wird, dann sind heftigste Emotionen möglich. Mitfühlen-Können und in der Folge sich mit einem Problem kognitiv Befassen-Können hängt auch von der psychischen Nähe ab.

Das schlimme Schicksal des netten Nachbarn berührt mich mehr und setzt auch mehr Problemlöseaktivität in Gang als die „objektiv“ gesehen viel schlimmeren Schicksale von Millionen Menschen in Kambodscha. So manche Entscheidung über die Reduktion des Mitarbeiterstabes aus Kostengründen würde in den obersten Etagen wahrscheinlich anders ausfallen, wenn man sich nicht hinter anonymen Zahlen emotional verstecken könnte, sondern Einzelschicksale jeweils im Detail durchdenken würde. Aber dies wäre ja zu komplex.

Die Vielfalt der Elemente

Die Vielfalt der Elemente ist ein weiteres Merkmal der Komplexität eines Systems. Je qualitativ unterschiedlicher die Elemente, Zustände, Merkmale, Subsysteme eines Systems sind, um so komplexer wird das System. Eine Firma mit 50 männlichen Kollegen aus dem gleichen Ort mit ähnlicher Erziehung ist weniger komplex als eine Firma mit 50 Männern und Frauen, alten und jungen, Inländern und Ausländern mit unterschiedlichen Erfahrungen, Glaubensrichtungen etc. Die Komplexität fängt hier schon mit der Gestaltung des Speisezettels auch für Mohammedaner an.

Die qualitative Unterschiedlichkeit der Elemente verlangt vom Problemlöser entsprechend viele Beurteilungskategorien.

Menge und Vielfalt der Elemente sind möglicherweise objektiv bestimmbar. Aber entscheidend für die Problemlösung und Beanspruchung sind ihre subjektive Menge und Vielfalt. Der Erfahrene reduziert die Menge der bedenkenswerten Elemente durch „Superzeichen“, indem er viele Einzelmerkmale in einer Gestalt zusammenfaßt. Man erkennt sofort eine Landschaft, ein Gesicht, ein Musikstück durch bestimmte Muster, ohne jedes Element im einzelnen überhaupt beschreiben zu können.

Da sich nicht nur die Menge der Informationen exponentiell erhöht, sondern auch auch die Vielfalt, wir andererseits aber nicht fähig sind, unsere Welt in ihrer zunehmenden Differenziertheit wahrzunehmen und zu verarbeiten, neigen wir zur automatischen Reduktion der Vielfalt. Dies dient als Selbstschutz und zur Beanspruchungsreduzierung.

Andererseits brauchen wir aber die Vielfalt, um die komplexen Aufgaben und Probleme bewältigen zu können. Spezialisten bedeuten mehr Vielfalt.

Der Begriff Vielfalt im Sinne qualitativer Unterschiedlichkeit von Elementen stellt sich bei näherer Betrachtung allerdings als vielfältig heraus. Denn Unterschiedlichkeit und Verschiedenartigkeit sind nicht dasselbe. Im Englischen und Lateinischen wird diese Differenzierung deutlicher, wenn man von Disparität (Unterschiedlichkeit in Richtung Ungleichheit) und Diversität (Varietät, Varianten, Mannigfaltigkeit) spricht.

In der Paläontologie ist diese Differenzierung leicht nachzuvollziehen. Gould (1991) fand in der aufgebrochenen Erde der Rocky Mountains, deren erdgeschichtlich entstandenen Schichten wie in einer Lasagne erkennbar sind, Weichtierchen, die mit der herkömmlichen Vorstellung von Evolution nicht vereinbar sind. Demnach entstand im Laufe der Entwicklungsgeschichte immer mehr Vielfalt, die heute allerdings durch die Umweltzerstörung wiederum drastisch reduziert wird. Es muß aber vor etlichen Millionen Jahren mehr Lebewesen unterschiedlicher Baupläne gegeben haben als heute. Diese Disparität, also Ungleichheit im Sinne verschiedener Konstruktionsprinzipien, ist im Laufe der Zeit wahrscheinlich durch Naturkatastrophen wieder gesunken. Gleichzeitig ist aber innerhalb der überlebenden wenigen disparen „Grundstämme" die Diversität im Sinne von Mannigfaltigkeit gestiegen, so daß wir heute allein ca. 1 500 Schmetterlingssorten kennen. In der Paläontologie und Biologie lassen sich nun einigermaßen objektivierbar die Verschiedenartigkeiten und Unterschiedlichkeiten bestimmen, je nachdem, was man als Art oder Klasse definiert.

Im psychologischen Bereich des täglichen Denkens und Handelns im System allerdings wird die Angelegenheit wesentlich schwieriger, weil wir selbst jeweils bestimmen, was wir für dispar oder divers halten. Wenn ich als „Weiberfeind" argumentiere: „Frauen sind so dispar im Vergleich zu Männern", dann lasse ich Frauen nicht in die Kirche. Wenn ich als Mann aber sage: „Frauen sind eine so erwünschte Vielfalt und ohne sie wären wir als Männer gar nicht definiert", dann grenze ich Frauen nicht aus, sondern ein. Dieses jeweilige Aus- oder Eingrenzen – etwas für möglicherweise unerwünscht dispar oder erwünscht divers halten – hängt aber von der jeweiligen Systemsicht ab. Denn jeder sieht das System, das er sehen will.

Disparität und Diversität, also Ungleichheit und Mannigfaltigkeit sind, um es ein wenig komplexer zu machen, in unseren Köpfen nicht stabil, sondern ändern sich mit den Befindlichkeiten, den Einstellungen und individuellen Notwendigkeiten.

Vernetzung

Vernetzung als drittes Element der Komplexität bedeutet, daß die Elemente eines Systems funktional zusammenhängen. Je mehr solcher Beziehungen (Relationen) feststellbar sind, um so komplexer ist ein System. In erster Linie durch die modernen Kommunikationstechnologien, aber auch durch veränderte Reisebedingungen erhöht sich die Anzahl dieser absichtsvoll erzeugten Vernetzungen dramatisch. Entscheidend für die Beanspruchungsbewältigung ist, inwieweit jemand zum einen die ohnehin bestehenden Vernetzungen zur Kenntnis nimmt und zum anderen selbst aktiv erzeugt.

Dynamik

Dynamik besteht darin, daß sich die oben beschriebenen Vernetzungen nicht nur in Verbindungen darstellen, sondern sich auch in unterschiedlich starken gegenseitigen Wirkungen und Einflüssen ausdrücken (Interdependenzen) und sich über die Zeit permanent verändern, im Fluß befinden. Dies kann in Form der Eigendynamik eines Systems ohne Zutun des Handelnden bzw. des Problemlösers geschehen oder im Falle der Fremddynamik durch Eingriffe handelnder Personen. Insofern trifft der Begriff „Dynaxität“ für die Kombination aus Komplexität und Dynamik den Punkt.

Ein System ist also um so dynaxischer:

- je höher die Anzahl der Elemente ist;
- je vielfältiger, das heißt qualitativ unterschiedlicher diese Elemente sind;
- je mehr Verbindungen zwischen ihnen bestehen (Vernetzung);
- je stärker die Wirkbeziehungen in diesen Verbindungen sind (Interdependenz) und
- je hektischer sich diese Interdependenzen über die Zeit verändern (Dynamik).

Diese Facetten der Dynaxität können nun zum einen weitgehend objektiv gemessen werden. Entscheidend ist für die Beanspruchungsoptimierung aber, wie sie subjektiv repräsentiert werden. Wie viele Elemente man in einem System wahrnimmt, als wie vielfältig man sie differenziert, welche Vernetzungen man sieht und ob man Eigendynamiken des Systems überhaupt bemerkt, ist nicht nur eine Frage der Kanalkapazität und der Fähigkeiten einer Person, sondern auch eine Frage ihrer Befindlichkeit, ihrer Emotionen, ihrer Motivation und ihrer Aufmerksamkeit, die sie dem System widmet.

Dynaxitätsreduktion

In Zeiten zunehmender Komplexität ist es letztlich für jeden von uns unabdingbar, die eigene Komplexität zu reduzieren. Dies kann auf vielfältige Weise geschehen.

- *Zur Reduktion der Anzahl der Elemente.* Ein Element eines Systems ist immer eines, das ich als solches (Element = Subsystem) definiere. Wenn ich das System „Konzern" betrachte, dann sind seine Elemente die Konzerntöchter, unter Umständen einzeln gesehen relativ große Firmen. Wenn ich das System „Firma" betrachte, sind die Elemente je nach Subsystemsicht die Bereiche oder Hauptabteilungen oder auch die Produkte oder Aufgaben etc.

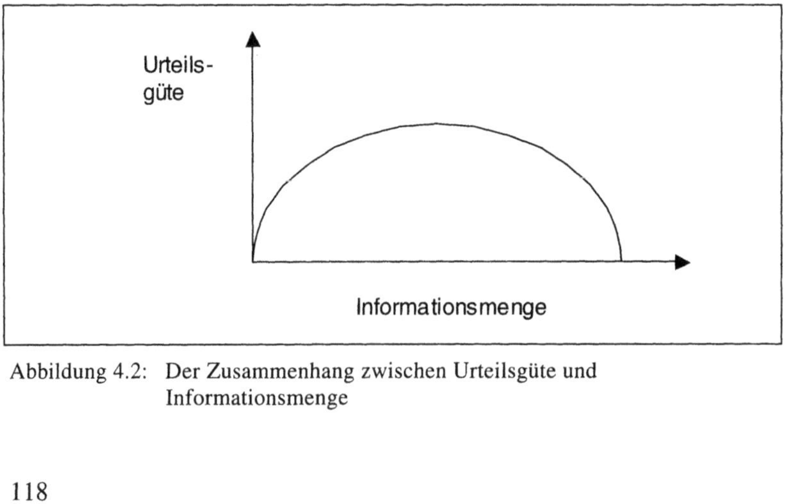

Abbildung 4.2: Der Zusammenhang zwischen Urteilsgüte und Informationsmenge

Meist kann man nicht alle Elemente eines Systems berücksichtigen. Wir werden von so vielen Informationen bestürmt, daß wir in ihnen ertrinken würden, könnten wir nicht die Spreu vom Weizen trennen. Ganz wesentlich ist also die Unterscheidung zwischen Wichtigem und Unwichtigem. Was für mich wichtig ist, kann wiederum nur ich allein entscheiden, je nachdem welche Visionen, Ziele, Werte, Emotionen und Motivationen mein Handeln leiten.
Die menschliche Informationsverarbeitungskapazität ist begrenzt. Die Güte des Urteils über einen Sachverhalt nimmt nicht linear mit wachsender Informationsmenge zu, sondern fällt ab einem gewissen Punkt wieder. Die Beziehung zwischen Urteilsgüte, sei es bei der Diagnose eines Arztes, eines Automechanikers oder sei es bei dem Urteil über einen Politiker verläuft also kurvilinear gemäß einem umgekehrten U. Ab einer gewissen Informationsmenge, wird mein Urteil wieder schlechter, meist durch wachsende Unsicherheiten. Wichtig wäre es angesichts dieses Befundes natürlich, im aufsteigenden Ast der Informationsverarbeitung die relevanten Informationen zu verarbeiten und den Urteilsprozeß am Punkt der maximalen Urteilsgüte abzubrechen.

- *Zur Reduktion der Vielfalt.* Die Vielfalt ist relativ leicht zu reduzieren, indem sinnvolle Kategorien nach dem Motto „so grob wie möglich, so fein wie unbedingt nötig" gebildet werden. Es werden also Kategorien in einem Auflösungsgrad gebildet, der für die jeweilige Systemsicht ausreicht. Um beispielsweise zu entscheiden, ob die Familie am Wochenende einen Ausflug machen oder zu Hause bleiben soll, genügen die Informationen „Wetter gut oder schlecht" und „ungefähre Temperatur". Alle anderen Details interessieren für die erforderliche Entscheidung kaum und wären, falls man sie überhaupt erfahren könnte, ohnehin mit einer sehr hohen Unsicherheit behaftet.

- *Zur Erfassung der Vernetzung.* Hier gilt es meist nicht zu reduzieren, sondern zusätzliche Informationen zu gewinnen. Je besser ich die Biographie und die dynamischen, funktionalen Zusammenhänge zwischen den Elementen innerhalb eines Systems und ihre Verbindungen mit Elementen außerhalb dieses Systems kenne, um so besser kann ich damit umgehen. „Besser" bezieht sich dabei nicht auf die Quantitäten der Verbindungen, sondern auf deren Qualitäten, also auf die Muster.

- *Die Reduktion der Dynamik.* Sie läßt sich nur durch Zerlegung in kleine Schritte und durch Zeitlupe besser erfassen. Beispielsweise ist es sinnvoll, die eigenen sportlichen Aktivitäten zu filmen und sich in Zeitlupe anzuschauen. Dann werden die sonst unsichtbaren Fehler in den Bewegungsabläufen offenkundig.

Eine Methode, Komplexität zu reduzieren, besteht darin, einen komplexen Prozeß in viele kleine Schritte zu zerlegen. Die Fließbandarbeit macht sich dieses Prinzip zunutze. Die komplexe Produktion beispielsweise eines Autos wird in zahllose Kleinarbeiten bzw. Routinen zerlegt, die jeder Ungelernte ausüben kann. Dies kann in Systemen mit einer Mindeststabilität funktionieren, nicht aber bei einer hohen Dynamik.

Bei hochdynamischen Problemen gilt es, die eigenen Denkprozesse zu überwachen (Metakognition, „ich denke wie ich denke"). Solche Kontrollprozesse können sein:

- die Frage nach der Identifikation: „Was will ich und was mache ich hier eigentlich?";
- die Überprüfung: „Wie nahe bin ich meinem Ziel?";
- die Bewertung: „Taugen meine bisherigen Lösungsansätze etwas?";
- die Vorausschau: „Lohnt sich ein Weitergehen auf diesem Weg oder müssen Alternativen gesucht werden?".

Mit Hilfe dieser Fragen können folgende Steuerungen erfolgen:

- der Intensität und der Kapazität: „Wie stark und wie lange denke ich noch darüber nach?";
- die Steuerung des Objektes: „Wo greife ich als erstes an?";
- die Steuerung der Geschwindigkeit zum Beispiel durch den Abbruch der Informationssuche, Weglassen bestimmter Elemente, gröbere Kategorien, größere Schritte etc.

Wesentlich für die Dynaxitätsreduktion ist also die Wahl des richtigen Maßstabes.

Wie einfach oder komplex ein System ist, entscheidet nicht nur die „Wirklichkeit", sondern vor allem die subjektive Wahrnehmung. Welcher Grad an Auflösung der richtige ist, ist eine Frage der handlungskompetenten Wahrnehmungsfilterung. Der berühmte, die Fraktaltheorie mitbegründende Aufsatz von Mandelbrot mit dem schönen Titel „Wie lang ist die Küste Englands?" lehrt uns die Wichtigkeit der Wahl des adäquaten Maßstabes. Die Küste Englands ist zwischen 1 und unendlich lang, je nachdem, welchen Maßstab ich wähle. Der Tausendmeilenstiefelriese braucht einen Schritt, der Tacho des Autos zeigt einige tausend Kilometer. Wenn man die Schleichwege mit dem Fahrrad fährt oder gar zu Fuß die ganze Küste umrundet, wird sie länger. Was heißt übrigens Küste? Es handelt sich um die Schnittstelle zwischen Wasser und Land. In der Konsequenz müßte man jeden Bach bis zur Quelle und zurück verfolgen. Das Umfahren eines jeden Kieselsteines mit dem Finger, oder das Verfolgen seiner Kante unter dem Mikroskop verlängern abermals die Küste. Die Kante ist keine glatte Angelegenheit, sondern zeigt sich unter dem Mikroskop als winzige aneinandergereihte Blumenmuster, deren Kanten man wiederum verfolgen kann wie die Puppe in der Puppe in der Puppe bis ins Unendliche.

Komplexitätsproduktion

Nun bezieht sich die Komplexitätsreduktion immer auf die Erfassung von Systemen im „Input". Ich muß aus der Vielzahl möglicher Informationen die für meine Zwecke wichtigen herausfiltern, die Zusammenhänge und Dynamiken des jeweilig interessierenden Systems erkennen und anschließend handeln. Für den Jäger und Sammler war die anschließende Reaktion im „Output" relativ einfach. Er hatte nur wenige Handlungsalternativen, die im wesentlichen in Kampf und Flucht bestanden. Im übrigen bestand seine Welt aus einem kleinen dreidimensionalen Raum. In diesem System gab es im Vergleich zu heute wenige Elemente mit einer geringeren Vielfalt und entsprechend geringerem zumindest bekannten Vernetzungsgrad. Es bestand eine recht hohe Stabilität und Vorhersagbarkeit der Zustände, so daß einmal erworbene Epistemiken weitgehend zum Überleben ausreichten.

Je mehr Handlungsmöglichkeiten durch größere Handlungsspielräume mittels moderner Technologien (Telekommunikation, Reisemöglichkeiten etc.) entstehen, um so eher können neue Handlungsentwürfe von bisher noch nie Dagewesenem gedeihen. Damit wird Komplexität produziert. Komplexitätsproduktion kann sich in Form der Kreativität im Schaffen und Gestalten auf der Basis einer intrinsischen Motivation des Sich-Ausdrücken-Wollens artikulieren. Komplexitätsproduktion kann aber auch in Form der Innovation systematisch absichts- und zielgeleitet erarbeitet werden. Hier sind wiederum Heuristiken am Platze. Das „Heureka“ einer der bahnbrechensten Innovationen unserer täglichen Arbeitswelt bestand in der bislang nicht vorhandenen Verknüpfung von Telefon und Fotokopiergerät. Das Telefax war geboren.

Für die Optimierung von Beanspruchungsprozessen kann es also nicht genügen, Komplexität zu reduzieren. Dies entspräche einem defensiven Verhalten, das letztlich zu Ausgeliefertsein führt. Es kann auch im Sinne von kreativem, erkundendem und innovativem, ständig erneuernden Verhalten Komplexität produziert werden.

Dieser Aspekt der Beanspruchungssteuerung gelingt optimal, wenn die Balance zwischen komplexitätsreduzierenden und -produzierenden Verhalten in einer Verhältnismäßigkeit der Mittel zu den eigenen Fähigkeiten verwirklicht wird.

Systemverträgliches Handeln

Fehlende Selbstbegrenzung von Systemen bzw. pathologische Selbstorganisation (Krebs) sind systemunverträglich. Die Fähigkeit zur Selbstbegrenzung fehlt auch, wenn eine Person sich selbst immer zuviel zutraut, vornimmt, höchste Ansprüche entwickelt und sich dafür fehlbeansprucht.

Hilfreich ist hier ein Kontinuum von Harmonie bis Systembruch (vgl. Abbildung 4.3, Seite 123).

Eine Ehe wäre beispielsweise als gelungen zu bezeichnen, wenn sie sich vorwiegend im harmonischen Bereich auf der linken Seite in Abbildung 4.3 bewegt. Der rechte Pol repräsentiert hier die Scheidung oder den Gattenmord. Spätestens in der Krise braucht man den Eheberater.

Das entscheidende Beanspruchungsproblem im Krisenbereich besteht immer darin, daß der Handlungsspielraum durch entsprechende Sachzwänge stärkstens eingeschränkt ist. Wer sich überbeansprucht und dies mit allen möglichen „Zwängen“ begründet („Ich kann doch jetzt keinen Waldlauf machen, weil ich XY noch erledigen muß“), sollte sich nicht wundern, wenn er mit dem Herzinfarkt auf der Intensivstation überhaupt nicht mehr handlungsfähig ist.

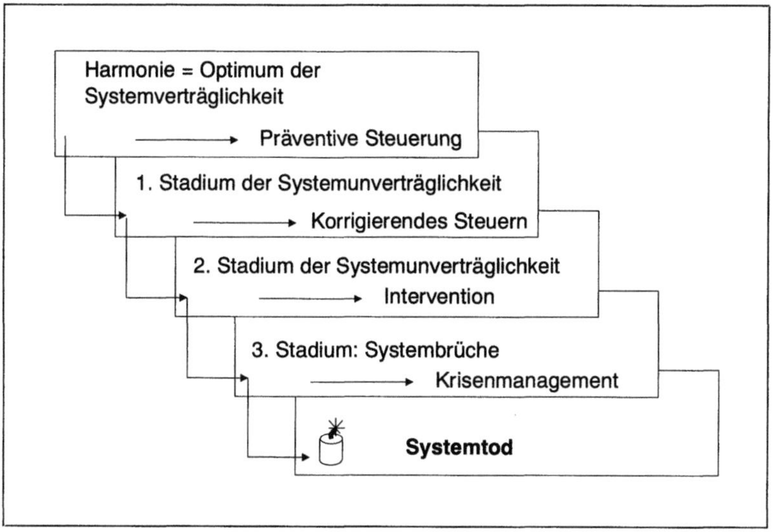

Abbildung 4.3: Das Kontinuum von Harmonie bis Systembruch

Ein Problem der sozialen Systemunverträglichkeit besteht darin, daß ein System seine eigene Beanspruchung reduzieren kann, wenn es anderen Systemen die Arbeit aufbürdet und damit deren Beanspruchung erhöht. Dies läuft im großen Stil, wenn ein Mensch der Ersten Welt beispielsweise einen handgeknüpften Teppich für zwei Tageslöhne kaufen kann, an dem ein Mensch der Dritten Welt zwei Jahre gearbeitet hat. Dieses Verhalten „bewährt" sich auch im kleinen Stil des Alltags, wenn ich mich beim Staubsaugen bewußt so ungeschickt anstelle, daß meine Frau sagt: „Laß mal, ich sauge gleich selbst".

Die Beanspruchungsoptimierung des Kollektivs, bei der die Belastungen auf die Schultern der Teammitglieder etwa gleich verteilt werden, ist eine wesentliche Komponente einer Balance aus Partizipation und Integration.

Konkrete Empfehlungen zum praktischen Problemlösen und systemischen Denken

1. Problemlösen läßt sich in Grenzen erlernen durch Vermittlung von handlungsrelevantem Wissen, Ermunterung zum sprachlichen Beschreiben, Förderung heuristischer Kompetenzen und Denken über das eigene Denken.

2. Gutes Problemlösen ist möglich, wenn man:
   - in größeren Zusammenhängen denkt und handelt;
   - zielstrebig Probleme anpackt;
   - mehrere Absichten gleichzeitig verfolgt und auf mehrdimensionale Art und Weise Entscheidungen fällt;
   - flexibel viele Entscheidungen in einem Problemlöseprozeß fällt;
   - hypothesengeleitet denkt und diese Hypothesen überprüft;
   - nach Ursachen fragt und Urteile vom Allgemeinen zum Besonderen fällt;
   - Informationen so abspeichert, daß Nachfragen unnötig sind;
   - Wissen und Heurismen einsetzt;
   - eigenes Vorgehen reflektiert;
   - zum eigenen Handeln steht, auch wenn es eventuelle Mißerfolge anbetrifft.

3. In Zukunft werden Heurismen (Problemlösestrategien) noch wichtiger im Vergleich zu Epistemiken (gespeicherte Programme) als heute.

4. Es gilt zu lernen, daß (vgl. auch Dörner, 1989, S. 305 f.):
   - Ziele klar definiert werden müssen;
   - nicht alle Ziele erreichbar sind, vor allem nicht gleichzeitig;
   - man Schwerpunkte setzen muß;
   - man die Schwerpunkte auch verändern muß;
   - man sich ein Modell „zimmern“ muß, um Fern- und Nebenwirkungen einigermaßen abschätzen zu können;
   - Informationen im richtigen Auflösungsgrad gesucht und verworfen werden müssen, nicht zu fein und nicht zu grob;
   - eine Reduktion auf wenige Ursachen darf nicht vorschnell erfolgen;
   - es kann langfristig äußerst beanspruchend werden, wenn man aus bestimmten Situationen flieht („kneift“) und sich lieber mit angenehmeren Dingen beschäftigt;

- man sollte nicht nur deshalb etwas tun, weil man sich beweisen will, daß man es tun kann.

5. Analyse von System(un)verträglichkeiten und Versuch, diese in eine Rangfolge zu bringen. Berücksichtigung von Prinzipien der Systemverträglichkeit wie zum Beispiel den folgenden:
   - Das Untersystem muß sich im Zweifel dem Obersystem unterordnen.
   - Selbstbegrenzungsfähigkeit von Subsystemen.
   - Das selbstorganisierende System darf sich nicht ausschließlich selbst kontrollieren.

6. Analyse der gesunden und pathologischen Selbstorganisationsprozesse. Pathologisch werden sie meist, wenn:
   - ein Controlling durch andere Systeme fehlt;
   - Subsysteme wuchern können, da eine Selbstbegrenzung fehlt;
   - sich Egoismen durchsetzen.

7. Viel Streß entsteht durch die Verletzung von Organisationsprinzipien. Lohnt sich egoistisches Verhalten? Werden kybernetische Regeln verletzt? (vgl. Kastner, 1992, S. 11).

8. Berücksichtigung verschiedener Systemsichten und -organisationen. Es gibt nichts Ungerechteres als verschiedene Menschen gleichartig zu behandeln. Sie sollten gleiche Rechte und in Bezug auf das soziale Zusammenleben in bestimmten Bereichen gleiche Pflichten haben, aber unterschiedliche Aufgaben, Tätigkeiten etc.

9. Permanente Rückkoppelung von Systemsichten, Systeminteressen und Systemzuständen, um einen normalen, fortlaufenden Systemumstrukturierungsprozeß präventiv steuern zu können.

5. Der Umgang mit Emotionen

„Ich habe verloren, was meines Lebens einzige Wonne war, die heilig belebende Kraft, mit der ich Welten um mich schuf."
(Goethe, Die Leiden des jungen Werthers)

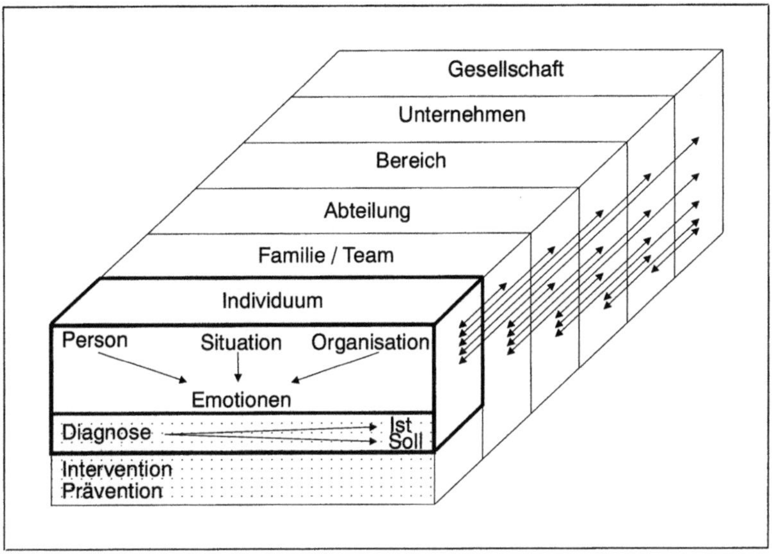

Abbildung 5.1: Betrachtung der individuellen Emotionen in Hinblick auf die Beanspruchung

Wenn wir uns fragen, was uns denn besonders streßt und krank macht, dann kommen wir sehr schnell zu der Erkenntnis, daß dies nicht unbedingt die rein rationalen, mit der Vernunft angehbaren Probleme sind, sondern vor allem verletzte Gefühle, Angst, Ärger, Mißmut. Es gibt viele Leute, die glaubwürdig versichern, 14 Stunden am Tag arbeiten zu können, ohne dabei Streß zu empfinden. Aber familiärer Ärger oder soziale Mißlichkeiten mit Kollegen beanspruchen sie außerordentlich.

Unser Beanspruchungsverhalten ist also nicht nur eine Frage der rationalen Steuerung, des richtigen Überlegens, Planens und konsequenten Ausführens, sondern es ist stark durch Gefühle beeinflußt, und umgekehrt sorgt auch wiederum die Art der Beanspruchung für bestimmte Emotionen.

Gefühle sind schon seit Jahrtausenden Gegenstand menschlicher Reflexion. Bereits in den Upanischaden, den altindischen Geheimlehren, wird 800 Jahre vor Christus Leben als Leiden gesehen, bei dem in einem aus Knochen, Haut, Blut und Schleim geformten Leibe, der mit Zorn, Begierde, Furcht, Neid behaftet ist, kaum Freude zu genießen ist. Und dies alles in einer Welt voller Bremsen, Stechfliegen und einstürzender Berge. Handeln vergrößert diese Leiden nur noch. Insofern kann die einzig sinnvolle Konsequenz nur darin bestehen, Askese zu üben, der Liebe abzuschwören und somit erlöst zu werden und Wissen und Einsicht zu gewinnen. Ursache allen Leidens sind auch im Buddhismus die Begierden und die sinnliche Lust. Erlösung ist nur durch Erkenntnis, Meditation und richtiges Handeln, indem falsches Handeln vermieden wird, zu erwarten. Dies kann man durch Yoga (= Joch) üben, in dem richtiges Sitzen, Atmen, Konzentration und Versenkung zu Selbstzucht führen.

Die alten Chinesen waren hingegen eher an der „goldenen Mitte" der Harmonie, am Einklang zwischen Mensch und Kosmos interessiert.

Für die alten Griechen (vor allem Empedokles) waren die beiden Grundemotionen Liebe und Haß die treibenden und formenden Kräfte par excellence. Aristoteles sah Glück als höchstes Gut, Lust und Unlust eher als Begleiterscheinungen des menschlichen Handelns.

Im Mittelalter sah man die weltlichen Affekte (Passionen) als Dämonen. Lust und Unlust wurden zu tierischen Affekten degradiert. Göttliche Emotionen waren Barmherzigkeit, Mitleid, aber auch Zorn. Als Emotionen menschlicher Schwäche wurden „fleischlicher Appetit", Neid und Furcht gesehen. Für den auch für unsere Kultur nachhaltig wirkenden Augustinus (354–430 n. Chr.) waren Passionen gegen die Natur gerichtet und damit schlicht ungöttlich. Affekte hingegen galten ihm als bewegende Kräfte der Seele, die dem Willen unterworfen sind. Die universelle, alles bewegende Kraft auf dem Weg zu Gott aber war für Augustinus die Liebe. Himmlische Liebe als Prinzip des vom Willen abhängigen Lebens stand den höllischen Passionen der Sündhaftigkeit gegenüber.

Nach Thomas von Aquin (1225–1279) ist Liebe die erste Emotion, allerdings kann sie vom Verstand kontrolliert werden.

Descartes (1596–1650), der uns verhängnisvoll die Trennung von Körper und Geist beschert hat, sah alle Passionen primär als nützlich an. Zu Leiden führen sie nur, wenn sie fehlgeleitet werden. Descartes versuchte in seiner Sicht des Körpers als Maschine Emotionen bestimmten Körperteilen zuzuordnen. So war für ihn beispielsweise die Zirbeldrüse der Sitz der Seele. In den Nervenbahnen sollten sich die Lebensgeister tummeln. Als primäre Emotionen, aus denen andere Emotionen abgeleitet wurden, sah Descartes die Verwunderung, Liebe, Haß, Begierde, Freude, Furcht und Hoffnung.

Kant (1724–1804), wie Descartes jemand, dessen Einfluß auf unser Denken kaum zu überschätzen ist, unterschied zwischen turbulenten und temporären Affekten (Lust und Unlust) und langfristigen Leidenschaften (zum Beispiel Haß). Beide sind irrational, also nicht durch die Vernunft steuerbar. Kant sah Affekte und Leidenschaften als Krankheit des Gemütes, die die Vernunft als höchstes Gut ausschließen. Das Unangenehme sei, daß der an Leidenschaften leidende nicht gewillt sei, gesund, das heißt vernünftig, zu werden.

Im 19. Jahrhundert enstand eine Emotionspsychologie, die nach Mayring (1992) in mindestens vier Theoriegruppen einteilbar ist. Peripher-psychophysiologische Theorien sehen Gefühle als Ergebnis zum Beispiel von Nervenreizungen. In zentral-psychophysiologischen Theorien ist zum Beispiel das Hirn der Sitz der Emotionen. In psychomentalen Theorien entstehen Gefühle aus Erfahrungen, aus (Dis-)Harmonie-Eindrücken und stehen eigenständig neben Vorstellungen und Urteilen. In evolutionsbiologischen Ansätzen schließlich sind Gefühle phylogenetische Anpassungsleistungen im Kampf ums Überleben.

Wilhelm Wundt (1832–1920), einer der Begründer der Psychologie, unterschied zwischen Empfindungen, Vorstellungen zu objektiven Erfahrungsinhalten (Geruch, Licht) und einfachen Gefühlen als subjektive Erfahrungsinhalte (zum Beispiel Lust, Spannung). Diese werden von physiologischen Prozessen (zum Beispiel Puls) begleitet. Einfache Gefühle und Stimmungen führen zu zusammengesetzten Gefühlen (logische und moralische Gefühle). Affekte werden als Folge von Gefühlen gesehen (zum Beispiel Freude, Hoffnung).

Mayring (1992) beschreibt grob vier Gruppen, die wiederum in einzelne Emotionen aufgegliedert werden.

- *Zuneigungsgefühle:* Liebe, Sympathie, Bindungsgefühl; Mitgefühl; Stolz und Selbstwertgefühl; Hoffnung und Sehnen.
- *Abneigungsgefühle:* Ekel, Abscheu; Verachtung; Ärger, Wut und Zorn; Angst und Furcht; Haß; Eifersucht; Neid.
- *Wohlbefindensgefühle:* Lustgefühl, Genußerleben; Freude; Zufriedenheit; Erleichterung und Entspanntheit; Glück.
- *Unbehagensgefühle:* Niedergeschlagenheit und Mißmut; Trauer, Kummer, Wehmut; Scham; Schuldgefühl; Langeweile, Müdigkeit und Leere; Anspannung, Nervosität, Unruhe, Streß; Einsamkeitsgefühl.

Beim Fühlen (vgl. Ulich, 1989) steht im Gegensatz zu den Kognitionen nicht eine Handlungsplanung im Vordergrund, sondern eine leib-seelische Zuständlichkeit der Person, eine Ich-Beteiligung, „es macht mir etwas aus, daß ...“, und die Person ist eher passiv, ihr widerfährt etwas. Oft ist man seinen Gefühlen „hilflos“ ausgeliefert. „Ich kann schließlich nichts dafür, daß mich meine Liebe zu Dir überfallen hat“. Gefühle treten oft spontan, unwillentlich auf. Wir haben nicht die Freiheit, nicht wütend zu sein. Gefühle entstehen in Wertkontexten. Das Kind lernt, was „man“ fühlt. Und Gefühle mögen eine Funktionalität im anthropologischen und evolutionsbiologischen Sinn oder Zweck haben. Aber im unmittelbaren individuellen Erleben besteht die Funktion des Gefühls genau darin, daß wir es erleben. So mancher „abgebrühte Kampfknochen“ wünscht sich im Prozeß des Älterwerdens, er könnte noch mehr fühlen, weil er begreift, daß Gefühle einen möglicherweise entscheidenden Aspekt von Lebensqualität beinhalten.

Zur Regulation von Gefühlen

Unerfreuliche Gefühle wie Ärger oder Angst entstehen einerseits durch Fehlbeanspruchungen, können andererseits aber auch als Belastungen von innen her aufgefaßt werden. Das heißt sie müssen sich hinsichtlich ihrer beanspruchenden Wirkungen nicht unbedingt von äußeren Belastungen unterscheiden. Wir haben von der Wirklichkeit „draußen“ und „drinnen“ sowohl kognitive als auch emotionale Bilder. Ein solches im Gedächtnis verhaftetes Gefühlsbild hat einen Anteil der gefühlsbezogenen Informationen über Sachverhalte (der Kollege ist gefährlich) und einen Anteil, der Wahrnehmungs- und motorische Handlungsprogramme (Ignorieren ist das einzig Richtige) beinhaltet. Schließlich enthält ein solches Gefühlsbild auch noch Informationen über die Bedeutung des jeweiligen Geschehens (vgl. Dörner, 1979).

Dieses Gefühlsbild ist ein Schema, das prinzipiell unabhängig vom kognitiven System sein soll, aber durchaus Wechselwirkungen mit ihm eingehen kann. Aber die Eigenständigkeit dieses Gefühlssystems erklärt teilweise auch, warum auch ansonsten hochintelligente Menschen unter dem Eindruck von Emotionen so oft ihren Verstand „an der Garderobe abgeben".

In einer Reizsituation (der bösartige Kollege taucht auf) erfolgen in einer ersten Phase die Wahrnehmung, das Auftauchen eines Gefühls und eine Ausdrucksreaktion (aha, unangenehmer Kollege, Unbehagen). In der zweiten Phase werden auf der Basis der Wahrnehmungen und Gefühle der ersten Phase, also des dortigen Gefühlsbildes, Verhaltenspläne entworfen und Entscheidungen getroffen (weitergehen oder anhalten? Im Zweifel weitergehen.). Aufgrund der Abhängigkeit der Handlungspläne von dem Gefühlsbild sollte man beispielsweise nie mit hungrigem Magen einkaufen. Weiter wird die Existenz solcher Gefühlsbilder durch den Phantomschmerz belegt.

Schließlich erfolgt die konkrete Reaktion. In einer abschließenden dritten Phase wird die eigene Reaktion bewertet und in ein größeres Bezugssystem integriert. (Jetzt bin ich wieder weitergegangen, obwohl ich mir doch so fest vorgenommen hatte, stehenzubleiben).

Gefühlsregungen entstehen durch eine innere Eindrucksbildung, die sich verselbständigen und automatisieren kann. „Immer wenn ich an den Mitarbeiter X denke, schwillt mir der Kamm". Das heißt die Emotion muß nicht die „logische" Folge eines komplexen Urteilsprozesses sein, sondern kann „kurzgeschlossen" in einer unter Umständen ungerechten Überverallgemeinerung erfolgen. Dieser Ungerechtigkeit bin ich mir unter Umständen durchaus bewußt. „Ich weiß, daß es jetzt falsch ist, sich über den Mitarbeiter X aufzuregen. Trotzdem, der Kerl geht mir einfach gegen den Strich". Gefühle können also vielfach dadurch entstehen, daß derartige Assoziationen als komplexe Schemata „wie aus dem Nichts" auftauchen. In die Genese einer Gefühlsregung fließen nun Komponenten des aktuellen Ereignisses, der momentanen Verfassung der Person, ihres emotionalen Schemas sowie Merkmale des Situationskontextes ein. Dabei beinflussen sich Vorstellungen, Wahrnehmungen (und ihre Verzerrungen) und Erinnerungen bezüglich dieser Komponenten gegenseitig.

Unerfreuliche und fehlbeanspruchende Emotionen

> *„Wir hassen bald, was Furcht erregt."*
> (Shakespeare, Antonius und Cleopatra)

Unerfreuliche Emotionen tragen am meisten zur krankmachenden Fehlbeanspruchung bei. Vielleicht ist es nicht einmal übertrieben, wenn man sagt: „Jede negative Emotion ist ein Sargnagel."

Haß

Haß als sehr starke Emotion, der unter Umständen sogar das eigene Leben untergeordnet wird, ist einerseits der Humus für Ärger, Wut und Zorn, wird andererseits aber wiederum durch diese Gefühle geschürt. Haß ist meist eine langfristige überdauernde Angelegenheit und kann als starker Motivator für teilweise übermenschliche Leistungen dienen. Nicht ohne Grund wird von interessierter Seite Haß bei Soldaten geschürt, damit diese besser kämpfen. Haß ist fast immer an konkrete Personen(gruppen) gebunden im Gegensatz zum Eigenschaftsärger, der stärker auf Ereignisse und Zustände bezogen ist.

Haß beinhaltet destruktive Komponenten und wächst auf dem Boden von Verletzungen des Selbstwertgefühls, Kränkungen, Frustration und Neid, wie leider Gottes immer wieder am Fremdenhaß zu beobachten ist.

Einer Beanspruchungsoptimierung steht Haß in jedem Falle entgegen. Er aktiviert und erlaubt kaum Regeneration. Die entscheidende Fehlbeanspruchungskomponente dürfte aber darin liegen, daß durch den zumindest beginnenden und den abflauenden Haß Konflikte zwischen dem, was man „eigentlich" für richtig hält und dem, was man tut, verstärkt werden. Am Anfang des Hasses, melden sich noch Gewissensbisse. In der aktiven Phase des blinden Hasses gehen derartige Selbstreflexionstendenzen zurück. Und nach den Haßphasen beginnen unter Umständen die Leiden unter den eigenen, nicht mehr korrigierbaren Taten.

Eifersucht

Bei der Eifersucht liegt immer eine ziemlich beanspruchende Dreiecksbeziehung vor, wobei der Dritte keine Person sein muß. „Deine Arbeit ist Dir wichtiger als ich". Hier ist übrigens meist nicht die Arbeit, sondern das Ego wichtiger.

Vor allem in einer Kultur der monogamen Zweierbeziehungen und in Besitzkulturen ist Eifersucht besonders anzutreffen. In Gesellschaften ohne Privateigentum soll Eifersucht kaum zu finden sein.

Eifersucht hängt meist mit mangelndem Selbstwertgefühl oder bei hohem Selbstwertgefühl mit starkem Kontrollierenwollen zusammen sowie mit Ängstlichkeit, Unsicherheit und Dogmatismus (vgl. Mummendey & Schreiber, 1983).

Die Fehlbeanspruchung liegt vor allem darin, daß nicht nur das eigene Selbstwertgefühl bedroht wird, sondern daß sich unter Umständen eine ganz neue „Front" eröffnet, die alles bisher Erreichte in Frage stellen kann. Eine ganze Welt und Lebensplanung kann zumindest „im Kopf" zusammenbrechen. Die gesamte Handlungssteuerung orientiert sich von nun an auf die zentrale Frage: „Wie geht es weiter?" Dies kostet natürlich Energie und Substanz.

Neid

Als abgeklärter Mensch neigt man zu der Aussage, Neid sei die höchste Form der Anerkennung. Es handelt sich aber um eine negative Emotion, die aus dem Verlangen entsteht, etwas, was andere besitzen, auch zu wollen, aber nicht zu bekommen. Oder man gönnt einfach dem anderen bestimmte Dinge nicht, weil man glaubt, sie stünden der eigenen Person eher zu. Neid entsteht um so weniger, je selbstbewußter eine Person ist, das heißt je stärker sie in sich selbst ruht und mit sich selbst und ihrer Umgebung im Reinen ist.

Die Fehlbeanspruchung durch Neid liegt in dem bohrenden Gefühl der eigenen Unfähigkeit, dasselbe zu erreichen wie der Beneidete. Dies kann (verdeckte) Aggressionen in Gang setzen, die viel Konfliktstoff bieten. Gründe für den Neid liegen in allem, was zum Selbstwertgefühl gehört. Im Arbeitsbereich bezieht sich der Neid meist auf Positionen, Prestige,

Geld, Macht und Einfluß aber auch auf soziale Zuwendung. Das Mobbing, also das Hinausekeln von Kollegen, kann durchaus mit Neid zu tun haben. Ferner führt Neid im Sinne eines Eigenschaftsneides dazu, alles Mögliche „auch“ haben zu wollen und Eigenheiten anderer zu kopieren. Neid ist somit gekoppelt an Kognitionen wie (vgl. Mummendey & Schreiber, 1983):

- die Einschätzung einer subjektiven Ungleichheit: „Ich habe weniger als jemand anders“,
- die Einschätzung der Wichtigkeit der Vergleichssituation: „Wenn ich dieses Haus hätte, würde ich ...“,
- eine Zuschreibung von Ungerechtigkeit dieser Ungleichheit und eine negative Einschätzung der Umwelt, die das Verlangen nach Ausgleich durch den Neider für ungerechtfertigt hält.

Mißmut, Niedergeschlagenheit, Bedrücktheit

Mißmut, Niedergeschlagenheit, Bedrücktheit entstehen vielfach aus Fehlbeanspruchungen heraus, sei es aus Überbeanspruchung, sei es aus Unterbeanspruchung bzw. Monotonie.

Der Niedergeschlagene fühlt sich wie jemand, der niedergeschlagen wurde und kaputt, verletzt, elend, deprimiert, unzufrieden, bitter, gereizt, oft auch ärgerlich auf sich selbst ist.

Kummer und Trauer

Kummer und Trauer sind auf konkrete Verluste bzw. Trennungen bezogen. Der Tod oder die Krankheit eines geliebten Menschen, das Heimweh als Trennung von der Heimat oder auch die Wehmut des alternden Menschen ob des Verlustes der Jugend drücken sich in ähnlichen Emotionen aus.

Schuldgefühle

Schuldgefühle quälen, belasten die Psyche und machen gefügig. In der machiavellistischen Führungslehre gilt nicht ohne Grund das Schuldgefühl einer zu führenden Person als eines der besten Mittel, sie gefügig zu halten.

Einsamkeit

Einsamkeit wird als mangelnde Liebe und Zuwendung, Wärme und Geborgenheit erlebt. Sie entsteht zwangsläufig in Situationen sozialer Isolation meist durch Alter, Trennungen oder sehr auch durch Ausscheiden aus dem Beruf. Wiederum aus der Life-event-Forschung ist bekannt, daß gerade derartige Ereignisse stark beanspruchend und krankmachend, vor allem im Hinblick auf Depressionen (vgl. Kastner, 1981) wirken.

Die Einsamkeit spielt in unserer Kultur der Kleinfamilien und des egoistischen Profit-Strebens eine besondere Rolle für die Beanspruchung. Einerseits kann Einsamkeit als negative Gefühlstörung fehlbeanspruchen. Andererseits kann Alleinsein zur Regeneration erforderlich sein. Vor allem in den östlichen Kulturen ist die positive Zuwendung zum Alleinsein eine wichtige Lebensform, die sich früher in unseren Breiten in Form des Eremitentums, des Mönchs- und Klosterlebens als bewußte Hinwendung zu Exerzitien, zur Muße ausdrückte. Heute taucht mancher gestreßte Manager in derartige Exerzitien für ein paar Tage ab und schwärmt hinterher ob des Erholungseffektes. Es fragt sich allerdings, ob er sich klar macht, daß Exerzitien in dem Bewußtsein, nach spätestens einer Woche wieder in der alten Umgebung zu sein, ganz anders erlebt werden als mit der Perspektive, sein restliches Leben auf diese Weise zu verbringen.

Langeweile

Langeweile entsteht häufig auf dem Boden von Einsamkeit und wird als Gefühl von Sinnlosigkeit, Interesselosigkeit, Unlust, Freudlosigkeit, Leere und Apathie geschildert.

Unterforderung kann genauso unerfreulich sein wie Überforderung.

Ärger, Wut und Zorn

Ärger, Wut und Zorn entstehen, wenn unsere Erwartungen nicht erfüllt werden oder wenn subjektiv ungerechtfertigte Hindernisse auftauchen. Diese „heiße" Emotion wird von Evolutionsbiologen als sinnvoll für die Mobilisierung von Energie angesehen. Schließlich kommt sie im Tierreich auch vor. Gemäß der Frustrations-Aggressionshypothese führt unter Umständen das Ausbleiben von Bestätigungen über die Frustration zu Ärger und schließlich zur Aggression.

Ärger kann ähnlich der Angst als Eigenschaftsärger im Sinne einer generalisierten Bereitschaft, sich über alles und jedes zu ärgern, und als aktueller Zustandsärger auftreten.

In der Ärgerforschung wird meist zwischen drei Bewältigungsformen unterschieden:

- nach außen gerichteter Ärger
- nach innen gerichteter Ärger
- kontrollierter Ärger

Nach außen gerichteter Ärger, etwa in Form des Schreiens mit hochrotem Kopf, ist kurzfristig für den ärgerlichen Mitmenschen selbst als Ventilfunktion eher gesund. Allerdings wird längerfristig diese Form des Sich-Ärgerns ärgerlich, weil man sich neuen Ärger einhandelt. Schließlich wird das aggressive Ärgern von den Opfern in irgendeiner Form bestraft, und wenn es „nur" durch Entzug von Zuneigung geschieht.

In der psychosomatischen Forschung ist man sich weitgehend einig, daß das „Hineinfressen" von Ärger höchst schädlich ist, da es bevorzugt zu psychosomatischen Krankheiten führen kann. Diese Gefahr besteht insbesondere dann, wenn das fortlaufende „Ärgerfressen" zur Gewohnheit bzw. einer Eigenschaft geworden ist. Gerade die besonders angenehmen, angepaßten und „lieben" Mitmenschen geraten in die Gefahr des nach innen gewendeten Ärgers. Sie können nicht „nein" sagen und werden damit für ihre Mitmenschen zu ausgesprochen angenehmen Sozialpartnern. Dieses Gefügig-Sein „lohnt" sich ja auch, denn wer immer tut, was die anderen wollen, erntet oft Zuwendung und freundliche Gesichter.

Wir müssen lernen, den Ärger kontrolliert herauszulassen. Wut ist eher der beobachtbare Affekt mit den entsprechenden physiologischen Reaktionen, aber ohne inhaltlichen Bezug. Durch die Art der körperlichen Reaktionen entsteht der Eindruck der Bereitschaft zum (Gegen-)Schlag bis hin zur Vernichtung des meist sehr konkreten Gegners.

Zorn bezieht sich auf die moralische Entrüstung, die nicht unbedingt grausame Aktivitäten nach sich ziehen muß. Zorn bezieht sich auch häufiger auf weniger konkrete Gegner, sondern auf Kollektive, ein bestimmtes Verhalten etc. Man ist eher wütend, weil man sich ungerecht behandelt und der Macht des Chefs ausgeliefert fühlt. Ohnmächtige Wut ist ein ziemlich unangenehmes Gefühl. „Heiliger" Zorn kann da sehr viel angenehmer sein, weil man sich selbst stärker in der urteilenden Funktion sieht.

Jemand, der sich ärgert, fühlt sich verletzt, behindert, gestört, ungerecht behandelt, geschädigt. Der Ärger äußert sich in höchster Anspannung verbunden mit dem Gefühl von „Power", Energiegeladenheit (Izard, 1981) und als „Kessel unter Hochdruck". Das damit verbundene Machtgefühl wird nicht immer nur als Unlust empfunden. Im übrigen hat man im Ärger das Gefühl zu leben. Wer sich nicht mehr ärgern kann, ist innerlich nicht mehr besonders lebendig.

Angst

Angst ist das zentrale „Fehlbeanspruchungsgefühl" schlechthin. Angst „macht dumm", das heißt blockiert und reduziert vor allem bei der Lösung komplexer Probleme die Bewältigungsfähigkeiten.

Meist unterscheidet man zwischen „freischwebender Angst" (diffus, objektlos, unspezifisch) ohne erkennbaren Angstauslöser und Furcht, bei der die bedrohliche Situation oder der angstauslösende Reiz bereits identifiziert ist. Von einer Phobie spricht man dann, wenn die Furcht im Verhältnis zur „tatsächlichen" Bedrohlichkeit des Reizes als übertrieben angesehen wird oder wenn die Wahrscheinlichkeit eines Schadens für das Individuum sehr gering ist. Die Phobie ist immer das genaue Gegenteil zur freischwebenden Angst, also eine an konkrete Objekte gebundene, nicht beherrschbare Furcht wie zum Beispiel eine Spinnenphobie.

Die in unserer Kultur häufigsten angstauslösenden Situationen sind (vgl. Scherer, 1988) im Straßenverkehr, bei der Begegnung mit Fremden, in unbekannten Situationen und in Risikosituationen zu finden.

Konkrete angstauslösende Objekte sind bei uns vor allem Spinnen, Schlangen, Krankheit und Schmerzen, Altern, Sterben (weniger vor dem Tod selbst).

Sicherlich ist es sinnvoll, zu unterscheiden zwischen Ängsten aufgrund der Behinderung lebensnotwendiger Funktionen (zum Beispiel Atemnot beim Herzanfall), die automatisch auftreten, und Ängsten, die durch Kognitionen vermittelt werden.

Spielberger (1966) unterscheidet zwischen Zustands- und Eigenschaftsangst. Verschiedene Menschen unterscheiden sich in ihrer Eigenschaftsangst bzw. Ängstlichkeit, das heißt hinsichtlich ihrer Neigung, viele Situationen als bedrohlich und gefährlich wahrzunehmen und in der Konsequenz schon bei jeder kleinsten Gelegenheit mit akuter Zustandsangst zu reagieren. Der Ängstliche wittert überall Gefahren. Der Nichtängstliche sieht keinerlei Bedrohungen. Darin liegt keinerlei Wertung. Angst ist zweifellos erforderlich. Wir brauchen sie als verhaltensregulierendes Moment. Der Mutige tut das Richtige, obwohl er Angst hat. Der Tollkühne riskiert Kopf und Kragen, ohne unter Zustandsangst zu leiden. Das Optimum liegt da, wo jemand in für ihn objektiv gefährlichen Situationen Angst hat, die allerdings in ihrer Ausprägung nicht allzu stark blockieren sollte. Weiter sollte er dort keine Angst haben, wo sie objektiv auch unsinnig wäre. Diese Objektivität könnte in Risikoparametern bzw. Gefährdungswahrscheinlichkeiten ausgedrückt werden. Insofern wäre es beispielsweise für viele Motorradfahrer vielleicht ganz nützlich, auf Landstraßen mehr Angst zu haben. Umgekehrt sollten Kinder in der Schule oder Mitarbeiter im Unternehmen möglichst keine Angst haben, zumindest sofern sie diese Angstfreiheit nicht zu unerwünschtem Verhalten verführt.

Die Zustandsangst besteht in subjektiven, durchaus bewußt wahrgenommenen Gefühlen des Druckes, der Anspannung und Enge (*lat.* angus = eng), des Besorgtseins sowie der erhöhten Aktivität des autonomen Nervensystems.

Der Angstzustand entsteht durch äußere oder auch selbstgeschaffene innere Reize bzw. Stressoren, die das Selbst bedrohen.

Personen mit hoher Eigenschaftsangst sehen also viel mehr Situationen als bedrohlich oder gefährlich als Personen mit niedriger Eigenschaftsangst. Und die ersteren reagieren auch in einer akuten gefährlichen Situation mit stärkerer Zustandsangst als die letzteren.

Ein Bewältigungsstil bei Versagensangst besteht darin, das eigene Anspruchsniveau zu senken, sich also mit weniger zufrieden zu geben. Dies geschieht oft in Verbindung mit einer Umbewertung des ursprünglich angestrebten Ziels. Der Fuchs mit seinen sauren Trauben läßt grüßen. Die Führungskraft wollte ohnehin nicht Vorstand werden, weil dieser Posten viel zu beanspruchend, unsicher und verantwortungsbeladen sei. Wer sein Anspruchsniveau senkt, verbessert das Verhältnis zwischen Anforderungen und Bewältigungsmöglichkeiten. Die Wahrscheinlichkeit der Bewältigung steigt. Man vermindert die Bedrohung durch die Anforderungssituation und spart Energie. Angst kostet meist mehr Energie und Nerven als die Bewältigung der Aufgabe selbst. So mancher weniger lernwillige oder lernfähige Schüler wird in ein leichteres Gymnasium geschickt. Hauptsache, er schafft das Abitur. Und so mancher Mann oder manche Frau gibt sich mit einem/r weniger anfordernden PartnerIn zufrieden.

Angst ist so unangenehm und bedrohend, daß sehr schnell Angst vor der Angst entsteht. Zu deren Bewältigung haben sich drei Strategien als effektiv erwiesen (vgl. auch Krohne, 1988).

Strategie 1:
Eine Methode ist die „kognitive Vermeidung" durch:

- *Verleugnung:* das Problem existiert nicht. „Was nicht sein darf, das nicht sein kann.";
- *Verdrängung:* „Ich will es gar nicht wissen". „Was ich nicht weiß, macht mich nicht heiß.";
- *Bagatellisierung:* „Das ist doch alles nicht so schlimm.";
- *Stereotype Ursachenzuschreibungen,* bei denen meist andere Schuld sind und damit Unterwerfung unter angeblich nichts Änderbares: „Alles sind die Politiker oder die Mafia schuld." „Der Mensch ist eben ein Tier."

Das entscheidende Problem solcher Vermeidungsstrategien besteht darin, daß langfristig weniger Bewährungschancen in kritischen Situationen bestehen und damit die gesamte Handlungskompetenz vermindert wird.

Strategie 2:
Eine andere Strategie zur Bewältigung der Angst vor der Angst ist die verstärkte Aufmerksamkeit und Konzentration auf die angsterzeugenden Reize oder Informationen nach dem Motto: „Gefahr erkannt, Gefahr gebannt".

Diese Strategie kann so wirksam sein, daß im Ergebnis zu wenig Angst verbleibt. So mancher Chirurg, der eben noch ein Lungenkarzinom herausoperiert hat, steckt sich in der Pause, noch mit blutigen Gummihandschuhen bewaffnet, die nächste Zigarette an. Der permanente Umgang mit Gefahr macht leichtsinnig.

Strategie 3:
Diese besteht darin, sich in einer Einstellung des positiven Denkens dann auf die Aufgabe voll zu konzentrieren, wenn sie eine gewisse Bewältigungswahrscheinlichkeit hat, das heißt wenn deren Anforderungen die eigenen Bewältigungsmöglichkeiten nicht überfordern. Im umgekehrten Falle wäre eine Meidung der Belastungssituation angebracht. Die dritte Strategie der flexiblen Handlungsregulation wäre also eine, bei der nicht „stur" nur Strategie 1 oder 2 angewandt werden, sondern bei der man sich situationsangepaßt flexibel in einer positiven Grundstimmung dem Problem nähert, um es aktiv zu lösen, oder indem man es rechtzeitig meidet ehe es zuviel innere Unruhe ausgelöst hat. Denn ein Problem, das innerlich Neugierde erregt und fesselt, aber nicht gelöst ist, gärt weiter. Dieser innerlich Unruhe stiftende Gärungsprozeß kann seinerseits stark beanspruchen.

Praktische Konsequenzen für die Vermeidung der Angst vor der Angst

- Probleme müssen je nach Bewältigungschance entweder zeitig gemieden oder möglichst direkt positiv gestimmt aktiv angegriffen, sicher bewältigt und „abgehakt" werden. Gärungsprozesse des Wollens aber nicht Könnens sind möglichst zu meiden.
- Das Senken des Anspruchsniveaus ist vor allem bezüglich einer langfristigen Handlungsregulation sinnvoll. Es sollte in einer positiven Interpretation als sinnvolle Bescheidung gedeutet werden.
  - Eine frustrierende Senkung des Anspruchsniveaus im Sinne des Nicht-Könnens sollte vermieden werden. In diesem Falle können zumindest kurzfristig Realitätsverzerrungen durch Verleugnung, Verdrängung, Bagatellisierung und Ursachenzuschreibungen an andere beanspruchungsmindernd wirken.

- Die Fokussierung der Aufmerksamkeit auf ein Problem ist adäquat, wenn eine Bewältigungschance besteht und wenn das Problem aufgrund seiner persönlichen Wichtigkeit diese Aufmerksamkeit verdient. Der Aufwand verstärkter Aufmerksamkeit ist bei „Peanuts“ zu hoch und hindert an der Bewältigung wichtigerer Probleme.

Erfreuliche, die Beanspruchung optimierende Emotionen

„Willst Du immer weiter schweifen?
Sieh, das Gute liegt so nah.
Lerne nur das Glück ergreifen:
Denn das Glück ist immer da.“
(Goethe, Erinnerungen)

Wohlbefinden

Wohlbefinden entsteht einerseits durch adäquate Beanspruchung und fördert andererseits richtiges Beanspruchungsverhalten. Es kann als Indikator für Lebensqualität herangezogen werden und ist mittlerweile über die körperliche und geistige Funktionstüchtigkeit hinaus als eigenständige Komponente der Gesundheit akzeptiert. Dies drückt sich unter anderem in der Definition von „gesund“ seitens der Weltgesundheitsorganisation (well-beeing) aus.

Lust

Die Fähigkeit, Lust zu empfinden und zu genießen, ist für die Beanspruchungsoptimierung unverzichtbar. Es ist typisch für Personen mit Typ-A-Verhalten, daß sie ihren Erfolg gar nicht genießen können. Wenn sie kurz vor dem Ausbrennen sind, wissen sie zwar kognitiv um die Notwendigkeit, etwas schön finden zu müssen, können es aber nicht im unmittelbaren Erleben der Lebenswelt. Ein Top-Manager, der wirklich nur für seine Arbeit lebte, berichtete nach der Rückkehr von einer Reise, die der Autor als sein Coach empfohlen hatte, angesichts eines gewaltigen Naturschauspiels hätte er zu sich selbst gesagt: „Eigentlich müßtest Du das jetzt schön finden". Hier ist also die spontane Genußfähigkeit verlorengegangen.

Lust hat evolutionsbiologisch gesehen Funktionen im Sinne der Erfüllung von Grundbedürfnissen wie Sexualität, Hunger, Durst. Sie hat darüber hinaus aber die Qualität der Sinnlichkeit und des Bedürfnisses nach bestimmten Sinneseindrücken (Tunner, 1978). Tasten, Schmecken, Hören, rhythmische Bewegungen füllen das ganze Bewußtsein aus. Nicht ohne Grund gibt es in der Reihe der Depressionstherapien die „kleine Schule des Genießens" (Lutz, 1983).

Je bewußter Lust und Genuß „im Kopf" vorbereitet werden, um so stärker können sie erlebt werden. Dies gelingt um so eher, je entspannter der Körper ist.

Freude

Freude ist im Gegensatz zur Lust allgemeiner, weniger an Körperlichkeit gebunden und auf einem höheren Bewußtseinsniveau lokalisiert. Echte Freude ist nicht instrumentell, bewußt eingesetzt oder durch Motive veranlaßt (Csikszentmihalyi, 1985). Aus Freude lächelt man „einfach so" oder weil ein Wunsch in Erfüllung ging oder gehen könnte (Vorfreude).

Als häufigste Anlässe für Freude wurden drei Bereiche gefunden (vgl. Mayring, 1991): angenehme wirtschaftliche Situation, Gesundheit und gute soziale Beziehungen (Partnerschaft, Kinder, Freundschaft).

Alte Volksweisheiten haben viel Substanz, nicht nur was die Beanspruchungsoptimierung anbetrifft. „Lachen ist gesund" findet auch seine empirische Bestätigung. Humor und Lachen auf Grund von Witzen lösen Freude aus, oft durch die Unerwartetheit, die Pointe, übrigens verbunden mit Vorfreude.

Entspanntheit

Entspanntheit ist stark situativ gebunden und betrifft sowohl die körperliche Muskelrelaxation als auch das Gefühl der Leichtigkeit und Ruhe, des Frei-von-Pflichten-Seins, des Loslassen-Könnens und des Nicht-Gestreßt-Seins. Angst (bzw. Streß) und Entspannung gehen nie zusammen. Wer Angst hat, ist immer gespannt. Wer entspannt ist, hat keine Angst.

Alle Entspannungstechniken basieren auf diesem Naturgesetz. Die wichtigsten Entspannungstechniken sind:

- *die progressive Muskelrelaxation,* das heißt die schrittweise Anspannung und Lösung von Muskelpartien (nach Jacobson);
- *das Autogene Training* (nach Schulz) als erzeugte Vorstellung von Wärme und Schwere in bestimmten Körperpartien;
- *die (transzendentale) Meditation* als Konzentration auf einen bestimmten Gedanken, einen Punkt oder auch nur das bewußte völlige Loslassen der Gedanken;
- *das Biofeedback:* Anzeichen für körperliche Entspannung werden über technische Apparaturen hörbar und/oder sichtbar gemacht, so daß sich im Gehirn eine Rückkopplungsschleife ergibt, die einen erwünschten Abschaukelungsprozeß in Gang setzt. Beispielsweise sehe ich auf einem Monitor meine Herzrate, suggeriere meinem Herzen „schlage langsamer“, sehe, daß dies funktioniert und anschließend schlägt es noch langsamer.

Entspannung ist das entscheidende Mittel gegen Fehlbeanspruchung, das willentlich von der betroffenen Person einsetzbar ist.

Zufriedenheit

Zufriedenheit als entspanntes, ruhiges, angenehmes Gefühl des „Geschafft-Habens“ entsteht zunächst aus einem kognitiven Vergleichsakt zwischen Angestrebtem und Erreichtem. Es handelt sich um ein eher langfristiges Gefühl auf der Basis positiver Erfahrungen. Diese Zielvergleiche können dazu führen, daß die eigene Zufriedenheit genossen wird. Sie können aber auch eine Erhöhung des Anspruchsniveaus zur Folge haben. „ Je mehr er hat, je mehr er will, niemals steht der Ehrgeiz still“. Zufriedenheit kann aber auch im Sinne einer „resignativen Zufriedenheit“ in seiner Senkung des Anspruchsniveaus bestehen (Bruggemann et al., 1975). „Man muß mit dem zufrieden sein, was man hat“.

Die Zufriedenheit kann sich auch an sozialen Bezugsgruppen orientieren. Unter diesem Aspekt wäre sie das Gegenteil von Neid.

Zufriedenheit kann sich auch in Richtung Perfektionismus auf einen inneren Maßstab beziehen (vgl. Mayring, 1992). Diese Art von Selbstbeanspruchung erschwert es der betreffenden und „betroffenen“ Person unter dem Kopfschütteln anderer loszulassen. Zwanghafte Charaktere, die Bleistift und Lineal an der Tischkante ausrichten, neigen leicht dazu, auch die eigene Lebensqualität entsprechend zu knebeln. Rationalisiert wird dieses Verhalten mit dem Begriff „Selbstdisziplin“. Zur Beanspruchungsoptimierung gehört auch ganz wesentlich, sich ab und zu (allerdings nur ab und zu) einmal ein wenig „gehen zu lassen“.

Glück

Glück ist sicherlich als Lebensqualität „pur“, als das positive Gefühl im Extrem anzusehen. Gemeint ist natürlich nicht das statistische Lottoglück, sondern das Glücksempfinden, etwa im Sinne der Erfüllung und der „happiness“ im Amerikanischen. Das Gegenteil von Lottoglück ist Pech. „Wenn einer Pech hat, dann hat er nie Glück“. Das Gegenteil des Glücksempfindens ist Unglücklich-Sein. Ein Unglück, etwa als Verkehrsunfall, als unverschuldete Krankheit, hat von beidem etwas.

Glückserleben wird als Überschwenglichkeit, höchste Freude und Aufgehen in diesem Gefühl beschrieben, das zu höchster Spontaneität beflügelt. Glück wird als harmonisch und aufwühlend zugleich, hoch sensibel für den Grund des Glücks und alles andere völlig ausfilternd erlebt. Glück hängt eng mit anderen positiven Emotionen wie Freude, Zufriedenheit, Lust, Entspanntheit, Liebe und Zuneigung aber auch ästhetischen Genüssen etwa in der Natur, der Kunst und Kultur zusammen.

Der Autor versteht Glück unter anderem gestützt auf die Ergebnisse einer Befragung von 128 Managern oberer Hierarchieebenen im Gegensatz zu der kognitiven Zufriedenheit als eine oft irrationale evidente Emotion des „das ist es“ oder der Augenblicke des Clowns bei Heinrich Böll. In den „Ansichten eines Clowns“ fragt der ältere, „vernünftige“ Bruder den Jüngeren „unvernünftigen“, der sich das Gesicht weiß anmalt und mit seiner Gitarre vor dem Bahnhof singt: „Was willst Du eigentlich?“ Dahinter steckt wohl die alte ontologische Frage des Seins in der Philosophie, die Sinnfrage. Der Clown antwortet schlicht: „Ich sammle Augenblicke.“ Diese Augenblicke als Glücksmomente dürften die kostbarste Emotion sein. Im übrigen entspricht dem zumindest teilweise ein Befund von Freedman (1978, zit. in Mayring, 1991), der fast 10 000

Interviews zur Frage des Glücksverständnisses führte. Als Ergebnis wurden drei Kategorien erarbeitet. Die erste faßt unter Glück die Momente der Freude, der Erregung und Lust zusammen, die zweite die des Seelenfriedens und die dritte die beider Kategorien. Allerdings kann Glück im Sinne des „stillen, beschaulichen Glücks" durchaus kontemplative Aspekte haben. Glück kann ohne Bezug auf die jeweiligen gesellschaftspolitischen und kulturphilosophischen Werte kaum definiert werden. Bei Plato und Aristoteles stand noch die Tugendhaftigkeit im Vordergrund. Der Stoiker Seneca stellt Glück als ein Leben im Einklang mit der Natur in den Vordergrund. In der Aufklärung, etwa bei John Locke (1632–1704) wird Glück als Maximum an Lust und Vergnügen gesehen. Rousseau (1712–1778) versteht Glück als ein In-Sich-Ruhen mit einem guten Gewissen und den Glauben an eine Gerechtigkeit.

Vorstellungen vom Glück fließen immer wieder in gesellschaftspolitische Konzeptionen ein. So bekennt sich die materialistische Philosophie zum sinnlichen Glück, lehnt aber den Hedonismus als kapitalistische Ausbeutung ab. Im Hedonismus eines Bentham (1748–1832) hatte man Glück im Sinne von Gewinn, Lust, Vorteil definiert und empfohlen, als Basis allen politischen Handelns diese Art von Glück allen Menschen zugänglich zu machen.

Ganz anders dachte Kant (1724–1804), der als Experte für Vernunft Glückseligkeit zwar als verständliches Verlangen der Menschen, nicht aber als Basis für eine vernünftige Handlungsorientierung ansah. Der Mensch müsse sich durch moralisches Handeln (siehe den kategorischen Imperativ) für Glück erst als würdig erweisen. Handlungsziel könne nur das Glück von anderen sein. Dennoch sei Glückseligkeit der letzte „Naturzweck" des Menschen.

Selbst in der moderneren Theologie versucht man dem diesseitigen Glück wieder etwas mehr Aufmerksamkeit zu schenken in der Erkenntnis, daß die menschliche Natur immer wieder durchbricht. Das von Gott als Gnade geschenkte Heil bei Luther, auf das man nicht hinarbeiten könne, tritt heute etwas stärker in den Vordergrund. Dennoch wird Glück als Gabe oder Gnade Gottes gesehen, auf die man keinen Anspruch habe. Man muß eben Glück haben. Ein Glücksbegriff, der Lust, Genuß, Triebbefriedigung und derartiges Teufelszeug beinhaltet, trägt nicht zum moralischen Handeln im Rahmen einer christlichen Ethik bei.

Welche Fehlbeanspruchungen die jeweiligen unterschiedlichen Vorstellungen von Glück erzeugen können, mag man beispielhaft an der Problematik der Gesetzgebung zur Abtreibung erkennen.

Glück hat physiologische Korrelate. Die alte Weisheit des gesunden Geistes in einem gesunden Körper hat ihre Berechtigung und sollte um die gesunde Psyche erweitert werden. Schon hier wird eine ganzheitliche Sicht von Glück deutlich. Isolierungen, die oft versucht wurden, helfen hier kaum weiter. Die unmittelbaren Zusammenhänge zwischen Glücksempfinden und Körperlichkeit und der daraus resultierenden Gesundheit sind evident.

Recht beanspruchend kann es auch sein, beruflich bedingt dauernd glücklich wirken zu müssen. Die bunt angestrichenen „glücklichen" Kühe einer Schokoladenmarke mögen es verkraften. Aber bestimmte Dienstleistungsberufe wie etwa Telefonvermittlerinnen in Unternehmen, Stewardessen, Kellner oder Verkäufer müssen Emotionen „verkaufen" (Gerhards, 1988).

Konsequenzen für das tägliche Leben

- Gefühle verursachen Fehlbeanspruchungen und werden zugleich durch sie ausgelöst. Sie werden in einer Lebenswelt unmittelbar erlebt, die im Falle positiver Gefühle reine Lebensqualität bedeutet, jedoch im Falle negativer Gefühle den Organismus schädigt.
- Die Erklärung und der Stellenwert von Gefühlen sehen in unterschiedlichen Kulturen recht unterschiedlich aus.
- Zur Beanspruchungsoptimierung gilt es, soweit möglich negative Gefühle wie Haß, Neid, Eifersucht, Ärger und Angst zu meiden. Umgekehrt sollten positive Gefühle wie Freude, Humor, Liebe, Glück, Zufriedenheit soviel als möglich erzeugt bzw. gefördert werden. Dies ist in Grenzen durch entsprechende Einstellungen möglich.
- Emotionale Schemata kanalisieren als Erlebensraster die Wahrnehmung.

- Die meisten Gefühle treten sowohl als Zustandsgefühle in aktuellen Situationen als auch im Sinne von Wesensgefühlen als Neigung, verstärkt mit ihnen zu reagieren, auf. Diese Verfestigungen sind im Falle negativer Gefühle soweit möglich zu vermeiden, im Falle positiver Gefühle soweit möglich zu fördern.
- Haß kann durch die Entwicklung anderer Systemsichten vermindert werden. „Wie ginge es mir, wenn ich als Ausländer in einem fremden Land nicht gelitten wäre?“
- Neid wird durch Förderung des eigenen Selbstwertgefühls reduziert.
- Mißmut und Niedergeschlagenheit entstehen durch Über- oder Unterbeanspruchung.
- Schuldgefühle entstehen, abgesehen von Fehlverhalten, durch Setzen zu hoher Ziele.
- Einsamkeit fördert Fehlbeanspruchungen, vor allem Unterforderungen. Umgekehrt ist soziale Unterstützung eine der stärksten Streßminderungskomponenten.
- Langeweile sorgt aufgrund der Perspektiv- und Sinnlosigkeit ebenfalls für Unterbeanspruchung.
- Der schädlichste Ärger ist der hineingefressene, der zweitschädlichste der hinausgeschrieene Ärger. Ärger muß kontrolliert artikuliert werden.
- Angst ist die zentrale überbeanspruchende Emotion und entsteht umgkehrt auch durch Überbeanspruchung. Zahlreiche verschiedene Angstkonzepte beinhalten das Axiom „Angst und Entspannung gehen nie zusammen“. Wie bei den meisten Gefühlen ist es sinnvoll, die Zustandsangst von der Wesenszugsangst (Ängstlichkeit) zu unterscheiden. Zustandsangst ist ein lebenswichtiges verhaltensregulatives Gefühl sofern sie in die Situation hineinpaßt. Wesenszugsangst im Sinne von Ängstlichkeit, also der Neigung auch verallgemeinert in unpassenden Situationen Angst zu haben, ist einerseits ein Symptom der Überbeanspruchung, andererseits entsteht sie aber durch permanenten Streß. Angst hängt sehr stark von den jeweiligen Einstellungen und Erklärungsmechanismen ab.

Es gibt zahlreiche Psychotherapien zur Behandlung der Angst, die unterschiedlich effektiv und effizient sind. Derzeit scheint eine Mischung aus Verhaltenstherapie, Gesprächspsychotherapie und kognitiver Therapie, eventuell auch emotiver Therapie, am vielversprechendsten. Verschiedene Strategien zur Angstbewältigung werden im obigen Text beschrieben.

- Erfreuliche Emotionen wie Freude, Glück, Zufriedenheit, Humor und Genießen-Können sind entscheidend für eine gelungene Beanspruchungsoptimierung. Forschungen im Rahmen der Psychologie des Glücks belegen, daß diese höchste Form der Lebensqualität in jedem Falle gesund ist und Beanspruchungsprozesse in günstiger Weise kanalisiert. Umgekehrt ermöglicht eine gelungene Beanspruchungsoptimierung das Empfinden von Glück, Freude, Lust. Fehlbeanspruchte Menschen leben kaum bewußt genießend in ihrer Lebenswelt. Sie sind so „verkopft" und auf „Effizienz getrimmt", daß sie nur noch in ihrer Geisteswelt rational reflektieren, „eigentlich müßte ich hier Glück empfinden". Sie sind gar nicht mehr zum unmittelbaren Glücksempfinden fähig.

6. Der Umgang mit Motivationen

„Wer wenig bedarf, der kommt nicht in die Lage, auf vieles verzichten zu müssen.“
(Plutarch)

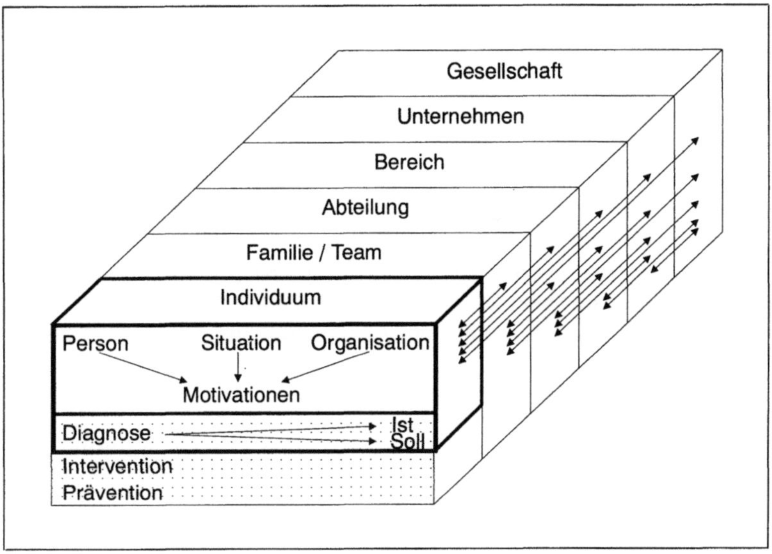

Abbildung 6.1: Betrachtung der individuellen Motiviation im Hinblick auf die Beanspruchung

Gedanken und Gefühle stehen in unmittelbaren Zusammenhängen mit unseren Motivationen. Vor allem unsere Leistungsmotivation führt im Rahmen unserer Leistungsgesellschaft leicht zu Fehlbeanspruchungen in beide Richtungen. Es ist sinnvoll, zwischen Motiv und Motivation zu unterscheiden. Der Begriff „Motiv“ bezeichnet eine relativ stabile Neigung einer Person. Verschiedene Motive lassen sich unterschiedlich klassifizieren, zum Beispiel nach angeboren oder erlernt, inhaltlicher Ausrichtung wie zum Beispiel Leistung oder Macht, nach bewußt oder unbewußt, Intensität und Generalisierung oder rhythmischem und unregelmäßigem Verlauf.

Der Begriff „Motivation“ bezeichnet die Anregung in einer definierten Situation, die zur Aktivierung der jeweiligen Motive führt. Die Motivation erklärt die Richtung, die Stärke und die Dauer des Verhaltens, wenn man die Fähigkeiten, das Aufgabenverständnis und Umgebungseinflüsse konstant hält (vgl. Campbell & Pritchard, 1976). Somit resultiert die Motivation aus der dynamischen Wechselwirkung zwischen einer Person mit ihren übergreifenden Motiven und einer Situation, die Anreize zur Aktivierung dieser Motive bietet. Natürlich spielt hier auch das jeweilige Anspruchsniveau eine entscheidende Rolle. Bei zwei Personen mit gleichen Motiven kann dieselbe Situation bei dem einen zu einer Motivation und entsprechendem Handeln führen, bei dem anderen nicht, weil er aufgrund seiner andersartigen Ansprüche diese Situation anders bewertet. Unser besonderes Problem besteht darin, daß nicht nur unsere Ansprüche mit wachsendem Wohlstand steigen, sondern uns auch der Ehrgeiz zu immer höher gesetzten Zielen treibt. „Je mehr er hat, je mehr er will, niemals steht der Ehrgeiz still“. Diese Spirale wird selten mittels weiser Selbstbeschränkung beendet. Meist werden wir durch abnehmende Kräfte oder das Umfeld in unseren Ansprüchen und unserem Ehrgeiz „zwangsweise“ begrenzt.

Es existieren zahlreiche Listen mit arbeitsrelevanten Motiven. Für die Beanspruchung besonders wichtig dürften in Anlehnung an Rüttinger et al. (1974) die folgenden sein:

- *extrinsische Arbeitsmotive* wie Geldbedürfnis, Konsumbedürfnisse, Sicherheitsbedürfnisse, Geltungsstreben;
- *intrinsische Arbeitsmotive* wie Bedürfnis nach Tätigkeit, Leistungsmotivation, Machtbedürfnis, Bedürfnis nach Sinngebung und Selbstverwirklichung.

Bezüglich der Beanspruchungsoptimierung sollten wir unsere Aufmerksamkeit folgenden Phänomenen zuwenden:

- Anspruchsverschiebungen: Dinge, die gestern noch Glücksgefühle in uns ausgelöst hätten, sind heute Selbstverständlichkeit und erfüllen uns morgen mit Unzufriedenheit.

- Uns wohnt eine „Sucht“ nach Steigerung inne. Ähnlich wie beim Alkohol mindert Gewöhnung den Genuß und wir brauchen immer stärkere Dosen, um den gewünschten Effekt zu erzielen.

- Wir verfeinern unsere Wahrnehmung, sobald die groben Wünsche erfüllt sind. Wer endlich sein Häuschen hat, das er sich sehnlichst gewünscht hat, fängt nach einiger Zeit der Gewöhnung beispielsweise an, die Türklinken auszutauschen, die Einbauküche zu ergänzen usw. Das erträumte Auto wird nach einem Gewöhnungseffekt peu à peu „nachgebessert".

- Es gibt Dinge, von denen wir nie genug bekommen können, weil sie einer für die Beanspruchung zentralen Größe dienen, dem Selbstwertgefühl. Anerkennung, Geld, Macht, Prestige und Ehre fördern unser Selbstwertgefühl und geben unserem kurzen Leben einen (vermeintlichen) Sinn.

- Wir bewerten uns selbst nicht absolut, sondern immer im Vergleich mit anderen. Dies ist auch der Grund, weshalb eine Gehaltserhöhung nicht halb soviel wert ist, wenn sie mein Konkurrent auch bekommt. Hier liegt auch die Attraktivität von Orden oder Titeln.

- Wir haben ein grundsätzliches Erklärungsbedürfnis bezüglich unserer Existenz. Ein schönes Bild von Paul Gauguin drückt die zentrale philosophische Basisfrage nach dem ontologischen Sein des Menschen aus: „Woher kommen wir, wer sind wir, wohin gehen wir?"

In einem regulatorischen Ansatz zur Erklärung menschlicher Motivationen geht Kastner (1994) davon aus, daß wir grundsätzlich über zwei qualitativ völlig untschiedliche Motivarten verfügen, und zwar die homöostatisch und die iterativ geregelten Motive. In diesem Ansatz wird besonderer Wert auf die Klärung der Fragen zu den Anspruchsverschiebungen und unvernünftigen Verhaltensweisen gelegt.

Bei den homöostatisch geregelten Motiven erfolgt eine permanente Rückkopplung auf Basislinien (vgl. Abbildung 6.2, Seite 152).

Wenn ich beispielsweise Hunger habe, koppelt mein Organismus von unten auf die Basis-Linie einer adäquaten Hunger-Sättigungs-Relation zurück. Wenn ich zuviel gegessen habe, erfolgt die Rückkopplung von oberhalb der Basislinie. Entscheidend ist, daß bei homoöstatisch geregelten Motiven eine objektive und subjektive Sättigung erfolgt. Wer nach dem Motto lebt: „Den Zustand satt kenne ich nicht. Entweder ich habe Hunger oder mir ist schlecht", der oszilliert in großen Bögen um die

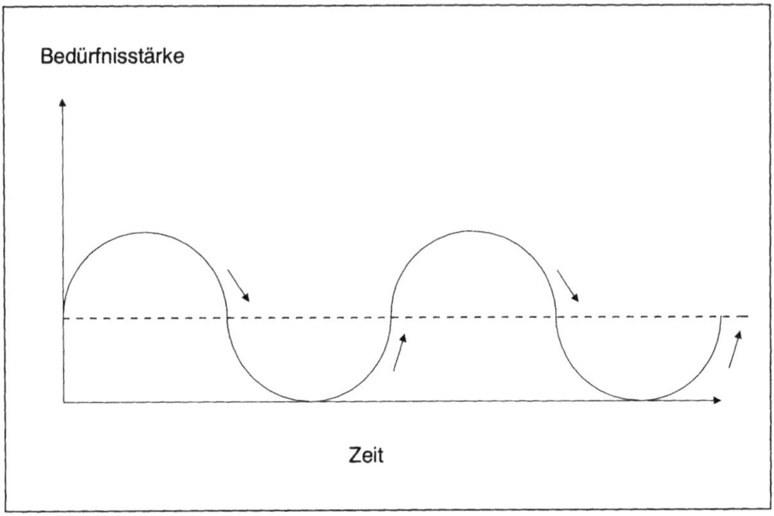

Abbildung 6.2: Homöostatisch geregelte Motive

Basislinie. Wer aber vernünftigerweise auf seinen Körper hört, nur ißt, wenn er Hunger hat, und aufhört, wenn er satt ist, der oszilliert in kleinen Schwüngen um die Basislinie. Dies ist der Grund, für das gesunde Eßverhalten in dem Sinne, daß man mehrere kleine Mahlzeiten am Tag zu sich nimmt.

Gemäß diesen homöostatischen Prinzipien der Fließgleichgewichte „funktionieren" natürlich in besonderer Weise die physiologischen Bedürfnisse nach Nahrung, Schlaf, Sexualität. Aber auch einige soziale Bedürfnisse wie zum Beispiel das Geselligkeitsbedürfnis werden so reguliert. Wenn ich mich einsam fühle, suche ich Kontakt. Wenn mir zuviel Leute auf die Nerven gehen, suche ich die Stille.

Fehlbeanspruchungen im Bereich der homöostatisch geregelten Motive sind durch Disziplin und Besinnung auf den eigenen Körper relativ leicht in den Griff zu bekommen.

Sehr viel schwieriger ist dies bei den iterativ geregelten Motiven. Iterativ bedeutet, daß nicht auf eine stabile Basislinie mit dem jeweiligen Ergebnis „satt" zurückgekoppelt wird, sondern auf das, was vorher und zuletzt war.

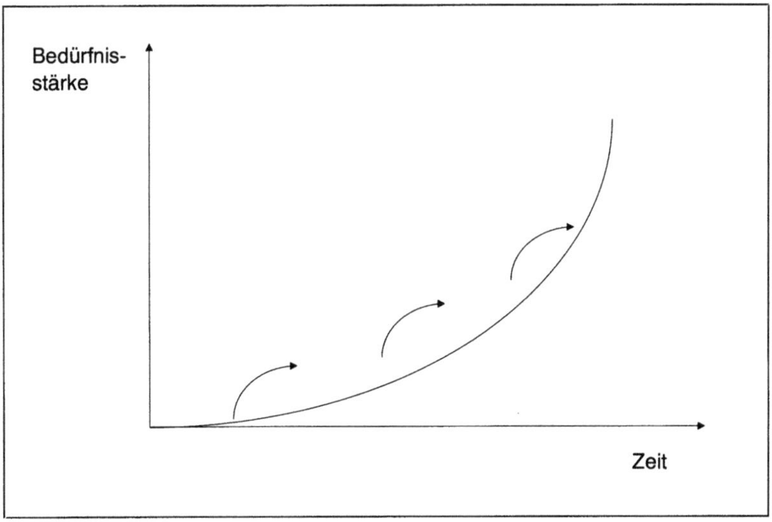

Abbildung 6.3: Iterativ geregelte Motive

Welche Motive werden nun iterativ geregelt (vgl. Abbildung 6.3)? Alles, was mit dem Selbstwertgefühl zu tun hat: Macht, Einfluß, Ehre, Geld, Prestige, kurz alles, was Bedeutung und Reichtum verspricht. In diesen iterativen problematischen Motiven zur Erhöhung des Selbstwertgefühls liegt der zentrale Schlüssel zu unserer Überbeanspruchung.

Die Frage ist, ob das Bedürfnis nach Glück oder auch das Bedürfnis nach Sinn und Harmonie nicht auch höchst sinnvolle iterative Motive sind. Oder bestehen das „wahre" Glück und der „wahre" Sinn in der Bescheidung, in der wiederholten Einschwingung auf Basislinien?

Wenn wir das Kriterium der Systemverträglichkeit akzeptieren, dann können wir eigentlich nur zu dem Schluß kommen, daß die Selbstbegrenzung eine zentrale Größe ist und daß wirkliche Beanspruchungsoptimierung nur durch Konzentration auf Qualitäten erreichbar ist. Quantitatives Wachstum kostet immer irgend etwas. Wir müssen für uns bestimmen, was wir zu zahlen bereit sind.

Dazu müssen wir Vorstellungen von unserem zukünftigen Leben entwickeln, Visionen eines glücklichen und gesunden Lebens mit den Inhalten, die wir für wünschenswert halten. Wer nicht träumt, entwickelt auch keine prägnanten inhaltlichen Ziele. Diese Fähigkeit zum Träumen geht uns allzu leicht im täglichen Streß verloren.

Visionen

> *„I have a dream ...“*
> (Martin Luther King)

In etlichen Ansätzen des neuen Denkens (etwa Capra, 1987, 1988; Vester, 1985, 1987) verschiedenen Systemtheorien etwa in der Soziologie im neurophysiologischen und -psychologischen Bereich (zum Beispiel Maturana & Varela, 1987; v. Foerster, 1985) oder in der Ökologie wird immer wieder die Bedeutung von Visionen einer „heilen“ Welt betont. Dies gilt auch für unsere persönliche Zukunft.

Visionen müssen im Kontext von Sinnstiftung und Integration in die verschiedenen sozialen Systeme wie zum Beispiel die Familie gesehen werden. Der immer wieder zitierte Satz Saint Exuperys, indem er darauf verweist, daß es viel wichtiger ist, die Sehnsucht nach dem Meer zu verstärken als handwerkliche Geschicklichkeiten, wäre hier einzuordnen.

Jeder Mensch fragt irgendwann nach dem Sinn des Lebens, der Arbeit etc. In einigen Berufen ist diese Frage leichter zu beantworten als in anderen. Personen in helfenden Berufen fragen selten nach dem Sinn ihres Berufes. Er ergibt sich von selbst in unserer Kultur, in der es immer als sinnvoll gilt, zu helfen.

Visionen müssen von den Betroffenen zumindest mitentwickelt werden, und sic müssen für jeden einen persönlichen Sinn machen, das heißt mit seinem Ziel- und Wertesystem grundsätzlich kompatibel sein. Die Besonderheiten des Wertewandels wie der Rückgang der preußischen Tugenden etc. dürften mittlerweile als bekannt vorausgesetzt werden.

Bezogen auf die Beanspruchung sind vor allen Dinge folgende Werte von Bedeutung (vgl. auch Urbaniak, 1991):

Freiheit und Initiative	**Abhängigkeit und Streß**
Im Bereich des persönlichen Lebens	
Initiative als Herausforderung Positives Denken Optimismus Eigenkontrolle Genießen Lebenserfolg	Streßerleben Permanente Befürchtungen Pessimismus Fremdkontrolle Sich opfern Geringe Risikobereitschaft
Im Bereich der Familie	
Freier Ausdruck Freies Handeln Dinge ernstnehmen Konfliktlösungen	Konflikte Unruhe, Zwänge Sorgen Überbeanspruchungen
Im Arbeitsbereich	
Offenheit Identifikation Selbstbestimmung	Zeitdruck Konflikte Tüchtigkeit

Tabelle 6.1: Für die Beanspruchung wesentliche Werte und Nöte

Generell sollten Personen, die frei und eigeninitiativ ihr Leben steuern, ihre Konflikte besser lösen und auch gesünder bleiben. Sie sollten zudem im betrieblichen Bereich stärker selbstbestimmt arbeiten, eher gehaltsorientiert sein und sich stärker mit ihrer Firma identifizieren.

Weniger erforscht ist das Gebiet der ordnenden Ideologien. Sie bieten Ordnung und Sinn. Und solange man sich in einem gleichgläubigen sozialen System, also unter Seinesgleichen, befindet, bestätigt man sich permanent die Richtigkeit der eigenen Anschauung. Dies macht sicher, schafft kognitive Konsonanz, verführt aber zum Verharren in Systemen gleicher Denkungsart. Da wir aber als Basis von Innovation und Kreativität heterogene Denkmuster brauchen, könnten verschiedenartigste Visionen dazu beitragen, andere Denkhorizonte aufzureißen und ideologische Verkrustungen zu überwinden.

Zielsetzung

„Für die Beanspruchungsoptimierung ist der Weg das Ziel."

Visionen müssen in konkrete Ziele umgesetzt werden. Dies ist der Schritt vom „Träumen" zum Planen und zugleich der erste Akt der Handlungssteuerung.

Ziele haben verschiedene Funktionen (vgl. auch Hacker, 1986):

- Ziele haben Anreizfunktion, das heißt, sie stimulieren den Handelnden, konkret das Gewollte in die Tat umzusetzen, sich zu bewegen, die eigene Trägheit zu überwinden. Wer keine Ziele hat, ist schon morgens wenig motiviert überhaupt das Bett zu verlassen.
- Die bei der Zielsetzung bzw. Zielvereinbarung erhobenen Ansprüche weisen Beziehungen zur Leistung auf. Je höher die Ziele sind, um so besser wird die Leistung, sofern diese Ziele noch als einigermaßen erreichbar angesehen werden (Locke & Latham, 1990). Dieser Leistungsanstieg ist bei leichteren Aufgaben steil, aber vergleichsweise gering, wenn man sich ohnehin auf einem hohen Aufgabenniveau bewegt. Das heißt, auf einem relativ hohen Dauerniveau entsteht ein Deckeneffekt kaum noch zusätzlich aktivierbarer Reserven.
- Ziele beeinflussen die Art, die Richtung, die Intensität und die Ausdauer eines bestimmten bewußten Verhaltens. Die Ausdauer hängt vor allem von der persönlichen Wichtigkeit und vom Grad der Zielbindung ab.
- Ziele sind aus gegenwärtiger Sicht „im Kopf vorweggenommene" zukünftige Handlungsergebnisse. Mithin muß irgendwann in der Zukunft überprüft werden, ob das, was man „damals" gewollt hat, auch wirklich erreicht wurde. Wenn ja, ist es kein Ziel mehr, sondern Realität.
- Ziele dienen der Erreichung oder der Erhaltung eines Sollzustandes. Dörner (1989) unterscheidet zwischen: Anstrebungs- und Vermeidungszielen; allgemeinen oder spezifischen Zielen; klaren und unklaren; einfachen oder mehrfachen; impliziten oder expliziten Zielen.

Diese Unterscheidungen sind für die Beanspruchungsoptimierung wichtig. Bei einem positiven Ziel will ich etwas erreichen, was ich jetzt noch nicht habe. Bei einem negativen Ziel will ich etwas vermeiden, oder ich möchte, daß etwa Bestehendes anders wird.

Wir sind um so eher motiviert, Ziele konkret zu definieren, je eher und farbiger wir Visionen einer anderen persönlichen Welt entwickeln und je stärker wir diese in unseren persönlichen Sinngehalt, also unsere Vorstellungen zu der Frage „woher kommen wir, wer sind wir, wohin gehen wir?“ einbetten.

Warum tun wir nicht das, was wir tun wollen?

„Lippen spitzen genügt nicht, es muß auch gepfiffen werden.“

Zur Beanspruchungsoptimierung gehört, daß der mangelhafte Zusammenhang zwischen Denken und Tun erhöht wird.

„Der Geist ist willig, aber das Fleisch ist schwach“. Wer hat dieses Phänomen nicht schon verflucht und genossen?

Wir entwickeln Intentionen, das heißt, langfristige Absichten, unsere Beanspruchung zu reduzieren und etwas für unsere Gesundheit zu tun. Dies geschieht meist, wenn der augenblickliche Gesundheitszustand nicht zufriedenstellt. Man möchte einen gewünschten Gesundheitszustand realisieren und muß sich diesbezüglich anders verhalten, sein Verhalten modifizieren (Modifikationsmaßnahmen). Eine präventive Handlungsintention entsteht, wenn ich momentan mit meiner Gesundheit zwar im wesentlichen zufrieden bin, aber glaube, zur Vorbeugung gegen normale Alterungsprozesse oder kommende Umweltbedingungen vorausschauend aktiv werden zu müssen. Dazu gehören beispielsweise Impfungen und Trainings, wenn man einen Himalaya-Urlaub verbringen will oder aber auch „nur“ das Anlegen des Sicherheitsgurtes im Auto oder die Krebsfrüherkennung. Hier handelt es sich um Stabilisationsmaßnahmen.

Im Falle der kompensatorischen (reparierenden) Handlungsabsichten werden also Modifikationsmaßnahmen ergriffen, im Falle der präventiven Handlungsabsichten geht es um die Stabilisierung von Verhalten. Da wir meist nur unter entsprechendem Leidensdruck etwas für unsere

Gesundheit tun wollen, wenn die ersten Schäden eingetreten sind, überwiegen die kompensatorischen Handlungsabsichten gegenüber den präventiven. Reparatur ist immer aufwendiger, mühsamer und teurer als Prävention. Dies wissen wir, und dennoch verhalten wir uns nicht konsequent.

Die Informationen, die uns zur Beanspruchungsoptimierung und zur Gesunderhaltung oft recht detailliert gegeben werden, verarbeiten wir sehr unterschiedlich. Alle möglichen subjektiven Interpretationen verzerren den Realitätsgehalt dieser Informationen. Meist glauben die Menschen das, was sie glauben wollen.

Die Neigung, sich nicht entscheiden zu wollen bzw. den eigenen Handlungsspielraum nicht einengen zu wollen, die sogenannte Reaktanz, spielt auch hier eine Rolle. Wenn durch permanente Ermahnungen, mich auf diese oder jene Weise zu verhalten, meine persönliche Freiheit bedroht erscheint, werde ich möglicherweise erst recht, aus Trotz, das tun, was mir gefällt. Nur so kann ich mir selbst meine Entscheidungsfreiheit bestätigen. Hier spielt hinein, daß man vernünftiges Verhalten selten wirksam verordnen kann, sondern versuchen muß, durch Überzeugung den anderen zu veranlassen, „von selbst und aus eigenem Entschluß" das Richtige zu tun. Idealerweise sollte er den Eindruck haben, er wäre von selbst auf die Idee gekommen.

Vielfach versucht man, uns die Folgen negativen Verhaltens besonders drastisch durch Betonung und besonders bildhafte Beschreibungen nahezubringen. Auch die schrecklichsten Bilder und Filme über krebskranke Raucher nützen wenig, weil es sich dabei ja immer um fremde Personen handelt. Das St.-Florians-Prinzip wird hier nur bestätigt. „Ja den armen Kerl hat es erwischt, aber mir wird dies nicht passieren." Erst wenn die eigene Person bedroht erscheint, ändert sich die Bereitschaft, falsches Verhalten zu unterlassen.

Ein gewisses Maß an Angst kann verhaltensregulierend wirken, aber wenn zuviel Angst entsteht, wirkt dies meist intentionsmindernd.

Das Schüren von Angst, um bei den Betroffenen ein gesundheitsbewußteres Verhalten zu provozieren, macht nur Sinn, wenn zugleich ganz konkrete und konstruktive Verhaltensempfehlungen gegeben werden, was er denn nun im einzelnen tun soll. So wird seine Aufmerksamkeit kanalisiert. Die betreffende Person selektiert nun Informationen anders als früher, macht sich damit ein anderes Bild von sich selbst und ist in der Konsequenz eher zu richtigem Verhalten bereit. Risikogruppen neigen generell dazu, für sie bedrohliche Informationen auszufiltern, um sich nicht noch mehr zu beunruhigen.

Das erwähnte St.-Florians-Prinzip, das heißt, der Eindruck, daß andere Personen einem höheren Risiko unterliegen als man selbst, wird auch als „unrealistischer Optimismus" bezeichnet. Dies erklärt auch ein oft riskantes Autofahren, weil man an das eigene Fahrvermögen und die eigene Unverletzbarkeit glaubt und andere für unfähiger hält. Auch bilden sich viele Raucher ein, sie könnten jederzeit aufhören, wenn sie nur wollten. So fördert man das eigene Selbstwertgefühl, hat keine kognitiven Dissonanzen und kann sich vorerst zumindest weiterhin dem Rauchgenuß hingeben. Der Satz „Ich will heute leben und genießen, wer weiß, was die Zukunft bringt?" kennzeichnet eine Einstellung, bei der der jetzige Genuß höher bewertet wird als die langfristigen Kosten. Etwaige noch vorhandene kognitive Dissonanzen werden durch Bagatellisierung („eine Zigarette mehr oder weniger, andere rauchen Zigarren") oder Leugnung (die Menge der inhalierten Zigaretten wird stark unterschätzt) reduziert.

Wenn unser Raucher nun noch mit seinem Rauchen positive Werte und Klischees wie Genuß, Entspannung, Selbstsicherheit etc. verknüpft, fällt die Bilanz zugunsten des Rauchens aus. Er muß nur noch für die nicht zu leugnenden Erscheinungen andere Gründe als den des Rauchens finden. Die Bronchitis wird auf die Grippe oder die allgemein schlechte Luft geschoben. Und die Aufgabe des Rauchens wird hinsichtlich ihrer negativen Folgen in den schillernsten Farben ausgemalt. Man betont die wahrscheinliche Gewichtszunahme, die höhere Nervosität usw.

Welche Hindernisse stehen denn nun konkret der Umsetzung im Wege?

Eine Intention, etwas für die Beanspruchungsoptimierung zu tun, konkurriert meist mit anderen Intentionen. Die Zeit für meinen Waldlauf brauche ich „eigentlich" für die Vorbereitung eines Vortrages. Man hat meist zuviel vor, und aufgrund der begrenzten Zeit und Kapazität müssen einige Intentionen zurückstehen. Darüber hinaus müssen wir auch, wenn keine konkurrierenden Intentionen vorliegen, für das richtige Verhalten den „inneren Schweinehund“ überwinden. „Eigentlich ist es viel zu kalt, naß und ungemütlich für den Waldlauf“. Die eigene Trägheit steht also dem richtigen Verhalten im Wege. Hinzu kommt, daß dieses zumindest bei einem solchen Wetter mehr Verdruß als Genuß verspricht. Je mehr die unangenehmen Seiten des Waldlaufes in den Vordergrund des Bewußtseins gestellt werden, um so weniger ist einzusehen, daß ich zugunsten eines diffusen Vorteils in der fernen Zukunft jetzt die ganz konkrete Ungemütlichkeit des Waldlaufs in nasser Kälte in Kauf nehmen soll. Wenn diese Gedanken durch meine Frau, die froh ist, mich endlich einmal zu Hause zu haben, unterstützt werden durch eine „vernünftige“ Bemerkung: „Lauf heute doch mal nicht, Du holst Dir nur eine Erkältung“, dann sinken die Chancen des Waldlaufes in die Unwahrscheinlichkeit.

Eine solche Effektkalkulation muß natürlich positiv ausfallen, um kein Hindernis zu sein. Wenn ich meine, der Schaden durch einen Waldlauf – und ein wahrscheinliches Ausrutschen auf glattem Boden – sei höher als der Nutzen, werde ich lieber zu Hause bleiben.

Bewegungsfaulheit oder auch Rauchen haben weiter besonders gute Chancen, wenn sie in Beanspruchungssituationen als entspannend, erleichternd und befriedigend gelten. „Ruh Dich erst einmal aus und trink zu der Zigarette ein Schnäpschen“. Wenn diese Verhaltensweise des öfteren als Belohnung erlebt werden, man entspannt ja wirklich, dann ist ihre gedankenlose Fortführung programmiert.

Zu den beschriebenen personeninternen Hindernissen gesellen sich auch externe Hindernisse. Die frühe Dunkelheit des Winters läßt einen Waldlauf nach Dienst gar nicht zu. Und wenn nun auch eine soziale Unterstützung fehlt, beispielsweise finde ich keine Mitläufer, sondern meine Freunde halten mich für leicht unterbelichtet, wenn ich bei Dunkelheit laufe, wird der Waldlauf leicht auf den Sommer verlegt. Umgekehrt können starke soziale Unterstützung und Vorbilder meine eigenen Bedenken bezüglich des Waldlaufes zerstreuen. Die Wirkungen von Ermunterungen und Bewunderungen („Toll, daß Du auch im Winter den Waldlauf durchhältst“) sind ebensowenig zu unterschätzen wie umgekehrt die Verachtung, wenn man „nicht einmal Manns genug ist, 3 Maß Bier hinunterzukippen“. Auch die bierselige Geselligkeit bewegungsfauler, übergewichtiger und rauchender Personen kann zu dem Eindruck einer Normierung des Verhaltens führen, dem ein Einzelner folgt. Man „macht es halt wie die anderen“ ohne in einer kritischen Einstellung seinen eigenen Weg zu gehen. Dieser würde ja das Risiko bergen, isoliert zu werden. Zudem werden unterhalb der Bewußtheitsschwelle die eigenen Vorstellungen von Wohlbefinden durch das soziale Umfeld gefärbt.

Im krassen Fall können sich vor allem labile und weniger vernunftorientierte Mitmenschen sogar zu äußerst ungesunden und höchst fehlbeanspruchenden Taten zusammenfinden. Aberwitzige Motorradrennen, S-Bahn-Surfen, extremer Drogenkonsum etc. werden als Mittel gegen Langeweile und Unterforderung in der Gemeinschaft exerziert. Die Bestätigung des eigenen Fehlverhaltens durch die Bewunderung der anderen und die Erhöhung des eigenen Selbstwertgefühls, wenn man dabei „Erfolg“ hat verstärken natürlich dieses Verhalten.

Zusammenfassung und Konsequenzen für die Praxis

Vielfach setzen wir nicht das um, was wir „eigentlich“ selbst für richtig halten. Die Gründe dafür liegen teilweise in uns selbst (interne Hindernisse zwischen Wollen und Tun) und in unserer Umgebung (äußere Hindernisse). Unser Handeln besteht in fortlaufenden Entscheidungsprozessen, bei denen die Motivation zur Umsetzung der jeweiligen Verhaltensalternativen in mehreren Abschnitten von den Antizipationen (Vorausgedanken) über die Intention, den Vorsatz, die konkrete situative Absicht bis zur konkreten Aktion betrachtet werden müssen. Je allgemeiner die Intention und weniger konkret der Vorsatz inklusive einer Selbstverpflichtung, um so geringer ist die Chance der Umsetzung. Die inneren Hindernisse zwischen Wollen und Tun bestehen in folgenden Punkten:

- Die jeweilige Absicht konkurriert mit anderen Absichten.
- Eigene Einstellungen und Erwartungen bezüglich der Bedrohlichkeit des falschen Verhaltens und der eigenen Kompetenz in der Umsetzung des richtigen Verhaltens entsprechen nicht der Realität.
- Wir glauben das, was wir in der jeweiligen Situation mit den entsprechenden Befindlichkeiten glauben wollen.
- Ratschläge bezüglich des richtigen Verhaltens bewirken auf Dauer einen Gewöhnungseffekt, so daß man sie nicht mehr hören mag.

- Sie bewirken zudem leicht reaktantes Verhalten, das heißt, weil der eigene Handlungsspielraum eingeschränkt wird, tut man aus Trotz das Falsche.
- Das Denken im „St.-Florians-Prinzip“ („Heiliger St. Florian, steck das Haus des Nachbarn an!“) führt zu Fehleinschätzungen von Risiken. Man glaubt, es träfe immer nur die anderen.
- Übermäßige Angst vor dem falschen Verhalten (zum Beispiel Rauchen) führt zu Blockaden und mindert die Wahrscheinlichkeit richtigen Verhaltens.
- Meist „lohnt sich“ kurzfristig das falsche Verhalten, das sich langfristig rächt.
- Die Alternativen des richtigen Verhaltens werden im Falle der Verordnung weniger motiviert umgesetzt (Reaktanz).
- Je attraktiver die an sich unerwünschten Verhaltensalternativen (zum Beispiel das zu reichhaltige Essen schmeckt gut, der Alkohol entspannt) sind, um so weniger wird das erwünschte Verhalten umgesetzt.
- Fehlende soziale Unterstützung bei dem erwünschten Verhalten oder gar starke soziale Unterstützung bei dem unerwünschten Verhalten („Komm, sei doch nicht so, auf einem Bein steht man nicht, ich trinke einen zur Gesellschaft mit.“) mindert den Zusammenhang zwischen Wollen und Tun.
- Soziale Normierung des falschen Verhaltens bestärkt es (man trinkt eben in Gesellschaft Alkohol). Richtiges Verhalten birgt in diesem Fall die Gefahr der Isolierung.
- Die Abschirmung gegen konkurrierende Intentionen bedarf einer Willensstärke und Disziplin, die uns unter Umständen „unmenschlich“ erscheinen läßt und so Sympathien kosten kann. Dies kann bis zum Neid der anderen, weniger willensstarken Persönlichkeiten gehen.
- Wir sollten uns in einer allgemeinen Selbstverpflichtung festlegen, daß wir weniger unternehmen, dieses aber auch konsequent umsetzen. Es wird erst etwas Neues begonnen, wenn das Alte abgeschlossen oder automatisiert ist.

- Selbstreflexion der eigenen Kognitionen, Einstellungen und Attributionen (Ursachenzuschreibungsmuster) ist permanent erforderlich. Ansonsten neigt man zur Selbstüberschätzung und zum Denken im „St.-Florians-Prinzip“.

- Eine längerfristige Verhaltensplanung muß durch ein entsprechendes Controlling ergänzt werden. Es ist sinnvoll, das, was man sich vorgenommen hat, im Kalender zu notieren und in bestimmten zukünftigen Zeitabständen Überprüfungen einzutragen. Dieses „Wiedervorlagesystem“ mindert die Gefahr des Versandens.

- Jedes Lob und jede Bewunderung sollte dahingehend überprüft werden, ob sie sich möglicherweise auf unerwünschtes Verhalten beziehen. Falscher Rat, falsche Freunde und falsches Lob fördern falsches Verhalten.

- Wir sollten uns selbst belohnen, wenn wir präventive Intentionen in die Tat umgesetzt haben. Zum Beispiel könnte man nach der Vorsorgeuntersuchung gemeinsam etwas Erfreuliches unternehmen. Umgekehrt könnte man sich im jeweiligen sozialen System (zum Beispiel Ehe) darauf einigen, daß man sich jede Wohltat (zum Beispiel gut essen gehen) erst durch eine Präventivmaßnahme zur Gesunderhaltung „verdienen“ muß (zum Beispiel Termin beim Zahnarzt).

- Richtige Alternativen des Verhaltens sollten nicht verordnet werden. Es ist wesentlich effektiver, Einsicht zu erzeugen, sozial zu unterstützen und in Stufen vorhandene Tendenzen zum richtigen Verhalten – und seien sie auch noch so schwach – durch Lob zu verstärken (auch bei sich selbst). Es macht für die Motivation einen riesigen Unterschied, ob ich nach dem ersten Waldlauf zu mir sage: „Mein Gott, Du brichst ja schon nach 300 Metern fast zusammen“ oder ob ich mich freue „Gar nicht schlecht für den Anfang, es muß nur systematisch gesteigert werden.“

- Die Darstellung und Ausmalung des erwünschten Verhaltens und der entsprechenden Lebensqualität ist nach allen Gesetzen der Lerntheorie effektiver als finstere Drohungen. Das Schwärmen von dem Wohlgefühl nach einem Waldlauf ist hilfreicher als der Verweis auf den Herzinfarkt in 20 Jahren.

- Alle Beschreibungen der Gefahren bzw. Freuden, die mit dem falschen bzw. richtigen Verhalten verbunden sind, sollten konkret auf die jeweilige Person bezogen, das heißt nicht anonymisiert sein. „Wie fit, schlank und rank könntest Du sein, wenn Du zweimal in der Woche waldlaufen würdest.“

- Vorbildhaftes Verhalten bedeutsamer anderer Personen und gemeinsame Zielerarbeitungen, die Zielbindungen schaffen, fördern die Umsetzung des gewollten und richtigen Verhaltens.

- Soziale Unterstützung sollte sich immer auf das richtige Verhalten beziehen. Beispielsweise sollte man keinen Alkohol aufnötigen.

- Soziale Unterstützung sollte in Richtung auf das erwünschte, beanspruchungsoptimierende Verhalten Verantwortung schaffen (vgl. Szczesny-Friedmann, 1991). Beispielsweise sollte ein Mitarbeiter, der sich zur Teilnahme an einem Streßbewältigungsseminar abmeldet, vom Chef nicht zu seinen drei Tagen Urlaub beglückwünscht werden. Umgekehrt sollte dieser seinen Mitarbeitern in die Augen schauen, ob sie möglicherweise überbeansprucht sind.

- Organisation und Situation müssen so gestaltet werden, daß das erwünschte Verhalten überhaupt möglich ist. Wenn man zum Waldlauf erst eine Stunde fahren muß, mindert dies seine Wahrscheinlichkeit.

- Beanspruchungsoptimierung und gesundheitsorientiertes Verhalten müssen Spaß machen, als positiv und nicht als Quälerei erlebt werden.

- Die Zeitdauer bis Erfolge zu erwarten sind und die mit den erforderlichen Aktivitäten verbundenen Unannehmlichkeiten sollten offen benannt und besprochen werden, um Frustrationen vorzubeugen.

- Der „innere Schweinehund“ ist in Gesellschaft oft besser zu beherrschen. Wenn sich mehrere Gleichgesinnte zum regelmäßigen Waldlauf zusammenfinden und eventuell sogar unentschuldigtes Fehlen etwas „kostet“ (aber bitte keine alkoholischen Getränke), dann muntert man sich gegenseitig auf.

- Wir können unsere Beanspruchung nur optimieren, wenn wir einigermaßen Klarheit darüber gewinnen, was „uns treibt“.

- Verschiedenste Motive gehören in unterschiedlichen Ausprägungen zu unserer Persönlichkeit. Diese Motive werden aktiviert, je nachdem in welchen Situationen wir uns befinden oder in welche wir uns selbst hineinbringen (Motivation).
- Für unsere Beanspruchung ist das Leistungsmotiv entscheidend, also die Neigung, unsere eigene Tüchtigkeit zu steigern in Gebieten, in denen wir bestimmte Gütemaßstäbe haben.
- In verschiedenen Motivationsmodellen spielen Hoffnung auf Erfolg, Furcht vor Mißerfolg, das Anspruchsniveau, die subjektive Wahrscheinlichkeit, das Ziel zu erreichen, und einige andere kognitive Variablen wichtige Rollen. Zudem sind der Sinn der Arbeit, der individuelle Handlungsspielraum und der Grad der Rückkopplung eigener Handlungsergebnisse wichtige Komponenten der Leistungsmotivation.
- Unsere Überbeanspruchungen ergeben sich unter anderem daraus, daß wir unsere Ansprüche laufend verschieben, also letztlich nie zufrieden sind. Etliche menschliche Motive unterliegen einer iterativen Regulation, das heißt, wir koppeln immer auf das zurück, was war, und sehen uns im Vergleich zu anderen. Der zentrale Inhalt solch beanspruchender Bedürfnisse nach beispielsweise Macht, Prestige, Ehre, Anerkennung oder Geld ist das Selbstwertgefühl. Zur Beanspruchungsoptimierung müssen wir uns diesbezüglich selbst begrenzen.
  Andere Motive werden homöostatisch geregelt, das heißt es wird jeweils auf Basislinien zurückgekoppelt. Hier müssen wir zur Beanspruchungsoptimierung auf unseren Körper hören.
- Die Optimierung unserer Beanspruchung verlangt zunächst Visionen über ein besseres Leben bzw. Verhalten. Nur wenn wir „träumen“ und noch in der Lage sind, Zukunftsentwürfe zu entwickeln, können wir Ziele konkretisieren. Die Art dieser Visionen hängt eng mit unseren ideologischen und Glaubensvorstellungen vom Sinn des Lebens zusammen. Die Funktion dieser Visionen und unserer Werte liegt in den Bereichen der Bindung, der Loyalität, der Identifikation inclusive der Corporate Identity und der Ethik unseres Handelns. Die Art unserer Sinnfindung, Sinnstiftung und Integration in verschiedene soziale

Systeme (Familie, Freunde, Kollegen, Vereine) beeinflußt wesentlich unser Handeln und das, was wir uns vornehmen. Damit sind natürlich Beanspruchungen vorprogrammiert.

- Unsere Visionen, Wertvorstellungen und unser Ethos sind der Humus, auf dem klare Zielvorstellungen gedeihen. Ziele haben verschiedene Funktionen: Handlungsentwurf, Sollwerte idealen Handelns, Anreize, Katalysatoren für die Art und Intensität unseres Leistungsverhaltens, Basis für das, was uns zufrieden oder unzufrieden macht usw.

Teil B

Was tun?

„Es gibt nichts Gutes, es sei denn, man tut es."
(Kästner)

7. Beanspruchungshandeln im Zusammenhang

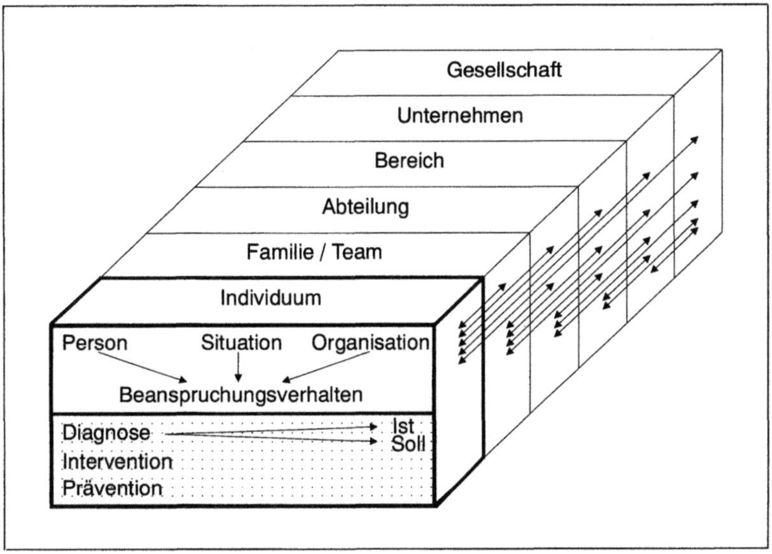

Abbildung 7.1: Betrachtung des individuellen Beanspruchungsverhaltens im Zusammenhang

Wir sind immer beansprucht allein durch die Tatsache, daß wir leben. Somit können wir uns nicht nicht verhalten. Auch im Schlaf verhalten wir uns, wir reden, zappeln usw. Und je nach Traum und innerer Unruhe sind wir unterschiedlich beansprucht.

Wir wollen Fehlbeanspruchungen vermindern und mit weniger Energie- und Zeitaufwand Besseres leisten und zugleich mehr Lebensqualität haben. Dazu müssen wir unsere Steuerungen und Regelungen so aufeinander abstimmen, daß uns insgesamt eine optimale Verhaltensregulation (als Oberbegriff für Steuern und Regeln) gelingt. Inhaltlich würde sich dies in der Lebenskunst ausdrücken. Demnach sollten wir täglich die kunstvolle Wanderung auf einem schmalen Grat bewältigen. Wir müssen einerseits in die Zukunft investieren (zum Beispiel in die Ausbildung), damit wir uns später im Rückblick keine Vorwürfe machen. Niemand möchte wahrscheinlich als frierender Clochard unter den Brücken von Paris mit der halbleeren Wermutflasche in der Hand bedauern, daß er nie etwas Vernünftiges gelernt und ein warmes Zuhause aufgebaut hat.

Andererseits müssen wir täglich bewußt das Leben leben, erleben, genießen, Lebensqualität verinnerlichen, damit wir uns später im Rückblick keine Vorwürfe machen. Wer immer nur geschafft und gerafft, dabei aber nie gelebt und genossen hat, fragt sich unweigerlich eines Tages: „War's das?". Diese typische Midlife-Crisis-Frage hat die unangenehme Eigenart, rhetorisch zu sein. Die Antwort ist klar: „Das war's im wesentlichen", die Jugend ist nicht wiederholbar.

Diese Lebenskunst zu beherrschen, das ist eine Frage der Handlungsregulation, also der des bewußt beeinflußbaren Verhaltens. Mit Hilfe der Beanspruchungshandlungsanalyse (BHA, vgl. Kastner, 1986) wollen wir unser Handeln diagnostizieren, reparieren (Intervention) und vorausschauend besser regulieren (steuern und regeln, Prävention). Dabei unterscheiden wir verschiedene Betrachtungsebenen:

1. als oberste und allgemeinste Ebene die des menschlichen Beanspruchungshandelns;
2. eine Abstraktionsebene tiefer die der Beanspruchungshandlungsbereiche;
3. die relativ konkrete Ebene des Beanspruchungshandlungsgeschehens;
4. die konkrete Ebene der einzelnen Beanspruchungshandlung.

Was letztlich konkret als Einzelhandlung oder Handlungsgeschehen betrachtet wird, ist eine Frage der jeweiligen Systemsicht und des gewünschten Abstraktionsgrades.

Kriterien für unsere Beanspruchungsoptimierungen können sein:

- *Die Effektivität des Handelns,* das heißt die Wirksamkeit. Es ist wirksamer, laut nach dem entfernten Hund zu pfeifen als zu murmeln.

- *Die Effizienz des Handelns.* Meist rechnen wir in Geld und Zeit. Möglich – und eventuell zwecks Beanspruchungsoptimierung zu empfehlen – ist es aber auch, in Lebensqualität, Glücksmomenten, positiven Erfahrungen zu rechnen.

- *Leistungsfähigkeit und aktuelle Leistung.* Die Optimierung von Beanspruchung ist um so eher realisierbar, je höher das Leistungspotential ist. Wer die 100 Meter in zehn Sekunden laufen könnte, ist bei einem Lauf in zwölf Sekunden kaum beansprucht. Für einen normalen Sitzmenschen bedeuten dieselben zwölf Sekunden möglicherweise einen Herzkollaps.
  Die Fähigkeit als Leistungsvoraussetzung allein führt noch nicht zur aktuellen Leistung. Dies geschieht erst, wenn die entsprechende Motivation aktives Handeln in Gang setzt und dieses in Form der bewältigten Aufgabe wiederum in eine Leistung mündet.

- *Veränderungen in Fähigkeiten und Fertigkeiten*, also in den Leistungsvoraussetzungen.

- *Streßtoleranz,* also die Fähigkeit, Beanspruchungen auszuhalten.

- *Regenerationsfähigkeit,* also die Fähigkeit, pro Zeiteinheit wieder ein optimales Ausgangsniveau zu erreichen und Müdigkeit, Übererregung, Monotonie usw. zu kompensieren.

Die verschiedenen Ebenen des Handelns (allgemeines Handeln, Handlungsbereiche, Handlungsgeschehen und Handlungen) werden in einem handlungshierarchischen bzw. -heterarchischen Modell in ihren Wechselwirkungen beschrieben. Handlungshierarchie bedeutet, daß in einer Hierarchie von der obersten Ebene des Denkens über das Denken (Metakognition) bis zur untersten Ebene des vollständigen Automatismus (zum Beispiel Kuppeln und Schalten bei einem sehr geübten Autofahrer) alle Gedanken, Aktivitäten und zusammenhängende Handlungsmuster beschrieben, kategorisiert und optimiert werden können. Heterarchie bedeutet lediglich, daß die jeweiligen Bestimmungen dessen, was nun eher oben oder unten ist (wer „Chef" und wer „Untergebener" ist) nicht immer zwingend sein müssen. Es gibt Situationen, in denen das Großhirn nicht mehr „Chef im Ring" ist, sondern in denen dieses kurzgeschlossen wird, beispielsweise bei Handeln im Affekt („Ein Mann sieht rot.").

Die verschiedenen Handlungsgeschehen sind teilweise automatisiert, dies um so mehr, je höher die Ähnlichkeit dieser Handlungsprogramme mit früheren Programmen ist. Wenn man früher schon öfter in Italien war und nun wieder eine Italienreise plant, haben sich etliche Dinge „eingeschliffen", die nicht eigens auf der höchsten Prüf- und Planungsebene in unserer Handlungshierarchie bearbeitet werden müssen. Wollen wir diesmal aber zu einer Trekking-Tour in den Himalaya, gilt es ganz andere neue Dinge zu bedenken. Der Energie- und Zeitaufwand wird wesentlich höher. Wer in dieser Weise sein eigenes Beanspruchungshandeln im Zusammenhang sieht, wird so manches Fehlbeanspruchungsmuster erkennen.

Erster Diagnoseschritt, die Ebene des Handelns

Bis zu diesem Punkt befinden wir uns auf einer allgemeineren Ebene des Handelns, die gemäß der Beanspruchungshandlungsanalyse, BHA, in folgendem Kreis des allgemeinen Handelns zusammengefaßt ist.

Es treten Anforderungen an mich heran, bzw. ich suche diese je nach Persönlichkeitsstruktur aktiv auf. Diese Anforderungen können hinsichtlich mental, emotional und motivational unterschieden werden (Was und wie nehme ich wahr? Wie denke ich und welche Einstellungen habe ich bezüglich der Anforderungen? Welche Gefühle verbinde ich mit ihnen? Inwieweit will ich ihnen genügen?).

Frage: Was kann ich, was bin ich *wert*?

Meine Leistungsvoraussetzungen werden bei entsprechender Motivation den Anforderungen zur Verfügung gestellt. Der dynamische Handlungsprozeß ist beobachtbar. Er kostet mich physische und psychische Energie und damit Beanspruchung in allen Bereichen, körperlich, mental, emotional. Die entsprechenden Beanspruchungsfacetten sind meßbar. Im körperlichen Bereich können physiologische Daten wie zum Beispiel die Herzfrequenz erhoben werden. Im mentalen Bereich kann nach der subjektiven Sicherheit der Situationsbewältigung, im emotionalen Bereich nach Gefühlen gefragt werden.

Frage: Wie sehen meine physiologischen Werte im allgemeinen unter Belastung und bei „nur" innerer Beanspruchung aus (Blutdruck, Herzfrequenz etc.)?

Je nach Art der Beanspruchung treten bestimmte Befindlichkeiten auf, und umgekehrt ergeben sich je nach Befindlichkeit verschiedene Beanspruchungen.

Frage: Wie geht es mir im allgemeinen bei Belastungen und Beanspruchungen?

Die konkreten Handlungen als Aktionen führen zu Ergebnissen, die als Leistungen interpretierbar sind. Dies geschieht sowohl durch andere Personen als auch durch mich selbst, was wiederum bestimmte Empfindungen auslöst, zum Beispiel Freude über den Erfolg, Ärger über den Mißerfolg etc. Was ich für Erfolg oder Mißerfolg halte, ist eine Frage meiner Erwartungen bzw. meines Anspruchsniveaus.

Frage: Was leiste ich, inwieweit entspricht dies meinen Ansprüchen an mich selbst?

Je nachdem, was und wieviel mir diese Leistungen und Erlebnisse geboten haben bzw. meine Erwartungen erfüllt wurden, entstehen neue Absichten, die wiederum zur Aufsuche neuer Anforderungen führen.

Damit schließt sich der allgemeine Handlungskreis.

Dieses Handeln kann eine echte Steuerung im Sinne der vorausgedachten, geplanten und bewußten „Selbstlenkung“, also des Agierens sein, oder es kann auch eher eine Regelung, ein„Treiben-Lassen“, sich den jeweiligen unmittelbaren Bedürfnissen hingeben, also Reagieren sein.

Im Alltagssprachgebrauch würde man im ersten Fall von einem völlig „verkopften“ Menschen reden, der alles bis ins kleinste Detail plant und sich damit natürlich etlicher spontaner Emotionen beraubt. Daraus ergeben sich durchaus zwanghafte Verhaltensweisen, wie zum Beispiel das berühmte saubere Falten der Hose unter strenger Beachtung der Bügelfalten, ehe man sich der Liebe hingibt.

Auf dem anderen Pol des Kontinuums zur Verhaltensregulation, der Regelung, wäre der Mensch zu sehen, der sich nur seinen unmittelbaren Gefühlen und Bedürfnissen hingibt und nicht nach dem Morgen fragt.

Je stärker geplant und gesteuert das Handeln ist, um so stärker können Vernunftaspekte berücksichtigt werden, da der Zeithorizont weiter und der Handlungsspielraum bekannter sind. Und um so eher kann man sich zwischen verschiedenen Handlungsalternativen entscheiden und dem aktuellen Situationsdruck widerstehen. Je weniger geplant und spontaner das Handeln ausfällt, um so eher nähert es sich genetisch programmierten

Instinkten. Es folgt den körperlichen Regelungsvorgängen, und die Person entscheidet nicht, sondern reagiert und ist damit auch dem jeweiligen Situationsdruck stärker ausgeliefert.

Dieses Kontinuum mit den Polen Steuerung („Kopf") und Regelung („Bauch") birgt etliche unterschiedlich beanspruchende Implikationen. Man kann beispielsweise „mit dem Kopf" argumentieren, diese Welt sei ökologisch dermaßen verdorben, daß nur noch eine unerfreuliche Zukunft resultieren kann und man in der Konsequenz keine Kinder mehr bekommen sollte. Zugleich kann man aber „mit dem Bauch" hoffen, daß es doch „irgendwie" gut geht. In der Konsequenz möchte man Kinder. Diese Dissonanz als „Kopf-Bauch-Konflikt" kann als Dauer-Gärungs-Prozeß stark beanspruchen, zumal wenn beide Partner zu dem jeweils anderen Pol neigen und somit eine von beiden getragene Entscheidung fast unmöglich wird.

Ich kann also mein Handeln stark steuern oder auch stark gemäß meinen internen Regelungsprozessen „laufen lassen". Meine „rationale" Steuerung beeinflußt meine inneren Regelungsvorgänge („jetzt wird erst noch zwei Stunden gelernt und dann gegessen"), und umgekehrt beeinflussen meine internen Regelungen meine Steuerung („ich kann vor Hunger kaum noch klar denken"). Je weniger emotional mein Handeln ist, um so eher ist Steuerung möglich. Je stärker ich Emotionen unterworfen bin, um so mehr tendiert mein Handeln in Richtung Regelung. Die Macht der Liebe setzt bekanntermaßen etliche Steuerungsprozesse außer Kraft.

Frage: Wie emotionsgeladen bzw. rational gesteuert ist im allgemeinen mein Handeln?

Die Lebenskunst besteht nun darin, einerseits das eigene Verhalten so zu steuern, daß man die persönlichen Ziele mit der entsprechenden Lebensqualität verwirklicht, andererseits aber die Freuden des Spontanen, der angenehmen Emotionen und des Sich-Gehen-Lassens genießt. Man sollte sich aber das Heft des Handelns nicht aus der Hand nehmen lassen. Wer nur noch vor sich hin „stoffwechselt", verwirklicht damit nicht unbedingt seine Lebensziele und verfügt langfristig nicht über die Lebensqualität, die er sich vorstellt. Für denjenigen, der aber umgekehrt jede Lebensäußerung pedantisch plant, gilt das Gleiche. Das Unbehagen, das der Normalmensch des öfteren angesichts der mißlungenen Balance zwischen

Steuerung und Regelung empfindet, wird meist dahingehend rationalisiert, daß die berühmt-berüchtigten Zwänge andere Handlungsalternativen nicht zulassen. Hier wird wieder der Hamster im Laufrad sichtbar, der immer schneller rennt, weil er denkt, das Rad drehe sich schneller. Er merkt nicht, daß er selbst das Rad dreht, sprich die Zwänge erzeugt.

Frage: Inwieweit argumentiere ich mit Zwängen und welchen „wirklichen" Zwängen unterliege ich?

Verhaltenssteuerung und damit Handeln ist um so eher möglich, je weniger ich fremdbestimmt bin bzw. je freier ich selbstbestimmt entscheiden kann.

Die Fremdbestimmung kann von außen und von innen kommen. Die meisten steuernden und regulierenden Instanzen können (vgl. Kastner, 1991) nicht zwischen außen und innen unterscheiden. Wie oben erwähnt „weiß" das rasende Herz nicht, ob es wegen des Bergsteigens oder wegen des Ärgers rast. Es bekommt einfach die Anregung „lauf schneller und entfalte mehr Kraft" und tut dies in seiner Eigendynamik. Und der Hypothalamus im Hirn „weiß auch nicht", ob er alle möglichen hormonellen Kaskaden aufgrund des Ziels „bergsteigen" oder „ärgern" befiehlt.

Fremdbestimmungen von innen

Fremdbestimmungen erfolgen von innen statistisch gesehen meistens durch Affekte. Hier wird die steuernde Hirnrinde kurzgeschlossen. Ich habe Angst, Wut und agiere, ehe ich denken kann. Die Hand rutscht unkontrolliert aus, man läuft „blind" fort oder bringt unter Umständen im Affekt einen anderen Menschen um.

Frage: Wie oft handele ich in blind emotionaler Weise?

Durch Triebe, also physiologische Rückkopplungen auf der Basis von unerfüllten Primärbedürfnissen wird Verhalten relativ stark beeinflußt. Mein Magen knurrt dermaßen, daß ich nicht mehr klar denken kann. Oder die Verdauung fordert in einer Weise ihr Recht, daß höherfliegende Gedanken drastisch zugunsten der Niederungen archaischer Regulationen reduziert werden. Ich hätte nur noch die freie Entscheidungsmöglichkeit, alle Normen über Bord zu werfen und den viszeralen Bedürnissen (Darm) ihren Lauf zu lassen. Aber dieses Verhalten ist so stark genormt und im Hirn „verdrahtet", daß der normale und gesunde Mensch lieber erst einmal auf die höherfliegenden Gedanken verzichtet. Wenn aber derartige Regulierungen die Steuerung hinterlistigerweise dominiert haben, wird dies als so peinlich empfunden, daß schleunigst noch höhere Steuerungsinstanzen bemüht werden, etwa im Sinne der Entschuldigung und langatmiger rationalisierender Erklärungen.

Aus Freude, Liebe oder Haß rutschen schon einmal unkontrolliert Bemerkungen heraus, die einer rationalen Kontrolle nicht standhalten.

Frage: Inwieweit lasse ich mich, wenn ich ehrlich bin, von Trieben und Affekten treiben?

Schließlich erfolgt Fremdbestimmung von innen durch Defekte. Mein Kreislauf erlaubt kein Bergsteigen, meine Galle keine Sahne. Der Depressive, der Zwanghafte kann einfach nicht anders handeln. Der Schizophrene kann sich nicht von Halluzinationen, in denen er sujektiv absolut real wahrnimmt, lösen.

Fremdbestimmungen von außen

Fremdbestimmungen von außen behindern die eigenen Fähigkeiten und schränken den Handlungs- und Entscheidungsspielraum ein. Man hätte schon die Fähigkeiten, sich anders zu verhalten, wird aber daran gehindert, diese Fähigkeiten konkret ein- und umzusetzen, das heißt die Möglichkeit fehlt.

Fremdbestimmungen von außen sind meist leichter zu bewältigen als die von innen. Diese Erkenntnis wird allerdings selten umgesetzt. Wenn man nicht gerade gefangen ist, kann man das System verlassen. Niemand wird gezwungen, in einer bestimmten Firma zu bleiben. Er zwingt sich höchstens selbst.

Der entscheidende Unterschied zwischen Fremdbestimmungen (Zwängen) von innen und außen liegt also darin, daß im Falle der inneren Zwänge weder eine Fähigkeit noch eine Möglichkeit zu anderem, „besseren" Verhalten im Sinne von Handeln vorliegt. Im Falle der äußeren Fremdbestimmungen läge die Fähigkeit vor, aber die Möglichkeit nicht. Dies ist aber selten, meist wird diese Möglichkeit nicht gesehen oder akzeptiert.

Für die Beanspruchungsoptimierung ist dieser wohl häufigste Fall besonders interessant. Jemand akzeptiert die Fremdbestimmungen oder respektiert sie zumindest, obwohl er dies „eigentlich" gar nicht müßte. „Was Du Dir gefallen läßt, bist Du selbst schuld." Oder jemand handelt nicht in der „eigentlich" richtigen Weise, weil er sich selbst innerlich „fremdbestimmt" fühlt. Er steht sich selbst im Wege.

Meistens haben wir uns aber durch wenig reflektierte „Scheinbedürfnisse" und „Scheinziele" oder zu hohe Ansprüche im Laufe unserer Biographie selbst in einer Weise in die Zwänge hineingetrieben, daß wir sie nicht mehr abstreifen können, ohne starke moralische Normen oder Verantwortungen zu verletzen. Wer Kinder bekommen hat, ist auch für sie verantwortlich. Wer sich selbst als Experte unentbehrlich gemacht hat, kann sich nicht plötzlich ohne Rücksicht auf Verluste der übernommenen Verantwortung entziehen.

Wer sich für sein Häuschen überschuldet hat, verkauft es äußerst ungern.

Innere Fremdbestimmungen sind also um so eher reduzierbar:

- je weniger reale Defekte vorliegen, also je weniger Fähigkeiten und Fertigkeiten eingeschränkt sind;
- je höher der Bewußtheitsgrad ist, also Selbstreflexion als Kontrollinstanz die Kurzschlüsse der Hirnrinde minimiert (erst denken, dann handeln);
- je besser Primärbedürfnisse befriedigt sind und sich nicht unangenehm im Sinne von Defizitmeldungen bemerkbar machen und
- je weniger die automatischen Regelungsprozesse die reflexive Steuerung überborden.

Letzteres geschieht im Falle der Sucht. Der Süchtige weiß genau, wie schädlich die Droge ist. Aber „er kann nicht anders". Im Grunde besteht der Unterschied zwischen Trieb und Sucht nur darin, daß der Trieb lebenserhaltend, die Sucht aber lebenszerstörend ist.

Im Falle der Sucht liegt ein ungünstiges Verhältnis zwischen Handeln und Verhalten vor. Hier wird die Handlungssteuerung zum Zwecke der Suchtbefriedigung instrumentalisiert. Das heißt, Ziele werden ohne längere Zukunftsperspektiven in Richtung Drogenbeschaffung entwickelt. Hier wird durchaus bewußt und gezielt mit allen Tricks gehandelt. Ziel ist aber immer die Erreichung eines angenehmen Gefühls, daß nur durch einen bestimmten Drogenpegel im Blut erreichbar erscheint, im übrigen auch nur recht schwer durch Ersatzdrogen zu erlangen ist. Meist ist durch die Gewöhnungseffekte des Organismus dieses angenehme Gefühl auch nur durch Dosissteigerung aufrecht zu erhalten.

Im Falle der Sucht wird also kurzfristige Handlungssteuerung zwecks Regelung eingesetzt.

Frage: Welche Süchte habe ich, ohne es eventuell bislang bemerkt zu haben? Bin ich vielleicht schon alkoholabhängig, arbeits- oder ruhmsüchtig?

Im Falle der gesunden Handlungssteuerung werden für die Gesundheit und Wohlbefindlichkeit erforderliche Regelungen begünstigt, unter anderem Bedürfnisse befriedigt. Aber es erfolgt keine Versklavung unter bestimmte Befindlichkeiten (zum Beispiel das „angenehme Beduseltsein“ bei Alkoholgenuß) sondern eine effektive und effiziente Steuerung des Verhaltens im Sinne der eigenen ethischen und lebensqualitativen Vorstellungen.

Wenn erforderliche Regelungsprozesse wie zum Beispiel Schlaf, inneres Milieu, Nahrungsaufnahmen, Sexualität unterdrückt werden, fordern sie ihr Recht, brechen sie sich Bahn und stören die Handlungssteuerung. Wenn die Aufmerksamkeit sich ausschließlich auf solche Regelungen fokussiert, also eine Fixierung auf bestimmte Befindlichkeiten (Lustgefühle) erfolgt, wird ebenfalls die Handlungssteuerung gefährdet. Insofern ergibt sich eine kurvilineare Beziehung zwischen Steuerung und Regelung (vgl. Abbildung 7.2, Seite 179).

Sowohl eine Vernachlässigung als auch eine zu starke Fokussierung auf Regelungsvorgänge mindern die Güte der Steuerung. Die Optimierung der Regelungsvorgänge im Sinne von Bereitstellen adäquater Bedingungen zu deren Autoregulation ist die Basis für eine gute Steuerung.

Frage: Inwieweit verschaffe ich meinen Regelungsvorgängen optimale Bedingungen?

Regelung wird unterstützt durch Rhythmisierung. Die Gewöhnung an den täglichen Spaziergang mit dem Hund führt „automatisch“ dazu, daß ich genügend frische Luft bekomme.

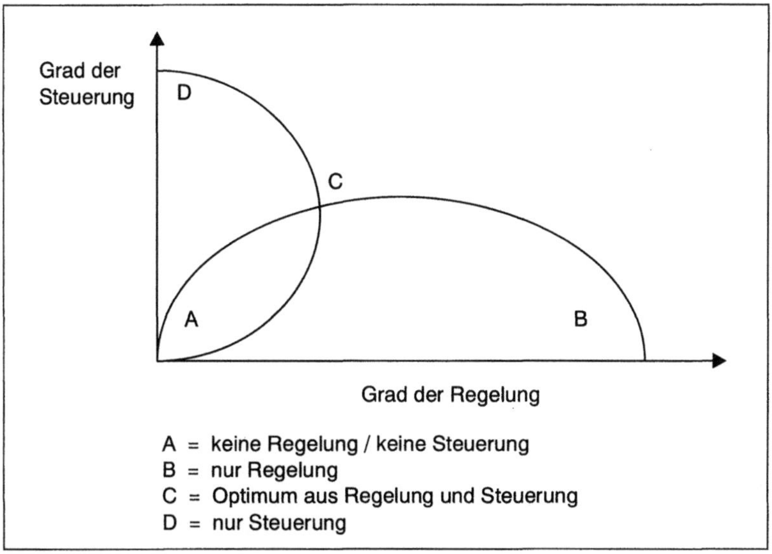

Abbildung 7.2: Zusammenhang zwischen Güte der Steuerung und Adäquatheit der Regelung

Die Beziehung zwischen Steuerung und Regelung ist im übrigen für die Automatisierung wesentlich. Wenn bestimmte Verhaltensprozesse durch Übung automatisiert sind, werden sie aus dem bewußten Steuerungsbereich in den eigendynamischen Regelungsbereich verwiesen. Der geübte Skifahrer regelt sich automatisch auf den richtigen Schwerpunkt ein. Die Steuerung erfolgt bezüglich der zu wählenden Strecke und der Voreinstellung für erforderliche Regelungen. „Vorsicht, da vorne kommen Huckel, in die Knie gehen“ könnte die steuernde Selbstinstruktion lauten. Die erforderliche Feinabstimmung erfolgt anschließend in automatischen Regelungsprozessen. Wie schnell eine solche Regelung überfordert sein kann, kennt jeder, der einmal mit einem Gewicht vor dem Bauch beim Treppenabstieg erwartet hat, er wäre schon auf dem normalen Boden, aber dann war da plötzlich doch noch eine Stufe.

Frage: Habe ich alles automatisiert, was automatisierbar ist?

Die Ebene der Handlungsbereiche

Handlungsbereiche betreffen die verschiedenen „Welten“ unseres Verhaltens und Erlebens. Diese „Welten“ trennen wir aber gemäß unserer jeweiligen Systemsichten selbst. Familie, Freizeit, Sport, Arbeit, politisches Feld, Freunde etc. können als verschiedene Handlungsbereiche angesehen werden. Aber unter Beanspruchungsoptimierungsaspekten ist es sinnvoll, mehrere solcher Bereiche zu einem Handlungsbereich zusammenzufassen. Beispielsweise würde man Familie, Freizeit und Sport so organisieren, daß die Familie die Freizeit zusammen unter anderem mit derselben Sportart verbringt. Je größer die Anzahl der getrennten Handlungsbereiche ist, um so eher treten Konflikte zwischen ihnen auf. Wer beruflich sehr aktiv ist, zugleich einen Sportverein leitet, in dem die anderen Familienmitglieder aber nicht agieren, und wer dann noch andere Freunde hat als der (Ehe)Partner, zum Stammtisch geht und politisch aktiv ist, der muß sich nicht wundern, wenn ausgerechnet die sozialen Systeme am meisten unter diesem Aktivismus leiden, die ihm persönlich am wichtigsten sind.

Frage: In wie vielen verschiedenen Handlungsbereichen bewege ich mich?

Verschiedene Handlungsbereiche können kompensatorisch sein. Wer im beruflichen Bereich viel Streß hat, aber zu Hause regenerieren kann, hält viel Fehlbeanspruchung aus. Den umgekehrten Fall gibt es im übrigen öfter, als man glaubt. So manche Führungskraft erholt sich im Betrieb von einem fehlbeanspruchenden Zuhause und ist wenig motiviert, abends zeitig nach Hause zu kommen. So mancher karriereorientierter Jungmanager, der liebend gerne nach Hause möchte, schaut, ob abends noch die Lampe des Chefs brennt, und verläßt erst nach ihm das Haus, wodurch ihm wiederum Ärger droht. So vernetzen sich die verschiedenen Beanspruchungen einzelner Personen im Rahmen ihrer jeweiligen Handlungsbereiche.

Der häufigste Fall ist aber leider nicht der der Kompensation, sondern der des gegenseitigen Aufschaukelns. Wer beruflich stark beansprucht ist und Karriere machen will, tut dies meist auf Kosten seines Handlungsbereiches „Familie“. Dummerweise fallen meist der Aufbau der Karriere und der der Familie zeitlich zusammen. In dieser Zeit der Anschaffungen von Möbeln, eventuell eines Hauses etc. wird auch das meiste Geld benötigt.

Wenn nun im klischeehaften Fall der Rollenteilung (er arbeitet, sie macht den Haushalt und hütet die Kinder) er abends später als erwartet stark erholungsbedürftig nach Hause kommt, das Abendessen kalt geworden ist und sie eher bei Kräften und frustriert ihrem berechtigten Ärger Luft macht, entsteht ein entsprechender Konflikt. Wenn dann die üblichen Schuldzuweisungen und Verletzungen Ärger verursachen, der noch stärker beansprucht als die Arbeit, schläft man schlecht und ist am nächsten Tag auch für die Kollegen ungenießbar. Die Spirale dreht sich immer weiter, unter Umständen bis zur Scheidung und/oder zu somatischen Beschwerden bis hin zum Herzinfarkt.

Vielfach sind stark beanspruchte Personen bemüht, eine „Front ruhig zu halten“. Die Ehefrau wird mit Geschenken und Luxus ruhig gehalten. Die Kinder dürfen mehr Fernsehen, als man „eigentlich“ für richtig hält. Dieses Verhalten lohnt sich u. U. erstaunlich lange. Allerdings werden auf lange Sicht dann doch zwei Drittel aller Scheidungen von den Frauen eingereicht. Die Männer sind in diesem Fall oft bodenlos erstaunt, weil sie immer davon ausgegangen sind, daß die Ehe doch „ganz gut lief, jedenfalls nicht schlechter als andere“. Die Ehefrauen, die sich als Opfer der Konzentration des Mannes auf den Handlungsbereich „Beruf“ sehen, sind nun aber aus Sicht der Männer erstaunlich konsequent. Dieselbe Konsequenz, mit der sie jahrelang ihre Frustration nicht artikuliert haben („er ist ja so gestreßt, jetzt kann ich doch nicht auch noch mit meinen Problemen kommen“), legen sie nun an den Tag, um die Scheidung durchzuziehen.

Eine Scheidung ist wiederum ein Lebens-Ereignis, das meist ungeheuer beansprucht, nicht nur aufgrund der emotionalen Krisen, sondern auch durch die Tatsache, daß damit unendlich viele kräftezehrende organisatorische Probleme auftreten (Wohnungswechsel, finanzielle Probleme).

Frage: Inwieweit gleichen sich meine Handlungsbereiche hinsichtlich der Beanspruchung aus, bzw. inwieweit schaukeln sie sich hoch?

Da die Ressourcen begrenzt sind und gut „gemanagt“ werden müssen, kann also bezogen auf die Handlungsbereiche die Empfehlung nur lauten: Nicht zu viele Handlungsfelder eröffnen. Der „Hans-Dampf-in-allen-

Gassen“ erzielt irgendwann keine Synergie-Effekte mehr und zerreibt sich selbst. Die Bündelung von Handlungsbereichen dient der Beanspruchungsoptimierung. Dies bedeutet nicht, daß man nur noch einen Handlungsbereich eröffnen soll, also zum Beispiel mit der Ehefrau beruflich und privat aktiv sein. Zur Beanspruchungsoptimierung gehört auch ein kleines privates Reich der Selbstfindung und Selbstidentifikation.

Die Ebene der Handlungsgeschehen

Handlungsgeschehen sind inhaltlich in sinnvolle „Pakete“ voneinander trennbare Handlungseinheiten. Die Teilnahme an einem Kongreß und der Abend mit Freunden können Handlungsgeschehen sein. Diese können wie das gesamte Handeln und die Handlungsbereiche auch optimiert werden. Nach einer Klassifikation von Kastner (1986) können verschiedene Handlungsbereiche geordnet werden nach den Facetten „Komplexität“, „Dynamik“ und „Grad der Fremdbestimmung“, die der Einfachheit halber nur in hoch und niedrig unterteilt sind.

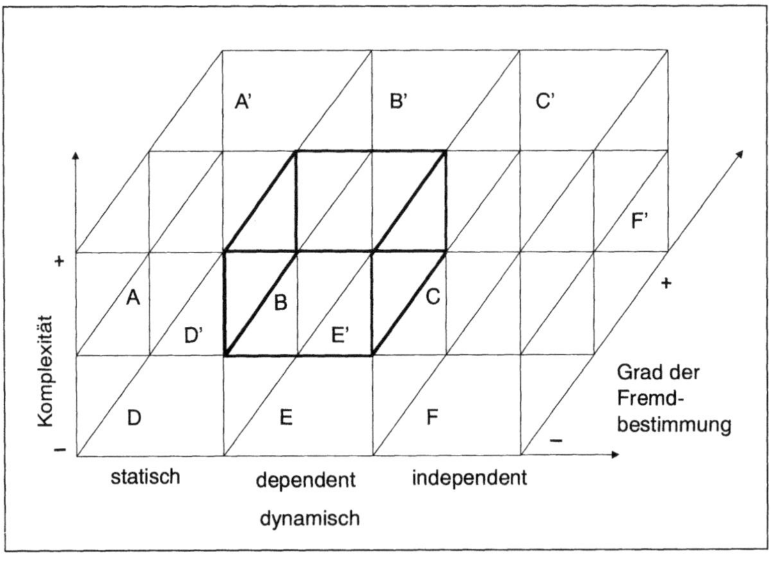

Abbildung 7.3: Klassifikation von Handlungsgeschehen als Bausteinen der BHA

Komplexität liegt für ein Handlungsgeschehen dann vor, wenn viele, vielfältige und vernetzte Elemente eine Rolle spielen. Ich kann zum Beispiel eine einfache oder eine komplexe Arbeitstätigkeit ausüben, in der ich mit vielen, sehr unterschiedlichen Personen in zahllosen Zusammenhängen zu tun habe. Diese Tätigkeit kann recht statisch sein oder ich befinde mich in einem sehr dynamischen Handlungsfeld. Die Vernetzungen ändern sich fortlaufend. Das, was eben noch galt, gilt nun nicht mehr. Nichts ist vorhersehbar. Diese Dynamik und „Hektik“ kann nun wiederum relativ unabhängig von mir selbst sein (independent = unabhängig dynamisch) oder sie hängt stark von mir ab, ich „mische überall mit“ (dependent = abhängig dynamisch). Schließlich kann mein Handlungsspielraum sehr eng sein (hohe Fremdbestimmtheit) oder ich habe viel Freiraum und kann selbst bestimmen (niedrige Fremd- also Selbstbestimmung).

Aus der systematischen Kombination dieser Facetten ergeben sich Qualitäten meiner Handlungsgeschehen, die mir unterschiedlich „liegen“ können. Beispielsweise ist in Feld B ein Handlungsgeschehen lokalisiert, das komplex ist, von der Person abhängig dynamisch ist und einen großen Handlungsspielraum bietet. Jemand, der gerne selbständig mit eigenem Handlungsspielraum komplexe Aufgaben bewältigt und durch sein eigenes Tun Dynamik in diese Tätigkeit bringt, wäre hier richtig aufgehoben und mit großer Wahrscheinlichkeit adäquat beansprucht. Dieselbe Person würde sich in dem Teilwürfel D’ mit geringer Komplexität also einer einfachen, statischen Aufgabe und hoher Fremdbestimmung kaum wohlfühlen und würde sich fehlbeanspruchen, weil sie sich unterfordert fühlt.

Wenn also eine Tätigkeit als Handlungsgeschehen und die Fähigkeiten und Bedürfnisse einer Person falsch zugeordnet sind, ist die Fehlbeanspruchung als Über- oder Unterforderung vorprogrammiert. In der Konsequenz ist es also für die Beanspruchungsoptimierung eminent wichtig, daß Fähigkeiten und Bedürfnisse mit der Art der Tätigkeit in Einklang stehen. Wer sein praktisch begabtes Kind durch das Abitur und ein theoretisches Studium zwingt, legt damit den Rahmen aller möglichen späteren Fehlbeanspruchungen fest. Dieses Kind wäre in einem handwerklichen Beruf wesentlich besser beansprucht, sicherlich zufriedener und langfristig gesünder.

Frage: Inwieweit stimmen Tätigkeiten, die mir liegen, mit meinen tatsächlich ausgeübten Tätigkeiten überein?

Die Ebene der einzelnen Handlung

Eine einzelne Handlung ist die kleinste, sinnvoll ganzheitlich erfaßbare Handlungseinheit, in der willentlich, bewußt, zielgerichtet, erwartungsgesteuert und absichtsvoll ein Handlungsziel realisiert werden soll. Die dazu erforderlichen Funktionen der Aufmerksamkeit, der Motorik, des Wahrnehmens und Denkens, des Fühlens sind für den Zeitraum der Handlung für andere Handlungen nicht mehr verfügbar. Wir können nicht viele Ziele zur selben Zeit verfolgen und müssen unsere Kräfte einteilen. Allein dies zu akzeptieren fällt manchen Leuten schwer.

Die Beanspruchung in einer Handlung kommt nun einerseits zustande durch den Kräfteeinsatz zur Lösung des Problems, der Bewältigung der Aufgabe etc. Insofern ist sie situationsbezogen. Sie kommt andererseits auch zustande durch Merkmale der Person, die sich selbst beansprucht. Wer sich einmal auf bestimmte Dinge hin sensibilisiert hat, den stört „die Fliege an der Wand“, selbst wenn sie realiter gar nicht da ist.

Ein Handlungsgeschehen besteht aus mehreren Handlungen, die nicht wie die Waggons eines Zuges aneinandergereiht werden, sondern teils parallel, teils versetzt ineinander übergehen. Wir fahren Auto (eine Handlung), unterhalten uns zugleich (eine andere Handlung), betrachten ebenfalls zugleich die Schönheit der Landschaft (noch eine Handlung) und hören im Hintergrund das Gekicher der Kinder. Dieses Mehrfachhandeln muß reguliert werden. Je lockerer wir sind, um so leichter können wir mit diesen „vielen Bällen jonglieren“. Je verkrampfter und verspannter wir sind, um so weniger Handlungen können wir zugleich ausführen. Je lebenswichtiger eine einzelne Handlung ist, zum Beispiel das Bremsen um einem Hindernis auszuweichen, um so stärker werden die anderen Parallelhandlungen zurückgedrängt.

Um die Beanspruchung im Detail zu verstehen, ist es sinnvoll, eine Einzelhandlung künstlich in ihre Komponenten zu zerlegen, sie also in Zeitlupe zu betrachten.

Die Handlung beginnt mit einer definierbaren Situation, die die Person bewußt aufgesucht haben kann. Diese Situation kann physikalisch gemessen werden (zum Beispiel Lärm in Dezibel, Lichtstärke in Lux, Gewicht in Kilogramm). Sie wird vom Individuum wahrgenommen. Hier können

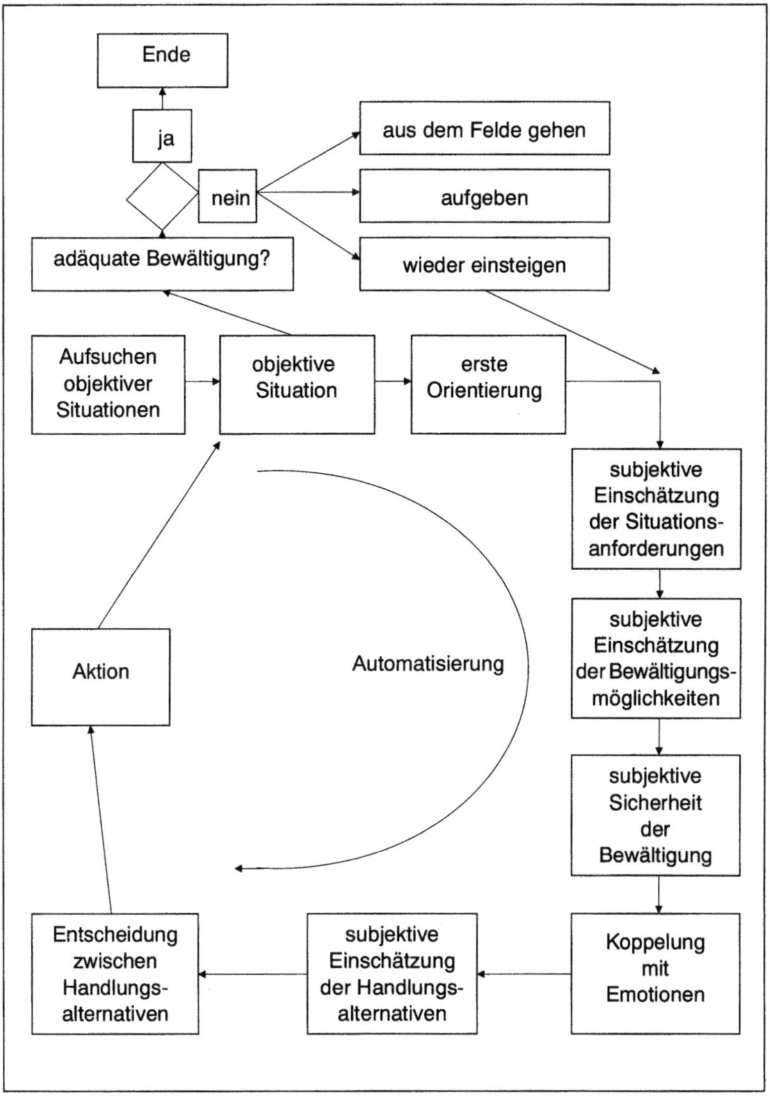

Abbildung 7.4: Der Handlungskreis als Baustein der BHA

bereits alle möglichen Wahrnehmungsverzerrungen auftreten. In einer ersten Einschätzung weiß die Person, daß eine Anforderung vorliegt, sie weiß noch nicht welche. Ich fahre beispielsweise bei schönem Wetter frohgemut über die Autobahn in Richtung Urlaubsziel und erwarte eine freie Straße. Ich bin entspannt und betrachte mit weit aufgestellten „Scheuklappen“ die Schönheit der Landschaft. Plötzlich stimmt „etwas“ mit meinen Erwartungen nicht überein. Da vorne „ist etwas“. Ich weiß noch nicht was, aber sicherheitshalber fokussiere ich meine Aufmerksamkeit in diese Richtung, und der Körper geht schon vorsichtshalber in Alarmbereitschaft. Nun schätze ich die Anforderungen der Situation subjektiv ein. Was wird von mir verlangt? Dort vorne steht ein Lastwagen quer. Wie weit ist die Unfallstelle entfernt, wie trocken die Straße usw.? Gleichzeitig schätze ich subjektiv meine eigenen Bewältigungsmöglichkeiten ein. Wie gut sind meine Fahrkünste, wie gut meine Bremsen, wie sicher ist die Kabine meines Autos etc.?

Aus dem Vergleich zwischen subjektiven Anforderungen der Situation und subjektiven eigenen Bewältigungsmöglichkeiten resultiert eine entsprechende Sicherheit oder auch Unsicherheit, diese Situation adäquat zu bewältigen. Wenn ich die Anforderungen der Situation als niedrig, meine eigenen Bewältigungsmöglichkeiten aber als hoch ansehe, resultiert eine hohe Sicherheit, die Situation zu meistern. Dann bin ich nicht gestreßt. Im umgekehrten Falle der Annahme, daß die Situationsanforderungen sehr hoch, meine Bewältigungsmöglichkeiten aber sehr gering sind, bin ich schon fast sicher, die Situation nicht zu meistern, und in der Konsequenz stark beansprucht. Diese Einschätzungen müssen nicht die Realität spiegeln. Ich kann mich in beiden Richtungen völlig verschätzen. Der junge Mann, der mit Vaters schnellem Porsche mit 200 Stundenkilometern in die Kurve fährt, ist zunächst nicht beansprucht. Er schätzt die Situationsanforderungen als gering, sich selbst und sein Auto als sehr fähig ein und ist sich sicher, diese Kurve zu meistern. Erst im Scheitelpunkt merkt er plötzlich, daß das Auto zum Ausbrechen neigt. Im selben Moment schätzt er die Situation und seine Bewältigungsmöglichkeiten völlig anders ein und bekommt einen Riesenschrecken.

Die Kognition „Vergleich zwischen Situationsanforderungen und Bewältigungsmöglichkeiten“ wird sofort mit der Emotion „Angst“ verkoppelt. Diese Angst hat eine verhaltensregulatorische Funktion. Sie aktiviert. Der

Unterschied zwischen Mut und Tollkühnheit besteht darin, daß der Mutige Angst hat und trotzdem seinen Handlungsplan erfüllt. Der Tollkühne verspürt erst gar nicht die Angst, weil er die Risiken nicht sieht.

Emotionen wie zum Beispiel die Angst vor Versagen können auch „vorsorglich" entstehen, wenn mögliche Situationen nur vorgestellt werden, die realiter gar nicht eintreten. Wenn eine Sicherheit oder Unsicherheit, die Situation adäquat zu bewältigen, entstanden und mit Gefühlen verkoppelt ist, dann ist der „Input" also die Diagnosephase beendet. Ich muß etwas tun. Dazu muß ich wiederum verschiedene Handlungsalternativen erdenken. Im Falle des querstehenden Lastwagens könnte ich bremsen, schleudern, in die Büsche fahren usw. Zwischen den verschiedenen Alternativen muß ausgewählt werden. Im vorliegenden Beispiel ist das Bremsen das Bewährteste und damit Wahrscheinlichste. Die Wahl zwischen den Handlungsalternativen kann aber selbst schon wieder beanspruchend sein. Das Sich-nicht-entscheiden-Können kann zumal unter Zeitdruck zu enormen Spannungen und schließlich zu einer dritten Fehlverhaltensalternative führen. Wenn ich einem Auto ausweichen muß und mich nicht entscheiden kann ob rechts- oder linksherum, dann wird diese Entscheidung schnell überflüssig. Der Entscheidungsprozeß selbst kann nun wiederum in etlichen Zusammenhängen zwischen Entscheidungsvariablen persönliche Bedeutsamkeit der Entscheidung, Attraktivitäten der Alternativen, Informationssuche etc. beschrieben werden (vgl. Kastner, 1972).

Nach dem Entschluß erfolgt die Aktion (ich trete auf die Bremse). Durch diese Aktion verändert sich die Situation, was ich wiederum wahrnehme. Wenn ich feststelle, daß ich die Situation gemeistert habe, ist die Beanspruchungshandlung abgeschlossen. Wenn ich merke, ich schlittere immer noch auf den Lastwagen zu, kann ich verstärkt mit mehr Energie in den Handlungskreis einsteigen und/oder andere Alternativen suchen. Ich kann aber auch „aus dem Felde gehen". Dazu eignet sich das Lastwagenbeispiel nicht. Aber ein Kind, das sich wider besseren Wissens beim Mensch-ärgere-Dich-nicht-Spiel ärgert, geht aus dem Felde, indem es das Spiel vom Tisch fegt.

Die ungesündeste aller Reaktionen ist die des Aufgebens. Ich schlage die Hände vor dem Kopf zusammen und lasse die Dinge ohne eigene Steuerung geschehen.

In diesem Kreis befindet sich eine sehr wichtige vermittelnde Variable, die Automatisierung. Im Beispiel der Autofahrsituation werde ich beim Anblick des querstehenden Lastwagens automatisch auf die Bremse treten, ohne lange zu überlegen, wie hoch die Anforderungen und die eigenen Bewältigungsmöglichkeiten sind. Im Falle einer komplexen Mathematikaufgabe sieht die Angelegenheit anders aus.

Der Grad der Automatisierung ordnet die jeweilige Einzelhandlung in die Handlungshierarchie ein. Bewußtheit (vgl. S. 97 ff.) und Automatisierung sind die zentralen Größen für das Zusammenspiel zwischen den verschiedenen Handlungsebenen.

Diese teilweise parallel, versetzt und nacheinander ablaufenden Einzelhandlungen werden zu ganzen Handlungsgeschehen wiederum verkoppelt, wobei die Bewußtheit, Wachheit und Aufmerksamkeit, das „Zoomen" im Sinne des Ein- und Ausblendens von Einzelhandlungen sowie der jeweilige Grad der Automatisierung zusammenspielen. Je eleganter und reibungsloser diese vernetzten Prozesse in einer vernünftigen Leistungs- Energieaufwand-Funktion erfolgen, um so eher gelingt die Beanspruchungsoptimierung. Zu meinen Handlungen lassen sich etliche Fragen stellen, die durch Ankreuzen auf Skalen von 1 für ganz wenig bis 5 für ganz stark ausgeprägt zu beantworten sind:

- „Inwieweit neige ich dazu, mich in zu viele Handlungen hineinzubegeben?" (Fehde-Handschuhe aufnehmen, sich überall einmischen, alles von sich abhängig machen etc.)
- „Wie realistisch schätze ich Situationsanforderungen ein?"
- „Wie realistisch schätze ich eigene Bewältigungsmöglichkeiten ein?"
- „Wie oft bin ich unsicher, die jeweilige Situation adäquat zu bewältigen?"
- „Wie oft kopple ich mit Arbeitstätigkeiten unerfreuliche Gefühle?"
- „Inwieweit entwickle ich kreativ verschiedene Handlungsalternativen?"
- „Wie schnell und sicher entscheide ich in meinen Handlungen?"
- „Inwieweit schreite ich nach der Absichtsentwicklung auch unmittelbar zur Tat?"
- „Wie oft neige ich dazu, aufzugeben?"
- „Inwieweit beiße ich mich fest und verbrauche unverhältnismäßig viel Kraft?"

- „Inwieweit prüfe ich, ob ich aus dem Felde gehen kann?“
- „Inwieweit gelingt mir die Balance aus Streßvermeidung und Erkundung von Neuem?“

Das Zusammenspiel von Beanspruchungshandeln, -handlungsbereichen, -handlungsgeschehen und -handlungen

Je nach Änderung unseres Umfeldes können wir relativ flexibel unser Verhalten anpassen. Diese Anpassungsvorgänge erfolgen nach Maßgabe unserer Zielvorstellungen, unserer Befindlichkeiten und der mittels unserer subjektiven Wahrnehmung erfaßten Situationsgegebenheiten. Wir konstruieren uns „im Kopf“ ein Bild von dem Umfeld, das auch uns selbst beinhaltet. Und in permanenten „Controlling-Prozessen“ des Vergleiches und der Bewertung unseres eigenen Handelns mit der Erfordernis dieses subjektiv abgebildeten Umfeldes erhalten wir Eindrücke über unsere aktuelle Kompetenz bzw. unserer Fähigkeit, die Situationen so zu gestalten, wie wir sie wollen oder auch nicht. Die oben beschriebenen Eindrücke der Sicherheit oder Unsicherheit, die jeweilige Situation adäquat zu bewältigen, stellen sich ein und sorgen für die entsprechenden Gefühle, etwa der Kontrolle, das heißt des „Machtgefühls“ und der Freude, etwas nach Wunsch bewegen zu können oder auch ausgeliefert zu sein. Wenn ich nun auf ein Repertoire automatisierter Handlungen zurückgreifen kann, bin ich motiviert, diese Handlungskompetenz zu erweitern und sie auch mir selbst und anderen zu beweisen. Die Freude am Skifahren ist erst komplett, wenn man neben den angenehmen Situationsbedingungen wie Wetter, Pulverschnee und Schönheit der Landschaft auch die Lust an den eigenen eleganten Bewegungen und an der Beherrschung des eigenen Körpers verspürt. Je vielfältiger und besser eingespielt die Automatismen, etwa des Schwingens, sind, um so mehr kann ich die jeweilige Strecke nach meinen eigenen Vorstellungen aussuchen, die Schönheit der Landschaft genießen usw. Dies alles sollte sich auf dem erwähnten Zwei-Drittel-Niveau der Maximal-Energie abspielen.

Frage: Inwieweit gelingt es mir, meine Beanspruchung auf dem Zwei-Drittel-Niveau des „Zahnfleisches“ zu halten?

Ein angenehmes Gefühl des „Steuern- und Beherrschen-Könnens“ einerseits sowie der „Regelung im Einklang mit meinen Umfeldsystemen“ bzw. der Eindruck des „Eins-Sein-mit-der-Natur“ vermitteln mir, daß ich mich im Bereich der Beanspruchungsoptimierung befinde.

Sie gelingt mir um so besser je stärker meine Handlungen automatisiert sind, je mehr Kontrolle ich über sie habe, je realistischer mir meine Ursachenzuschreibungen gelingen, je realistischer meine Wahrnehmungen sind, je mehr soziale Unterstützung ich habe, je besser ich mit Komplexität umgehen kann und je besser ich negative Emotionen verarbeite und mir positive verschaffe.

a) Die *Automatisierung* der Handlung bestimmt, inwieweit die jeweilige Aktion nach unten delegiert wurde. Was „unten“ automatisch läuft, beansprucht mich wenig. Jeder Autofahrer erinnert sich gut daran, wie er als Anfänger lernte, am Berg anzufahren. Die höchsten Prüf- und Planungsprozesse wurden dafür verwendet, Kupplung, Gas und Schaltung zu koordinieren. Für Verkehrszeichen oder andere Teilnehmer war keine kognitive Kapazität mehr frei. Erst die zunehmende Übung führte dazu, daß derartige Handlungen gar nicht mehr bewußt wahrgenommen werden. Derartige Automatisierungen können sehr weit auf ganze Handlungsgeschehen ausgedehnt werden. Man kann durchaus in anderen Gedanken eine ganze Strecke mit etlichen Einzelhandlungen stundenlang fahren und stellt plötzlich fest, daß man ganz vergessen hat, dieses Mal nicht die gewohnte (= automatisierte) Strecke fahren zu wollen. Die Macht der Gewohnheit birgt die Annehmlichkeit der Streßreduktion aber auch die Gefahr, daß das automatisierte Verhaltensmuster plötzlich nicht mehr paßt. Dies geschieht auch beim Denken. Die altbewährten Denkmuster sind nichts als Automatismen, die enorm verhaltensökonomisch wirken, aber nur auf vergleichbare Situationen passen. Wenn die Situation sich ändert, behindert der alte Automatismus beim Erlernen einer neuen, passenderen automatischen Handlung.

   Wenn man bemerkt, daß ein Automatismus nicht das gewünschte Ergebnis erbracht hat, wird auf einer höheren handlungsregulatorischen Ebene die ablaufende Handlung überprüft. Der Grund für den mangelnden Erfolg einer automatischen Handlung liegt meist in Emotionen. Wer voller Wut mit seinem Auto losfahren will, läuft Gefahr, daß ein Automatismus, der zuvor jahrelang problemlos abgelaufen ist, nicht mehr „funktioniert". Er findet zum Beispiel den Rückwärtsgang nicht mehr. Nun nützt es wenig, im Versuch- und Irrtum-Verhalten wie wild im Getriebe zu rühren, sondern man schaut bewußt auf das Schaltschema und legt nun auf einer höheren Ebene der Handlungshierarchie den Rückwärtsgang ein.

Mit zunehmender Übung können immer mehr früher voneinander unabhängige Tätigkeiten (Handlungen) zu einer gemeinsamen Tätigkeit, also einem Handlungsgeschehen automatisiert werden. Durch „einheitsstiftende Schemata" (vgl. Neisser, 1974) werden einzelne Handlungen in einer Kategorie „zusammengepackt", automatisiert und damit nach „unten" in der Handlungshierarchie delegiert. Wer seine Zähne mit Zahnseide putzt (was jeder tun sollte) weiß, wie umständlich und unter relativ großem kognitivem Aufwand verschiedenste Hantierungen mühsam koordiniert werden mußten. Bei solchen Einfädelungsversuchen durfte man nicht angesprochen werden. Mit zunehmender Übung wurde dies aber mit der Zeit zu einer fließenden automatischen Handlung, die sogar im Dunkeln erfolgreich verlaufen kann, also nicht einmal das Sehen zwecks Kontrolle benötigt.

Einheitsstiftende Schemata ermöglichen es, mehrere Dinge gleichzeitig zu tun. Das ist natürlich enorm verhaltensökonomisch und damit beanspruchungsreduzierend. Derartige Vorgänge lassen sich auch im Denksystem nachweisen. Die dabei zu erzielenden Quantitäts- und Qualitätssprünge erklären auch, warum beispielsweise ein sehr guter Programmierer ca. 100mal schneller und nebenbei auch noch besser programmiert als ein relativ schlechter Programmierer. Ersterer ist nicht ohne weiteres durch 100 minder gute Programmierer zu ersetzen, weil der Koordinationsaufwand die Effekte mindern würde.

Frage: Inwieweit gelingen mir adäquate Automatisierungen und einheitsstiftende Schemata bzw. wo könnte noch mehr „zusammengepackt" werden?

b) *Kontrolle.* Je stärker eine Handlung automatisiert ist, um so weniger bedarf sie einer bewußten Kontrolle. Sie ist von der Steuerung in die Regelung, das heißt in „Fleisch und Blut" übergegangen. In der Jugend erlernte Sportarten oder Sprachen erreichen einen Grad von

Automatisierung, den man als älterer Erwachsener nie mehr aufholen kann.

Bewußtheit kann auch quälen. Wer nicht die Gnade des Vergessens weniger glücklicher Situationen kennt, schürt die Flamme der permanenten Überbeanspruchung.

Frage: Inwieweit bin ich bereit, die Dinge „gut sein" zu lassen und nicht völlig kontrollieren zu wollen?

c) *Einstellungen und Attributionen.* Verzeihen oder „gut sein lassen können" sind streßreduzierende Fähigkeiten, die verhindern, daß man sich immer weiter in ein Problem verbohrt. Das „naive" Nicht-Bemerken der zahllosen spitzen Bemerkungen und unfreundlichen Gesten von Neidern bewahrt ebenfalls vor Streß. Und die ebenfalls „naive" Gutmütigkeit filtert ebenfalls etliche Streßphänomene aus. Wer frei nach Lessing sich selbst am besten kennt und deshalb anderen immer das Schlechteste unterschiebt, beansprucht sich selbst damit. „Dem Reinen ist alles rein, dem Schwein ist alles Schwein".

Fehlattributionen (falsche Ursachenzuschreibungen) können ebenfalls Unerfreuliches aus der eigenen bewußten Wahrnehmung ausblenden. Vorgesetzte neigen dazu, den Erfolg sich selbst zuzuschreiben, den Mißerfolg aber den unfähigen Mitarbeitern oder dem Schicksal. Sie sind sich der Wirklichkeit nicht bewußt und sagen insofern bei ihrer Argumentation auch nicht willentlich die Unwahrheit.

Frage: Wo neige ich zu Fehlattributionen?

d) *Wahrnehmungsverzerrungen* können ausgesprochen streßreduzierend sein. Die Frohnatur, die in der Lage ist, alle unangenehmen Eindrücke und Gedanken auszufiltern und immer nur das Schöne sieht, lebt ausgesprochen gesund, wenn ihre Umgebung sie nicht unsanft auf den Boden der Realität holt. Wer immer nur das Gute in anderen Menschen sieht, läuft natürlich eher Gefahr, enttäuscht zu werden. Wer möglichst mit allem Schlechten rechnet, wird zwar nicht enttäuscht, nur bestätigt, bezahlt diesen Vorteil aber mit weniger Lebensqualität.

Der Optimist argumentiert, dies sei die beste aller Welten. Der Pessimist fürchtet, der Optimist könne recht haben. Beide unterliegen zumindest begrenzt den Gesetzen der Sich-selbst-erfüllenden Prophezeiung. Der Optimist „schaut sich" die Anforderungen der Situationen niedrig, die eigenen Bewältigungsmöglichkeiten hoch und ist im Vergleich sicher, die Situation zu meistern. Dies wird mit entsprechend positiven Gefühlen der Freude, der angenehmen Herausforderung etc. gekoppelt. In der Konsequenz ist er locker, kann kreativ im Ausdenken verschiedener Handlungsalternativen sein, er entscheidet schnell und sicher und agiert. Dies alles erhöht die Erfolgswahrscheinlichkeit. Wenn die Situation gemeistert ist, bestätigt dies seinen anfänglichen Eindruck und erhöht sein Selbstwertgefühl. So wird der Optimist beim nächsten Mal noch optimistischer. Beim Pessimisten ist dies umgekehrt. Sein Verhalten nähert sich der depressiven Spirale.

Das berühmte positive Denken beinhaltet nichts anderes als die Freude darüber, daß es schlechter kommen könnte. Wer die halbe Menge im Glas Bier als halb voll interpretiert, ist sich bewußt, daß es leer sein könnte, orientiert sich also an dem Negativzustand und freut sich, daß die Wirklichkeit im Vergleich dazu positiv aussieht. Wer dieselbe halbe Menge als halb leer interpretiert, ärgert sich, daß die Wirklichkeit seine Wunschvorstellung zur Hälfte nicht erfüllt.

Frage: Wo könnte ich noch das Bierglas halb voll anstatt halb leer sehen?

e) *Soziale Unterstützung* ist einer der stärksten Streßreduktionsfaktoren. „Geteiltes Leid ist halbes Leid". In Gesellschaft werden die meisten Streßsituationen erträglicher. Emotionale Geborgenheit macht stark. Der Eindruck eines sinnvollen Lebens in der Gemeinschaft, mit der man sich identifiziert, fördert die Gesundheit, wie unter anderem auch die Analysen der Lebensgewohnheiten alter Menschen im Kaukasus zeigen. Einsamkeit vermindert die Fähigkeit, Fehlbeanspruchung zu ertragen.

Frage: Wo kann ich mehr soziale Unterstützung bieten, aber auch bekommen?

f) Das *Denken* als Umgang mit Komplexität beeinflußt die Beziehungen zwischen Handeln, Handlungsbereichen, Handlungsgeschehen und Handlungen natürlich enorm stark. Wenn ich die Anzahl der Handlungsbereiche senke bzw. Synergieeffekte erziele (siehe das obige Beispiel des Zusammenlegens von Familie, Freizeit, Sport) reduziere ich die Beanspruchungsfelder. Es kann aber auch umgekehrt sinnvoll sein, die Handlungsbereiche zu entnetzen, wenn zu viele Konflikte entstehen. Beispielsweise gelingt die Verbindung zwischen Privat- und Arbeitsbereich nicht immer. Die Handwerkerehefrau, die im Betrieb mitarbeitet, läuft Gefahr, Konflikte aus dem Arbeitsfeld in die Freizeit zu übertragen. Umgekehrt kommuniziert der Ehemann mit seiner Frau unter Umständen im Betrieb konfliktträchtiger als er dies mit einer fremden Mitarbeiterin tun würde. Ver- und Entnetzung spielen also bei der Handlungsregulation in ähnlicher Weise wie bei der Bearbeitung komplexer Probleme eine wesentliche Rolle.

Frage: Wo könnte ich noch Synergieeffekte erzielen?

g) Der *Umgang mit Emotionen* ist außerordentlich wichtig für die Beziehungen zwischen Handeln, Handlungsbereichen, Handlungsgeschehen und Handlungen. Unter dem Eindruck starker und beanspruchender Emotionen wie Angst und Ärger regredieren wir auf primitivere Verhaltensmuster, das heißt gehen quasi in der Evolution einige Schritte zurück.

Frage: Wie gut gelingt mir die Balance aus Emotionskontrolle auf der einen und Emotionsgenuß auf der anderen Seite?

Es gibt einige relativ stabile Verhaltensmuster, die unterschiedlich beanspruchen und zugleich Lehrstücke dafür sein können, wie man seine Beanspruchung nicht optimiert, das Typ-A- und das depressive Verhalten und Erleben.

Zweiter Diagnoseschritt: „Reflektiere Deinen Verhaltensstil!“

Das Typ-A-Verhalten spielt im Kontext der Herzinfarktforschung eine besondere Rolle. 1932 starben in Deutschland etwa 14 000 Menschen an der koronaren Herzkrankheit (Verengung der Herzkranzgefäße), 1972 waren es bereits über 117 000. Mittlerweile rechnen wir mit fast 300 000 Herzinfarkten pro Jahr, wovon über 90 000 tödlich verlaufen. Die üblichen Risikofaktoren Rauchen, Bluthochdruck, Vererbung, Übergewicht, Bewegungsmangel, falsche Ernährung etc., vor allem aber die Kombinationen aus derartigen Faktoren erklären nur ca. 50 Prozent der Gesamtvariabilität. Mit anderen Worten 50 Prozent der Herzinfarkte können so nicht erklärt werden. Es gibt immer noch viele Leute, die trotz Rauchen, Bluthochdruck usw. keinen Herzinfarkt bekommen. Ein großer weiterer Varianzanteil, der aber aufgrund der Komplexität des Verhaltens und Erlebens schwer dingfest zu machen ist, dürfte durch Fehlbeanspruchung zu erklären sein. In diesem Zusammenhang fiel Forschern immer wieder auf, daß bestimmte Verhaltensmuster bei Herzinfarktpatienten gehäuft zu finden sind. Dieses Verhaltensmuster, genannt „Typ-A-Verhalten", ist zunächst zu charakterisieren als: starker „drive oder Drall", Aggressivität, ambitioniert, wettkampforientiert, immer unter Zeitdruck und sonstigen vielfach selbstverursachten Zwängen stehend und immer unzufrieden mit dem Erreichten. Personen mit Typ-A-Verhalten erhalten ihr Selbstwertgefühl und den Eindruck ihrer eigenen Kompetenz durch den Vergleich mit anderen, denen sie überlegen sein wollen. Sie versuchen dauernd, ihre Erfolge in den Augen der anderen zu steigern. Sie wollen mehr und mehr in weniger Zeit erreichen. Ein Mensch mit Typ-A-Verhalten versucht immer neue, selbstgewählte, aber vielfach schlecht definierte Ziele zu erreichen, dies immer im Wettkampf mit anderen, er strebt immer nach Anerkennung und Karriere, „geht ein hohes Tempo" und ist außergewöhnlich geistig und körperlich rege (vgl. auch Uexküll, 1981, S. 562).

Beim Typ-B-Verhalten fehlen derartige Erlebens- und Verhaltensmuster. Dieses Verhalten wurde durch mehrere Fragebögen erfaßt, und man verfolgte in teilweise recht bekannt gewordenen prospektiven Studien, wie sich im Verlaufe der Jahrzehnte nun die Personen mit Typ-A- und Typ-B-Verhalten entwickelten. Tatsächlich erlitten die Personen mit Typ-A-Verhalten überzufällig häufiger einen Herzinfarkt. Das Risiko eines Menschen mit Typ-A-Verhalten, an einer koronaren Herzkrankheit zu leiden, ist demnach gegenüber dem seines Kollegen mit Typ-B-Verhalten ca. doppelt so hoch, auch wenn die andere Prädiktoren wie Bluthochdruck, Bewegungsmangel etc. auspartialisiert wurden. Fügt man aber einen erhöhten Cholesterin-Spiegel zu dem Typ-A-Verhalten hinzu ergibt sich ein viermal so hohes Risiko. In den zahlreichen Untersuchungen zum Typ-A-Verhalten zeigte sich übrigens, daß derartige Effekte nicht nur für Männer, sondern auch analog für Frauen gelten. Weiter scheinen sich die wesentlichen Befunde zum Typ-A-Verhalten in verschiedenen Kulturen zu bestätigen.

Typ-A- und Typ-B-Verhaltensweisen sind bei Miltner, Birbaumer & Gerber (1986, S. 204) einander gegenübergestellt. Gekürzt ergibt sich folgendes Bild:

Typ-A-Verhalten	**Typ-B-Verhalten**
– Ausdruck von Energie, Wachheit	– Ausdruck von Entspannung, Ruhe, ruhiger Aufmerksamkeit
– fester Händedruck, schneller Schritt	– sanfter Händedruck, ruhiger Schritt
– laute, eindringliche Stimme	– leise Stimme
– kurze, abgehackte Sprache	– lange, ausufernde Sprache
– schnelles Sprechen und Beschleunigung am Ende	– langsames Sprechen, Wortverschwendung
– explosive Sprache und starke Betonung	– fast monotone Sprache
– Unterbrechen des Gesprächspartners	– seltenes Unterbrechen
– Beschleunigung des Sprechens anderer durch „hm, hm“ etc.	– keine Beschleunigung
– reagiert „sauer“ auf Langsamkeit	– keine aufgeregten Reaktionen
– betont das Gesagte durch Fäusteballen, Zeigefinger etc.	– keine derartige Betonung
– stärkerer Eindruck von Aggressivität und Feindseligkeit	– keine Aggressivität und Feindseligkeit
– seufzt bei Fragen zur Arbeit	– kein Seufzen
– häufige abrupte Einwortreaktionen wie „nie!“ „absolut!“	– keine starken Einwortreaktionen
– gespanntes, kurzes Lächeln	– lockeres Lächeln
– Brüche im Atemrhythmus	– keine Brüche
– kann nicht lange still sitzen	– sitzt still, unter Umständen auch sehr lange
– ist gewissenhaft, hohe Standards	– keine Besonderheiten
– wenig flexibel	
– will eher anerkannt als geliebt werden	– umgekehrt
– zwanghafte Anziehung von Wettbewerb und Herausforderung	– keine sonderliche Anziehung
– verfolgt simultan mehrere Linien	– arbeitet nacheinander ab

Tabelle 7.1: Merkmale des Typ-A- versus Typ-B-Verhaltens

Typ-A-Verhalten	Typ-B-Verhalten
– denkt im voraus, was der andere sagen will und beendet dessen Satz vorzeitig	– neigt dazu nicht
– treibt, die Dinge müssen fertig werden	– treibt nicht
– schwacher Zuhörer	– besserer Zuhörer
– ungeduldig gegenüber Untergebenen	– geduldiger
– glaubt alles besser zu können	– definiert sein Selbstbewußtsein auf andere Weise
– legt lieber an Geschwindigkeit zu, als zu verlangsamen	– umgekehrt
– ärgert sich, wenn er von frustierenden Dingen erzählt, selbst wenn das Ereignis lange zurückliegt	– ärgert sich nicht mehr, wenn das Ereignis lange zurückliegt

Tabelle 7.1: Merkmale des Typ-A- versus Typ-B-Verhaltens (Fortsetzung)

Es gibt verschiedene Bilder für den Menschen mit einem Typ-A-Verhalten (unter anderem in der Time-Life-Serie für Verhalten), so zum Beispiel:

- der *chronische Hetzer,* dem immer die Zeit davonläuft und der in zu kurzer Zeit zuviel erreichen will, dann aber nie zufrieden ist;
- der immer *kampfbereite Herausforderer,* der immer gewinnen will, sei es bei einer Sportart oder auch bei einer harmlosen Diskussion;
- der *Effizienz-Fan,* der Schlange-Stehen und dicke, langatmige Bücher als qualvoll erlebt;
- die *Einmannkapelle,* also der *Musikus,* der mit dem Akkordeon vor dem Bauch, obendrauf die Mundharmonika, auf dem Kopf dem Schellenbaum, auf dem Rücken die Trommel und am Bein die Rasseln ein ganzes Orchester ersetzt.

Bei einer derartigen Beschreibung des Typ-A-Verhaltens fühlt sich mancher „erwischt“ und stellt mit Bedauern fest, daß er auch einiges an Typ-A-Verhalten zu bieten hat. Allerdings sollte man nicht vergessen, daß die Dynamik und die Bereitschaft, die Probleme anzupacken und Herausforderungen zu bewältigen, auch ihre deutlich positiven Seiten hat. Im übrigen handelt es sich nicht um ein absolut stabiles Persönlichkeitsmerkmal, sondern um einen Verhaltensstil, den man in Grenzen durchaus ändern kann. So scheint es auch zwei voneinander abgrenzbare „A-Typen“ zu geben, den einen, der dieses Verhalten fast zwanghaft an den Tag legt, also beispielsweise auch beim Mensch-ärgere-Dich-nicht-Spiel mit seiner 10jährigen Tochter unbedingt gewinnen muß, und einen, der durchaus im Falle eines Gegenübers mit B-Verhalten auch ein passendes B-Verhalten an den Tag legen kann. Im übrigen dürften Persönlichkeitsreife- und Alterungsprozesse eine Rolle spielen. So wäre es denkbar, daß ältere Führungskräfte in hohen Positionen ihre „A-Zeiten“ im Sinne der „wilden Jahre“ hinter sich haben und zu einer Mischform herangereift sind, die im wesentlichen die angenehmen dynamischen Seiten des Typ-A-Verhaltens aufweist, aber die zwanghaften unangenehmeren Komponenten im Griff hat.

Eine Person mit Typ-A-Verhalten neigt dazu, sich in Situationen zu bringen, die jemand mit Typ-B-Verhalten gar nicht erst erzeugen würde. Im folgenden nennen wir der Einfachheit halber eine Person mit Typ-A-Verhalten „Typ-A“ obwohl es sich nicht um ein stabiles Persönlichkeitsmerkmal wie zum Beispiel die Intelligenz handelt.

Typ-A ist dauernd in Schwung, in einer Art Herausforderungsstimmung, die ihn für alle möglichen Probleme wach sein läßt. Sie sollen sofort gemeistert werden. Er unterschätzt dabei die Anforderungen der Situation. Die Zeit, die er für ihre Bewältigung bemißt, ist meistens zu kurz, die Kosten des zu bauenden Hauses werden als zu gering eingeschätzt. Zugleich schätzt er prinzipiell seine eigenen Bewältigungsmöglichkeiten zu hoch ein, zumindest wenn man von dem Zwei-Drittel-Prinzip ausgeht. Typ-A sagt gerne: „Dann kann ich noch schnell ...“. Er glaubt auf der Fahrt nach X noch schnell bei dem Kunden A reinschauen zu können oder „zwischendurch mal schnell“ noch einkaufen zu können. Die Unterschätzung der Situationsanforderungen und gleichzeitige Überschätzung eigener Bewältigungsmöglichkeiten führt natürlich zu einer hohen subjektiven Sicherheit, die jeweilige Situation zu meistern. Damit fühlt sich Typ-A nicht unangenehm beansprucht, sondern angenehm „in Fahrt“. Entsprechende Emotionen der Freude am Schaffen, des Eindruckes von Kontrolle, des Gestalten-Könnens bis hin zur Lust an der Macht beflügeln seinen Tatendrang. Weniger energische Menschen sieht er als „schlappp“, zögerliche Idealisten sind für einen solchen Tatmenschen „Traumtänzer“. Typ-A ist nicht der Mensch, den der Selbstzweifel quält. Unsichere und kränkelnde Menschen sind für ihn tendenziell „Psychohemden“. Aufgrund der hohen subjektiven Sicherheit und der eher angenehmen Begleitgefühle ist Typ-A relativ locker und damit recht kreativ in der Entwicklung verschiedener Handlungsalternativen. Zugleich ist er neugierig, Neuem gegenüber immer aufgeschlossen und erkundend. Dies führt zu relativ schnellen und sicheren Entscheidungen. Zudem ist er eher handlungsorientiert, das heißt er tut auch, was er will, er agiert. Dies führt verbunden mit der entsprechenden Leistungsmotivation fast zwangsläufig zu Erfolg, zu dessen Genuß er allerdings keine Zeit hat.

Diesen Erfolg schreibt sich unser Typ-A selbst zu (internale Attribution). Nur bei Mißerfolg wäre ihm sofort klar, daran könnten nur andere Schuld tragen. Dieses für ihn persönlich beanspruchungsreduzierende Verhalten und Erleben führt zu zahlreichen Handlungserfolgen, die den Typ-A in seinem Verhalten zunächst bestätigen. Dieser Erfolg macht süchtig, aber er wird nicht genossen. Er strebt immer höhere Ziele an, das Rad des Hamsters wird beschleunigt gedreht. Unser Typ-A nimmt sich immer mehr in immer kürzerer Zeit vor und jagt den selbst veranlaßten Terminen hinterher. Dies wird durchaus lange nicht als Überbeanspruchung interpretiert, sondern als „Schwung“. Eines Tages macht der Kreislauf nicht mehr mit, der Herzinfarkt beendet die Typ-A-Karriere. Typischerweise werden die Alarmsignale überhört. Der Typ-A ist nicht bereit, die Signale zur Verlangsamung seines enormen Tempos zu hören. Er neigt zur Dissimulation, das heißt zum Herunterspielen der Symptome.

Wenn er den Herzinfarkt überlebt, entwickelt er aufgrund seiner Neigung, die Dinge anzupacken und als Herausforderung zu betrachten, einen neuen Ehrgeiz, die Krankheit möglichst schnell und erfolgreich zu überwinden. Dieser Prozeß wird von vielen heiligen Schwüren der Besserung des Typ-A-Verhaltens begleitet. Nach der Gesundung allerdings spielt sich meist schnell der alte Trott wieder ein.

Gemäß der BHA ist das Typ-A-Verhalten nicht optimal, weil die Balancen aus Energieentfaltung und Regeneration langfristig nicht gelingen. Zudem wird die Qualität der Arbeit durch die Hektik oft gemindert. Es entstehen fehlerbehaftete Handlungsstrategien durch Zeitmangel und dadurch in der Folge wiederum neue Fehlbeanspruchungen. Denn Fehler nachträglich zu korrigieren und für die Zukunft auszumerzen ist langfristig mühsam und teuer, wie die zahlreichen Befunde zum Qualitätsmanagement zeigen. Denn bei Überbeanspruchung läuft die Handlungsregulation folgendermaßen ab:

- Informationsverzicht, vorläufige und fehlerbehaftete Informationsverarbeitung, Reaktionsaufschub dessen, was später nach Überstehen der aktuellen Beanspruchung nachgeholt werden soll; Vernachlässigung der momentan weniger wichtigen Informationen, geringere Unterscheidung zwischen den Informationen, Verzicht auf Qualität der Informationsverarbeitung, Flucht vor der Aufgabe.

- Geringere Kontrolle, Einschätzung der eigenen Handlungskompetenz als geringer, begleitet von Symptomen wie „thematisches Vagabundieren" („vom Hölzchen aufs Stöckchen"), geringere Entschlossenheit und Entscheidungsbereitschaft, weniger Verantwortungsübernahme, soziale Abkapselung, Tendenz zu Delegation und Exkulpation („die anderen sind schuld"); Angst mit der Folge der „Notfallreaktionen" des Denksystems mit geringer Selbstreflexion, stereotypem Handeln, geringem Abtasten der Umgebung und Probehandeln, geringere Hypothesenbildung und Planung, höherer Aggression, Resignation und Rückschritt auf „primitivere" Verhaltensmuster (vgl. auch Dörner, 1979).

- Weniger gute Handlungsstrategien, zu schnelle und überstürzte Entschlüsse, Wahl der „erstbesten" Lösung, „Durchwursteln", nachträgliches Kompensieren, Einengung der Aufmerksamkeit, „Alles-oder-nichts"-Reaktionen und verringerte Informationssuche.

Derartige Handlungsregulationen bei Fehlbeanspruchungen sind besonders unter folgenden Bedingungen wahrscheinlich:

- Bei (Zeit-)Druck und Fremdbestimmung, sofern die Person Selbstbestimmung vorzieht. Es gibt durchaus viele Leute, für die es beanspruchungsmindernd wirkt, wenn ihnen jemand sagt, was sie tun sollen.

- In dissonanten Situationen, das heißt, man kann nicht natürlich, etwa mit Freude, Angst oder Zorn reagieren, sondern die Umgebung erzwingt ein künstliches Verhalten. Beispielsweise ist es in der Sitzung nicht möglich, dem Ärger über den Chef Ausdruck zu verleihen.

- Bei allen Arten von Konflikten sowohl zwischen verschiedenen Personen(Gruppen) als auch innerhalb einer Person, sei es als kognitive Dissonanz „im Kopf“ sei es als „Kopf-Bauch-Konflikt“.

- Sandwichpositionen. Der Herzinfarkt ist eine Krankheit der unteren Führungspositionen, das heißt der Leute, die von oben und unten, von vorne und hinten, vom Beruf und der Familie, von schlechten Arbeitsbedingungen und Geldmangel „gequetscht“ werden und die zwischen allen Fronten stehen.

- Wenn verschiedene Handlungsbereiche keine Kompensationsmöglichkeiten bieten, sondern im Gegenteil Aufschaukelungsprozesse zu erwarten sind.

- Wenn Orientierung, Werte, Normen, Glaubensreformen, Ideologien, Vorbilder, Leitbilder fehlen, entstehen Fehlbeanspruchungen leichter. Ordnung im Kopf und das Wissen um die eigenen Bedürfnisse und Ziele sind die Basis für jede gute Handlungssteuerung.

- Situationen mit zu vielen Aufgaben und Anforderungen.

Frage: Inwieweit neige ich zu Typ-A-Verhalten?

Depressives Verhalten und Erleben

Unsere Typ-A-Mitmenschen verlassen ihre Handlungskreise meist erfolgreich. Sie trauen sich viel zu, meistern dies mit Schwung, auf Dauer maßlosem Schwung, und werten ihre Erfolge als fast selbstverständliche Resultate ihrer Fähigkeiten, die sie freilich oft überschätzen.

Beim depressiven Verhalten und Erleben laufen diese Prozesse in vielerlei Hinsicht anders herum. Unter Personen mit depressivem Verhalten und Erleben seien hier nicht die ca. 5 Prozent endogen Depressiven verstanden, die unbedingt einer psychiatrischen Behandlung bedürfen, sondern die ca. 95 Prozent reaktiv Depressiven, die durchaus im Berufsleben stehen, Autofahren usw. und bei denen auch entsprechende Zusammenhänge mit Fehlbeanspruchungen begründbar sind (vgl. Kastner, 1994). Eine nähere Betrachtung der Zusammenhänge zwischen Fehlbeanspruchungen und depressivem Erleben und Verhalten erscheint äußerst angebracht, da ca. 80 Prozent aller Mitmenschen irgendwann in ihrem Leben depressive Phasen durchmachen dürften.

Der Depressive sucht zunächst zahlreiche Situationen, auf die sich ein Typ-A mit Wonne stürzen würde, gar nicht erst auf. Er neigt dazu, Situationsanforderungen zu überschätzen („Mein Gott, ist das schwierig!") und eigene Bewältigungsmöglichkeiten zu unterschätzen („Das kann ich auf keinen Fall!"). Dies hat mit der Realität wenig zu tun. Die entsprechenden Fehlwahrnehmungen sind ja gerade ein Merkmal dieser Krankheit. Aus dieser Diskrepanz zwischen subjektiven Situationsanforderungen und subjektiven Bewältigungsmöglichkeiten ergibt sich zwangsläufig eine hohe Unsicherheit, die Situation adäquat zu bewältigen, bzw. im schlimmeren Fall eine hohe Sicherheit, die Situation auf keinen Fall zu bewältigen.

Dieser kognitive Vergleichsakt in der Geisteswelt wird sofort mit der Emotion „Angst" in unserer Lebenswelt gekoppelt. Wenn dies oft geschieht, bahnen sich natürlich die entsprechenden Kognitionen und Emotionen, das heißt, es werden unerfreuliche Situationen antizipiert. Dabei entsteht Angst vor der möglichen Angst. In dieser Angstgeneralisierung, also Ängstlichkeit, entsteht natürlich keine besondere Motivation, neue Situationen zu erkunden und sich selbst zu beweisen, was für den Typ-A eine Selbstverständlichkeit ist.

In der relativen Gewißheit (kognitive Einschätzung) und der Angst (Gefühlserleben), die Situation nicht zu meistern, entwickelt der Depressive keine Kreativität in der Erarbeitung verschiedener Handlungsalternativen. „Angst macht dumm und blockiert". Angst verspannt zudem. In der Haltung des Kaninchens vor der Schlange wartet der Depressive, daß etwas passiert oder verhält sich unentschlossen und zögerlich. Der Entscheidungsprozeß zur Auswahl einer Handlungsalternative wird zu einer quälenden, zusätzlich beanspruchenden Angelegenheit. Er agiert entsprechend halbherzig. Dadurch verändert sich natürlich die Situation nicht wie gewünscht. Diesen Mißerfolg nimmt der Depressive mit scharfem Auge wahr. Er hat es ja schließlich so erwartet. Damit paßt der Mißerfolg in seinen Erwartungshorizont, und er bestätigt die Meinung des Depressiven zu sich selbst. „Ich habe ja gesagt, ich kann das nicht!". In der Folge ist er natürlich noch weniger bereit, neue Situationen aufzusuchen, in denen er sich bewähren könnte.

Diese depressive Spirale dreht sich immer weiter, bis sich bei dem Betroffenen die Reaktionen des „Aufgebens“ häufen, im schlimmsten und leider recht häufigen Fall das Aufgeben des eigenen Lebens.

Frage: Inwieweit neige ich zu depressivem Erleben und Verhalten? Und inwieweit neige ich zu der folgenden Spirale: Ich glaube, eine Situation nicht bewältigen zu können, fliehe, resigniere oder erdulde passiv, bekomme ein negatives Selbstbild, schreibe Erfolge nach außen, Mißerfolge aber nach innen zu und sehe in der Folge die nächste Situation als noch schwieriger an?

Oft ist depressives Erleben und Verhalten das Endprodukt des Burn-out-Syndroms. Hier gleiten vor allem Personen in helfenden Berufen und Männer Ende vierzig, die noch weiter aufsteigen wollen, aber nicht können, in verschiedenen Phasen in die innere Erschöpfung. Nach einer Anfangsphase des Über-Engagements und anschließendem Energiemangel reduziert sich das Engagement (Fehlzeiten, Tagträumen, Verlust von Idealismus) und es entstehen depressive Verhaltensweisen mit Aggressionen und Schuldzuweisungen. Selbstmitleid, Nörgeln, Intoleranz und Ungeduld sind hier typisch. Es folgen Phasen des Abbaus mit Gedächtnisschwächen, der Verflachung mit Gleichgültigkeit und Eigenbröteleien, der psychosomatischen Reaktionen mit hohem Blutdruck, Übelkeit und Schlafstörungen bis hin zur Verzweiflung und Selbstmordabsichten.

Frage: Inwieweit habe ich mich in diese Richtung verändert?

Dritter Diagnoseschritt: „Entwickle ein individuelles Modell Deiner Beanspruchungsoptimierung!“

Die „beste Streßbewältigung“ besteht in der Vermeidung von Streß, sofern uns dies keine Handlungskompetenz kostet. Die „zweitbeste Streßbewältigung“ ist die aktive Auseinandersetzung im Sinne eines erfolgreichen Abschlusses der jeweiligen Beanspruchungshandlung im Sinne der Zwei-Drittel-Relation aus Leistung und Beanspruchung. Die „drittbeste Streßbewältigung“ ist immer noch das „aus dem Felde Gehen“. Wir spielen das Spiel nicht mehr mit, sofern dies möglich ist. Allerdings halten wir dies oft unzulässig für unmöglich und schieben tausend Gründe vor, die alle letztlich faule Ausreden darstellen, weil wir gleichzeitig auf nichts verzichten wollen.

Eine mißlungene Streßbewältigung besteht im Mißerfolg der Handlung, der eventuell durch zusätzliche Aktivitäten ausgebügelt werden kann. Eine absolute Nicht-Bewältigung besteht in der typisch depressiven Reaktion des Aufgebens. „Ich kann nicht mehr, und ich will auch nicht mehr".

Die Handlungsregulation gelingt dann optimal, wenn verschiedene Balanceakte elegant so ausgeführt werden, daß man nicht vom Seil fällt.

Was automatisiert werden kann, soll auch automatisiert werden. Automatisierung senkt die Beanspruchung. Allerdings müssen die Automatismen des öfteren auf ihre Tauglichkeit für neue Situationen überprüft werden. Und es muß eine prinzipielle Bereitschaft bestehen, alte untaugliche Automatismen wie Bewegungsabläufe aber auch Denkmuster, die zu Denkblockaden geworden sind, abzubauen und neue Muster aufs Neue zu automatisieren. Wie viele Leute haben sich Schneeketten gekauft, nicht im Trockenen kurz geübt und sind dann in der aktuellen meist gefährlichen, eisigen Situation in ausgesprochenen Streß geraten. In dem Moment, in dem man fluchenderweise mit eiskalten Fingern die Ketten auseinanderdividiert, im Dunkeln nicht die Gebrauchsanweisung lesen kann und ungeduldigen hämischen Zurufen der Familienmitglieder ausgesetzt ist, bereut man die mangelnde Automatisierung.

Frage: Wie gut gelingt mir die Balance zwischen Auf- und Abbau der jeweils beanspruchungsreduzierenden Automatismen?

Was aus dem Bewußtsein hinaus kann, sollte auch hinaus. Der Zeigarnik-Effekt belegt recht gut, daß die nicht „abgehakten" Inhalte im Gehirn weiter rumoren und besser behalten werden. Insofern ist es sinnvoll, Handlungen abzuschließen und innerlich abzuhaken. Im Zeitmanagement sollte man daran denken, daß die heutige Einordnung meiner morgigen Aufgaben in das Eisenhower-Schema zwar Ordnung im Kopf schaffen und in diesem Fall streßmindernd wirken kann. Aber das Bewußtmachen der morgen zu erwartenden Aufgaben kann schon heute Aktivierungen auslösen, die innere Unruhe bereiten. Dies führt dann dazu, daß die Familienmitglieder merken, daß man zu Hause nicht bei „der Sache ist und sein Firmengesicht zeigt" und schlecht einschlafen kann. Oft nehmen Manager über das Wochenende Arbeit mit nach Hause. Am Sonntag nachmittag werden sie unruhig, weil sie innerlich schon für die neue Woche Alarm ausrufen. In der Konsequenz schlafen sie in der Nacht auf Montag schlecht. Wenn dies öfter geschieht, erwartet man am Sonntag schon den schlechten Schlaf, auch wenn die Woche leicht zu werden verspricht. Im Sinne der Sich-selbst-erfüllenden-Prophezeiung schläft man dann auch wirklich schlecht.

Verdrängen und Vergessen haben ihre gute streßmindernde Wirkung sofern sie nicht als Gärungsprozesse unterhalb der Bewußtseinsschwelle Unruhe stiften.

Frage: Wie gut gelingt mir Balance zwischen behalten und vergessen?

Fehlattributionen können ebenfalls Beanspruchung mindern. Wer die Erfolge sich selbst, die Mißerfolge anderen zuschreibt oder wer seine nicht selbst erarbeiteten Privilegien weltfremd seinen eigenen Fähigkeiten zuschreibt, fördert seine kognitive Konsonanz, also Stimmigkeit und mindert damit seine Beanspruchung. Die Frage ist nur, was dies langfristig an Lebensqualität kostet.

Satte Vorurteile sind unter ethischen Gesichtspunkten unerfreulich. Aber unter Aspekten der Beanspruchungsoptimierung reduzieren sie Komplexität. Eine bestimmte Automarke kommt für mich nicht in Frage. Dies vereinfacht die Entscheidungsprozesse. Vorurteile sind automatisierte, nach „unten" delegierte Denkmuster, die den Kopf für „Wichtigeres" freihalten.

Insofern ist es nicht sinnvoll, grundsätzlich alle Vorurteile abzubauen. Man sollte sie unter dem Aspekt der Streßminderung dort, wo es ethisch „nichts kostet", ruhig beibehalten, aber bei Urteilen, die mit Menschen zu tun haben, zum Beispiel Kollegen und Mitarbeitern, das „Vor" auflösen.

Es ist müßig und fehlbeanspruchend zugleich, die Wirklichkeit objektiv wahrnehmen zu wollen. Und man sollte seine Energien wohl dosieren, wenn es darum geht andere von den eigenen „Wahrheiten" zu überzeugen. Aber es ist wichtig, die eigenen Interpretationen mit denen anderer wichtiger Personen abzustimmen. Andere Systemsichten bzw. die einfache Frage „Wie siehst Du das?" können bewirken, daß das nach unten delegierte und als Denkblockade (Brett vor dem Kopf) wirkende Denkmuster auf einer höheren Ebene des Bewußtseins und damit der Handlungshierarchie korrigiert wird.

Frage: Wie gut gelingt mir die Balance, in Bereichen, in denen die Gefahr von Fehlbeanspruchungen und Krankheit lauert, der Wirklichkeit möglichst nahe zu kommen, aber in Bereichen, in denen keine „harten Landungen auf dem Boden der Realität“ zu erwarten sind, durchaus weiterzuträumen?

Bezüglich der sozialen Unsterstützung gilt nicht die Devise „soviel wie möglich“ oder „viel hilft viel“, denn sie kostet auch etwas. Wir können nicht immer nur nehmen. Wer Freunde hat, die beim eigenen Umzug helfen, kann sich schlecht bei deren Umzug drücken. Zuviel soziale Unterstützung kann nerven und führt im übrigen zu Unselbständigkeit. Hier muß also die Balance zwischen genügend Hilfe und Geborgenheit einerseits sowie Eigenständigkeit und Selbstverantwortung andererseits gefunden werden. Dies bedeutet, daß man nicht immer „automatisch“ das tut, was die anderen Mitglieder des sozial unterstützenden Systems tun und daß man sich umgekehrt um die Freunde, die wirklich Lebensqualität bieten, bemüht.

Frage: Inwieweit gelingt mir die Balance aus guten Freunden und Zeit- und Energieaufwand für sie?

Komplexität muß nicht einfach im „Input“ reduziert werden, sondern dies muß auf die richtige Weise geschehen (vgl. Kastner, 1992, 1994) und Komplexität muß wie erwähnt auch „im Output“ produziert werden. Dabei spielt das divergente Denken eine wesentliche Rolle. Es gibt in den meisten Fällen nicht nur die eine „richtige“ Lösung wie bei einer Mathematikaufgabe, zu der allenfalls verschiedene Wege führen können. In den meisten Bereichen existieren noch zahlreiche andere, unterschiedlich adäquate Handlungsalternativen, an die man nur nicht denkt. In bezug auf den Umgang mit Komplexität hinsichtlich der Beanspruchungsoptimierung müssen zwei Balancen gelingen. Bei der Komplexitätsminderung geht es darum, so stark wie möglich zu vereinfachen, aber nicht überzuvereinfachen. Bei der Komplexitätsproduktion geht es darum, kreativ weitere Handlungsalternativen zu entwickeln, dabei aber nicht andere Handlungsgeschehen zu vernachlässigen. Wie oft „verlieben“ sich

Doktoranden in ihren Computer. Nach zwei Jahren beherrschen sie ihn perfekt, aber die Doktorarbeit ist keine Zeile weitergekommen. Damit sind Fehlbeanspruchungen vorprogrammiert.

Frage: Wie gut gelingt mir die Balance aus Komplexitätsreduktion und kreativer Komplexitätsproduktion?

Streßbewältigung gelingt unter anderem durch Zerlegung des Handelns in kleinere Einheiten, zunächst Klärung des Handlungsbereiches, Konzentration auf das jeweilige Handlungsgeschehen, dann auf die Einzelhandlungen mit den jeweiligen Teilzielen, ohne dabei die übergreifenden Handlungsziele aus den Augen zu verlieren. Dazu gehört ein „Weitstellen der Taschenlampe“ vor und nach der aktuellen Beanspruchungshandlung, um ein langfristiges Kapazitätsmanagement zu gewährleisten. Anschließend muß über ein „Engstellen“ der Taschenlampe dem Detail genügend Aufmerksamkeit gewidmet werden. Auf Dauer muß sich der Organismus in verschiedenen Auf- und Abbewegungen und fortlaufenden Fließgleichgewichten auf einem Niveau der Zwei-Drittel-Relation zwischen Leistung und Banspruchung bewegen. Nach starken Beanspruchungen müssen Regenerationsphasen in Form von Pausen mit Entspannung, Abwechslung („Tapetenwechsel“) garantiert werden, die im übrigen mit zunehmendem Alter immer länger werden.

Frage: Wie gut verwirkliche ich das Zwei-Drittel-Prinzip?

Emotionen bieten im positiven Fall Lebensqualität. Insofern können wir für unser Glück, unsere Zufriedenheit und Freude nicht genug tun. Aber darüber darf die schweißtreibende Gestaltung der Zukunft nicht vergessen werden.

Wichtig ist, daß diese positiven Emotionen auch auf die höchste Ebene der Handlungshierarchie gehoben werden. Sie müssen bewußt genossen, in allen Varianten ausgekostet und psychisch in der Zeit gedehnt sowie reflektiert werden.

Negative Gefühle wie Angst und Ärger haben ihren verhaltensregulierenden Sinn. Wenn sie aber nicht situationsangemessen sind, machen sie nur krank. Negative Gefühle sollten nicht unnötig auf den höchsten Prüf- und Planungsebenen immer weiter geistig durchdrungen sondern schnellstmöglich vergessen werden.

Frage: Inwieweit gelingt es mir, positive Emotionen in der Gegenwart zu suchen, zu verstärken, zu vermehren, bewußt zu machen und zu speichern, ohne die Zukunftssicherung zu vernachlässigen?

Meine Handlungsregulation gelingt um so besser, je mehr ich die Entwicklung unterschiedlicher Systemsichten und Selbstreflexion trainiere.

Frage: Wo habe ich möglicherweise blinde Flecken? Wo liegen meine Empfindlichkeiten und Schwächen?

Gleiches gilt für Wahrnehmungstrainings bezüglich der Wirklichkeitsnähe eigener Einschätzungen.

Frage: Wie sehe ich meine Umgebung? Was filtere ich aus? Wo ist meine Wahrnehmung in einer Unverhältnismäßigkeit der Mittel sensibilisiert? Wo trüben Emotionen die Klarheit meiner Wahrnehmung? („Liebe macht blind")

Ähnlich sieht es bei dem Sozialkompetenztraining aus.

Frage: „Wie nehme ich soziale Situationen wahr? Wie gut kann ich mich in die Rollen anderer Personen hineinversetzen? Wie gut lese ich in den Gesichtern? Höre ich zu? Bin ich echt? Wie rede ich mit den Leuten?

Zusammenfassung und Konsequenzen für das tägliche Leben

- Ein Modell zur Beanspruchung und deren Optimierung, die sogenannte Beanspruchungshandlungsanalyse (BHA), erlaubt uns ein besseres Verständnis der Dynamik des Streßablaufs und -erlebens und konkreten Fragen bezüglich des eigenen Beanspruchungshandelns.
- Wir unterscheiden zwischen:
  - Handeln als Verhalten im Wachzustand, das es insgesamt zu regulieren gilt;
  - Handlungsbereichen als unterschiedlichen Feldern wie Arbeit oder Freizeit, in denen wir uns bewegen und völlig unterschiedlich beansprucht sein können;
  - Handlungsgeschehen als funktional sinnvoll voneinander unterscheidbaren Handlungseinheiten;

– Handlungen als kleinsten Mosaiksteinen, aus denen sich die Figuren des Gesamtbildes (Handlungsgeschehen) und schließlich das ganze Mosaik selbst (Handeln) formen.

- Handlungen und Handlungsgeschehen laufen auf verschiedenen Ebenen der Handlungshierarchie unterschiedlich ab. Diese Hierarchie reicht von den höchsten Denkformen der Metakognition (Denken über das Denken) über die Prüf- und Planungsprozesse, teilautomatisierten Handlungsprogramme und durch Übung automatisierten Handlungen bis zu den genetisch bedingten Instinkten, also totalen Automatismen.

- Je höher wir uns in der Handlungshierarchie befinden, um so:
  – bewußter sind die Prozesse des Denkens und Fühlens;
  – eher sind Steuerungsprozesse möglich;
  – weniger Spontanität ist möglich;
  – mehr Kontrolle ist durch unsere Hirnrinde gegeben.

- Je weiter unten wir uns in der Handlungshierarchie bewegen, um so:
  – weniger bewußt laufen unser Denken und Fühlen ab;
  – weniger werden eigene Motivationen, Einstellungen, Gedanken und Gefühle reflektiert;
  – automatischer laufen die Handlungen und Handlungsgeschehen ab;
  – weniger aktuelle Korrekturmöglichkeiten bestehen;
  – mehr nähern wir uns dem Punkt des Übergangs vom bewußten Handeln in automatisiertes Verhalten, weg von der Steuerung hin zur Regelung.

- Kriterien für ein optimiertes Beanspruchungshandeln sind:
  – die Effektivität, also Wirksamkeit;
  – die Effizienz, also Wirksamkeit und Nutzen unter Berücksichtigung der Kosten an Zeit, Energie, Aufregung;
  – die Fähigkeiten als Leistungsvoraussetzungen;
  – die Motivationen, diese Fähigkeiten auch umzusetzen;
  – die Streßtoleranz;
  – die Regenerationsfähigkeit.

- Die Handlungsregulation hat unterschiedliche Steuerungs- und Regelungsanteile, die wir langfristig durch Automatisierung von Handlungen verändern können.

- Beanspruchungen können in verschiedenen Handlungsbereichen kompensiert werden, zum Beispiel können die Schädigungen durch Arbeitsstreß in einem erholsamen Zuhause gemildert werden. Beanspruchungen können sich aber auch in den verschiedenen Handlungsbereichen aufschaukeln, zum Beispiel führt Arbeitsstreß zu Ärger im Familienbereich, was wiederum die Konzentration auf die Arbeit behindert.
  Für die Beanspruchungsoptimierung ist es wichtig, sich nicht in zu vielen unterschiedlichen Handlungsbereichen zu tummeln, sondern Synergieeffekte zu erzielen, indem man beispielsweise Freizeit- und Familienaktivitäten gemeinsam bündelt.
- Handlungsgeschehen können klassifiziert und dahingehend überprüft werden, ob sie der individuellen Persönlichkeitsstruktur entsprechen.
- Einzelne Handlungen können optimiert werden, indem die Wahrnehmung der Situationsanforderungen und der eigenen Bewältigungsmöglichkeiten, die Entwicklung von Handlungsalternativen und die konkrete Aktion trainiert werden.
- Das Typ-A-Verhaltensmuster ist ein überforderndes Beanspruchungsmuster, das in besonderer Weise zum Herzinfarkt disponiert. Zwanghafter Wettbewerb, das Erzeugen von Zeitdruck, alles selbst machen wollen sowie die Überschätzung eigener Ressourcen sind typische Merkmale dieses Verhaltens. Es ist möglich, die weniger erfreulichen Facetten des Typ-A-Verhaltens zu kontrollieren.
- Depressives Verhalten ist ein unterforderndes Beanspruchungsmuster, bei dem die Betroffenen Situationsanforderungen über-, eigene Bewältigungsmöglichkeiten aber unterschätzen, sich nichts zutrauen, wenig kreativ in der Entwicklung von Handlungsalternativen sind und zum Aufgeben neigen.
- Zwischen diesen Extremen der Fehlbbeanspruchung liegt das optimale Beanspruchungsverhalten, für das sowohl Erfolgskriterien als auch praktische Anleitungen und Tips zu vermitteln sind, die aber alle eine hinreichende Selbstreflexion, Selbstkritikfähigkeit und Disziplin erfordern.

8. Zur Minderung der eigenen Fehlbeanspruchungen

„Wenn Du den Hals noch so lang machst, Du kannst doch nicht hinter den Berg schauen.“
(aus dem Kongo)

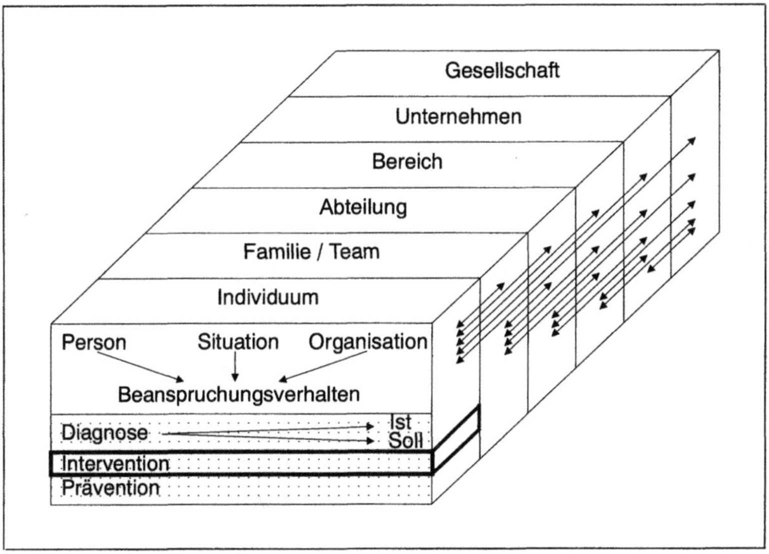

Abbildung 8.1: Betrachtung der Interventionsmöglichkeiten bei (Fehl-)Beanspruchungen

Wir wissen nun einiges über unsere Beanspruchungsprozesse und sind hoch motiviert, unsere eigene Beanspruchung und die unserer liebsten Mitmenschen zu verbessern und eines fernen Tages möglichst zu optimieren. Angesichts der ungeheuren Komplexität menschlicher Beanspruchungsphänomene sind wir bescheiden geworden und wären zufrieden, wenn wir zunächst zumindest die schlimmsten Beanspruchungsfehler unterlassen könnten.

Wir wissen um den unzureichenden Zusammenhang zwischen Wollen und Tun und fassen in der Konsequenz den konkreten Vorsatz: „Ab morgen wird die Beanspruchung in gesündere Bahnen gelenkt." Die Diagnose ist beendet, es wird Zeit, etwas zu ändern.

Wie fangen wir an? Der erste Interventionsschritt besteht darin, unseren Wahrheitsansprüchen zu entsagen und die Subjektivität unserer Erkenntnisprozesse zu akzeptieren.

1. Interventionsschritt:
„Entsage Deinen Wahrheitsansprüchen!"

Wir sind permanent Fluten von Reizen und Informationen ausgesetzt, die wir in ihrer Differenziertheit nicht zum Überleben brauchen, nicht wahrnehmen können, ohne verrückt zu werden und auch nicht wahrnehmen wollen, weil wir überfordert und orientierungslos würden. Die Wahrnehmung macht uns unsere Umwelt, die Ereignisse und uns selbst erfahrbar. Die entscheidende Aufgabe des Wahrnehmungsapparates ist es, die komplexen und dynamischen, sich permanent verändernden, zum großen Teil chaotischen Angebote äußerer Energiequellen gezielt anzunehmen und zu stabilen, für uns wichtigen Hirnkonstruktionseinheiten zu bündeln. Wir „konstruieren" also ein „Bild" unserer Wirklichkeit. Schließlich laufen die Schienen in der Ferne nicht „wirklich" zusammen, oder die Autos, die ich von der Bergspitze aus betrachte, sind nicht „wirklich" nur zwei Zentimeter lang.

Wir nehmen von der Realität nur das wahr, was uns unser Wahrnehmungssystem erlaubt. Die Merkmale der wahrgenommenen Gegenstände werden kategorisiert, nach Ähnlichkeiten eingeordnet („sieht aus wie eine Zwiebel, schmeckt wie eine Zwiebel, riecht wie eine Zwiebel, es muß wohl eine Zwiebel sein"). Personen werden erkannt und hinsichtlich ihrer Funktionen bestimmt („Das kann nur mein Chef sein, der schimpfen will."). Hier werden Erfahrungen, Erwartungen, Gefühle und Empfindungen zu einem subjektiven Bild „zusammengemischt". Liebe macht blind, Angst macht dumm. In der Aufregung sieht man die einfachsten Dinge nicht.

Wahrnehmung ist also nicht einfach eine Frage des internen Abbildens einer externen Welt, sondern des sich in einer spezifischen Weise Auseinandersetzens mit der Welt. Schon hier „beginnen" Phänomene der Beanspruchung, des Glaubens und Denkens, der Erwartungen und Einstellungen, der Wahrheitsansprüche und der Gefühle.

In welcher Teilsdisziplin auch immer Wahrnehmungsvorgänge untersucht werden, entscheidend für das Verhalten bleibt, daß die Wahrnehmung von Wirklichkeit und der Erkennensprozeß nicht einfach eine Frage der Güte einzelner Sinnesorgane sind, die allenfalls durch einige Wahrnehmungstäuschungen beeinträchtigt wird. Sondern vor allem moderne systemische konstruktivistische Konzepte verdeutlichen uns, daß es hier um zentrale „Hirnkonstruktionsprozesse“ geht, und daß der größte Anteil unseres Verhaltens nicht durch Reaktionen auf eine physikalische Welt außerhalb unserer Haut zustande kommt, sondern durch selbsterzeugte Prozesse innerhalb unserer Haut. Nicht unsere Augen sehen, sondern das Hirn sieht oder hört mit Hilfe der Augen oder Ohren. Farben sind nicht Eigenschaften der Wirklichkeit, sondern ein Konstrukt unseres Gehirns. Die Welt, die wir wahrnehmen ist eine Erfindung, eine Errechnung unseres Nervensystems (vgl. v. Foerster, 1985, S. 26).

Dinge, die „in Wirklichkeit“ vorhanden sind, sehen wir nicht (blinder Fleck). Viel wichtiger ist hier noch, daß wir nicht sehen, daß wir aufgrund unserer blinden Flecken Dinge nicht sehen. Wir können auch Dinge, die „in Wirklichkeit“ nicht da sind, sehen (beim Schlag auf das Auge sieht man Sternchen).

Wir können durch Umkehrbrillen alles, was „in Wirklichkeit unten“ ist, oben sehen und umgekehrt. Nach einiger Zeit gewöhnt sich der Organismus daran und kann sich wieder völlig normal im Raum bewegen.

Der halluzinierende Schizophrene hört es „wirklich“ in der Ecke klingeln. „Meine Wahrnehmung der Berührung (eines Blattes Papier) in Korrelation mit meiner visuellen Sinneswahrnehmung erzeugt eine Erfahrung, die ich als „Hier ist ein Blatt Papier.“ beschreiben kann ... Würde man von „der“ Realität (nicht von einer Realität) sprechen, würde das ganze Problem der Kognition einfach in den blinden Fleck des Erkennens abgedrängt: Man merkt nicht einmal mehr, daß man das Problem der Kognition nicht sieht“ (v. Foerster, 1985, S. 30).

Die Erfahrungstatsache, daß wir Mozart schön finden, beruht auf der Ähnlichkeit unserer Nervensysteme. Sie sind gleich organisiert.

Wenn eine Fledermaus durch einen Raum fliegt, sieht sie nicht diese „Wirklichkeit" sondern hört sie. Sie arbeitet mit Ultraschall. Ich als Mensch laufe nicht gegen die Wand dieses Raumes, weil ich sie sehe. Die Fledermaus fliegt nicht gegen diese Wand, weil sie sie hört. Die Tatsache, daß beide Wahrnehmungssysteme in ihren Ergebnissen einander nicht widersprechen, läßt darauf schließen, daß dort eine Wand sein muß.

Konsequenzen für die praktische Beanspruchungsverbesserung

- Wir müssen die Subjektivität unseres Wahrnehmungssystems anerkennen und Wahrheitsansprüchen weitgehend entsagen.
- Es ist sinnlos, sich um „wahre Standpunkte" zu streiten, es kann nur um die Diskussion von Meinungen in verschiedenen Systemsichten gehen.
- Wir sollten uns stets bewußt sein, daß jeder Erkenntnisvorgang der Begrenztheit des eigenen Wahrnehmungssystems unterliegt und daß die meisten Beanspruchungen nicht von außen kommen, sondern Folge interner Relationen innerhalb der eigenen Haut sind.
- Es gilt, die eigenen blinden Flecken durch Fragen anderer Personen zu überwinden. Sie müssen allerdings anders sein als wir selbst. Denn homogene Leute haben meist ähnliche blinde Flecken.
- Wir sollten uns permanent bemühen, die Anforderungen von Situationen möglichst realistisch einzuschätzen. Dazu können wir andere Personen fragen, vor allen Dingen solche, die mit derartigen Situationen Erfahrung haben.
- Ähnliches gilt für die eigenen Bewältigungsmöglichkeiten. Unsere nächsten Mitmenschen, die uns kennen, haben meist ein recht scharfes Auge dafür, ab wann wir in Fehlbeanspruchungen hineingeraten.
- Grundsätzlich ist es sinnvoll, alles für möglich, wenn auch nicht für wahrscheinlich, zu halten. Damit öffnen wir unsere Wahrnehmung auch für ungewöhnliche Handlungsalternativen. Die Suche nach neuen Wegen und anderen Handlungsalternativen ist vor allem eine Frage der Motivation und des Beharrungsvermögens.

2. Interventionsschritt:
„Gestatte Dir Visionen und Träume!“

Nach den Diagnosschritten und dem Interventionsschritt des Verzichtes auf Wahrheitsansprüche gilt es Visionen zu ganzheitlichen Lebensentwürfen zu gestalten. Wie möchte ich leben? In welcher Kultur fühle ich mich wohl? So mancher „Stadtmensch“ ist auf dem Lande, wo die Grundstücke für sein Einfamilienhaus billiger sind, nicht sonderlich glücklich und durch die langen Fahrzeiten zur Arbeit unnötig beansprucht. Umgekehrt führt die Landflucht dazu, daß dort aufgewachsene Menschen in der lauten Stadt fehlbeansprucht werden.

In welcher Form möchte ich leben und welche sozialen Kontakte wünsche ich mir? Es gibt Leute, die für eine Ehe und Kinder nicht „geschaffen“ sind. Manche fühlen sich in kleinen sozialen Kreisen wohl, andere brauchen Leben um sich herum.

Wir sollten unsere Träume in Ruhe ausschmücken und immer um die zentrale Frage dessen kreisen lassen, was wir unter Lebensqualität verstehen. Die Überlegungen sollten nicht total spinnert sein, allerdings auch das Unmögliche denken lassen. Für die meisten Auswanderer kam das Verlassen ihres Vaterlandes im wahrsten Sinne des Wortes zunächst gar nicht in Frage. Erst bestimmte Ereignisse haben diese Handlungsalternative langsam im Bewußtsein entstehen lassen.

Visionen und Träume zum eigenen Leben gründen Phänomene wie Berufung, Sinn oder Lebensaufgabe. Sie sind natürlich eingebettet in unsere Ideologien, Glaubenssysteme und Denkmuster, sollten aber dennoch ein Lösen von den dort vorgegebenen Denkschablonen ermöglichen.

Solche Visionen und Träume sind die Basis für freies Denken als „Freigeist“, das erst eine kritische Distanz zu selbstverständlichen Gedanken erlaubt. Für jemanden, der als Moslem erzogen wurde, sind teilweise ganz andere Dinge selbstverständlich als für einen orthodoxen Christen. Wie sehr dies bei Menschen, die zuvor jahrzehntelang friedlich miteinander gelebt haben, plötzlich zu einer Frage auf Leben und Tod werden kann, sieht man im ehemaligen Jugoslawien.

Hätten sich diese Moslems und Christen frühzeitiger von ihren Denkschablonen gelöst und freier gedacht, dann hätten sie festgestellt, daß ihre

Visionen und Träume recht viel Ähnlichkeit haben. Visionen sind die Basis der Hoffnung, und sie sind der Humus, auf dem Motivationen zu Bindungen und Identifikation gedeihen. Die Bereitschaft zu ethischem Handeln wächst in dem Maße, in dem wir Übereinstimmung über die Inhalte eines lebenswerten Lebens erzielen.

3. Interventionsschritt:
„Entwickle Dein individuelles Zielsystem"

Wie entwickeln wir nun bewußt und gezielt zum Zwecke der Beanspruchungsoptimierung unsere Ziele, aus denen sich später Absichten und hoffentlich das richtige Verhalten entwickeln? Es geht immer um die Ziele des idealen Verhaltens unter gegebenen, von uns nicht änderbaren Bedingungen. Hier hört also das träumerische und visionäre Ausmalen auf.

In Streßbewältigungsseminaren werden die Teilnehmer gebeten, in verschiedenen Gruppen individuelle Zielsysteme zu erarbeiten. Dies geschieht in folgenden Schritten:

a) Zunächst werden mittels Brainstorming Ziele unabhängig von den jeweiligen Handlungsbereichen wie beispielsweise Arbeit oder Freizeit gesammelt.

b) Anschließend werden die Begrifflichkeiten geklärt. Ehe wir zum Beispiel Erfolg als Ziel einfach akzeptieren, sollten wir auf konkreter Verhaltensebene klären, was Erfolg für uns bedeutet, wie er aussehen müßte und was wir dabei empfinden würden.

c) Im nächsten Schritt werden die inhaltlichen und instrumentellen Anteile der genannten Ziele geklärt. Ziele sind inhaltlich, wenn sie durch eine bestimmte Lebensqualität beschreibbar sind. Ich möchte zum Beispiel unter inhaltlichem Aspekt Freunde wegen des gedanklichen Austausches, der Geborgenheit usw. Ich kann mir aber auch unter instrumentellem Aspekt systematisch Freunde zwecks Karrierförderung suchen.

d) Nun werden die klar umschriebenen Ziele in eine grobe Rangfolge gebracht. Welches ist das wichtigste, das zweitwichtigste usw. Der Vergleich zwischen zwei Zielen erfolgt immer indem wir uns fragen: „Welches der beiden Ziele wäre, wenn ich sie nicht gleichzeitig verwirklichen kann, das wichtigere?“ Beispielsweise würden wir das Ziel Gesundheit höher bewerten, wenn wir sagen: „Ehe ich krank werde, lasse ich mich lieber scheiden.“ Im umgekehrten Falle würden wir sagen: „Ehe ich mich scheiden lasse, werde ich lieber krank.“

e) Anschließend werden diese Ziele zu einem Zielsystem vernetzt, bei dem immer möglichst wenige Ziele auf derselben Ebene stehen sollten. Denn zwischen den Zielen, die als gleichwertig auf derselben Ebene plaziert werden, können wir uns im Zweifel kaum entscheiden. Ein Ziel, das höher steht, ist im Zweifel oder bei Zielkonflikten vorzuziehen.

f) Potentielle Zielkonflikte, zum Beispiel zwischen den Zielen „Karriere und Familie“, werden gekennzeichnet.

g) Das fertige Zielsystem wird gedanklich durchgespielt und überprüft.

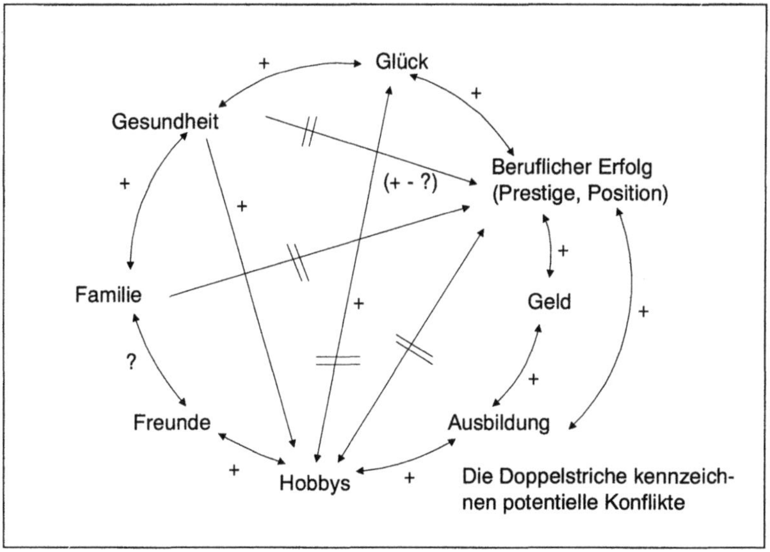

Abbildung 8.2: Beispiel für ein individuelles Zielsystem idealen Verhaltens unter nicht änderbaren Bedingungen (aus Kastner 1992, S. 6)

Dieses Zielsystem (vgl. Abbildung 8.2, Seite 217) hat die Funktion einer Landkarte. Es bietet Orientierung. Wir sollten bei seiner Betrachtung selbstkritisch überlegen, an welchen Stellen es sich potentiell ändern könnte. Beispielsweise neigen wir dazu, Gesundheit als etwas Selbstverständliches zu betrachten, solange wir unseren Körper nicht spüren. Die Volksweisheit „In der Jugend opfern wir unsere Gesundheit für Geld, im Alter opfern wir Geld für unsere Gesundheit" hat hier ihre Berechtigung. In der Konsequenz sollten wir unser Zielsystem öfter überprüfen und gegebenenfalls verändern.

Wenn so mancher schwerarbeitende Mitmensch von seiner Frau gefragt wird: „Gehst Du am Donnerstag abend mit mir in die Stadt, um für Dich ein Paar Schuhe zu kaufen?" bittet er gequält darum, sie möge ihm doch die Schuhe mitbringen. Er erkennt ein Präsentiersymptom nicht. (Dies spielt in der Psychotherapie eine wesentliche Rolle. So kommt beispielsweise der Patient zum Therapeuten und sagt, er habe Kopfschmerzen. Aber in Wirklichkeit steckt ein berufliches oder Eheproblem dahinter.) Die Ehefrau in unserem Fall ist die vielen Abfuhren leid und möchte ihren Mann durch dieses Spiel „becircen", etwas mit ihr gemeinsam zu unternehmen.

4. Interventionsschritt:
„Versuche die Zielsysteme Deiner liebsten Mitmenschen abzuschätzen und mit Deinem eigenen abzustimmen!"

5. Interventionsschritt:
„Beschreibe Dein reales Verhalten!"

Wenn wir nun Orientierung und Klarheit darüber gewonnen haben, was wir im Prinzip wollen, können wir uns dem realen Verhalten zuwenden. Dies geschieht sinnvollerweise, indem wir analog dem oben beschriebenen Idealzielsystem ein Realverhaltenssystem erstellen. Wir fragen uns also zu jedem Ziel: „Was tue ich dafür in der Wirklichkeit? Wo hängt in meinem täglichen Leben das Schild Gesundheit"

Wenn ich beispielsweise in meinem Idealzielsystem geklärt habe „Ich möchte schlank und rank sein und die Berge ohne schweres Schnaufen hinauflaufen können!“, stelle ich mich in diesem Schritt der Klärung des realen Verhaltens auf die Waage und stelle fest: „5 Kilogramm über dem Idealgewicht“. Soll und Ist stimmen nicht ganz überein. Wie erwähnt, wir sollten bei derartigen Analysen an unsere möglichen blinden Flecken denken. Wir sehen wirklich so alt aus wie auf dem Foto. Und die Haare sind auch in Wirklichkeit nicht fülliger.

Zur Analyse unseres realen Verhaltens und Erlebens können wir uns testen, physiologisch vermessen und beobachten lassen. Im Normalfall bringt es schon wesentlich weiter, wenn wir selbstkritisch anderen Personen bezüglich unseres Verhaltens zuhören. Es ist schon sehr aufschlußreich, wenn wir uns mit unserer Partnerin oder unserem Partner zusammensetzen und alle Verhaltensfacetten gemäß der Unterscheidung in Geistes-, Lebens- und Körperwelt durchgehen:

a) Geisteswelt
   - Wie bilde ich mich weiter?
   - Wann frische ich mein Wissen auf?
   - Neige ich dazu, die alten Problemlösungen unreflektiert zu wiederholen?
   - Erfülle ich die Merkmale guter Problemlöser?
   - Habe ich Orientierung?
   - Wo und wann entstehen Konflikte und Krisen?
   - Wie gehe ich mit ihnen um und wie entwickele ich verstärkt Schlüsselqualifikationen der Zukunft, zum Beispiel Sozialkompetenz?
   - Wie sieht mein Zeitmanagement aus?
   - Inwieweit stehe ich zu meinen Werten?
   - Inwieweit divergieren bei mir Wort und Tat, beispielsweise im ökologischen und sozialen Verhalten?

b) Lebenswelt
   - In welchen Situationen verspüre ich Angst, Ärger und andere negative Gefühle? – Raffe ich diese Zeiten oder dehne ich sie subjektiv?
   - In welchen Situationen empfinde ich positive Gefühle des Glücks, der Freude usw.? Dehne ich diese Zeiten subjektiv oder raffe ich sie?
   - Wie sehen meine sozialen Kontakte aus?
   - Welche Menschen lösen in mir welche Gefühle aus?

c) Körperwelt
   - Gehe ich allgemein das richtige Tempo unter körperlichem Aspekt?
   - Wie sehen meine körperlichen Daten aus (Blutdruck, Gewicht etc.)?
   - Wie halte und bewege ich mich?
   - Wie ernähre ich mich?
   - Habe ich ausreichend Schlaf und Urlaub?

Diese Fragen hängen eng mit unseren Motivationen zusammen. Hier besteht ein entscheidendes Rädchen der Beanspruchungsminderung darin, die eigenen Ansprüche zu senken und nicht zuviel auf einmal zu wollen.

6. Interventionsschritt:
„Überprüfe Deine Ansprüche und reduziere sie gegebenenfalls!“

7. Interventionsschritt:
„Ordne die Diskrepanzen zwischen Deinem Ideal- und Realverhalten!“

Aus der Gegenüberstellung zwischen unserem Idealzielsystem und unserem Realverhaltenssystem ergibt sich eine lange „Sündenliste“, die dokumentiert, daß die Korrelation zwischen Einstellung und Verhalten, zwischen Wissen und Tun auch bei uns unerfreulich niedrig ist. Es ist sinnvoll, diese Sündenliste geordnet nach Geistes-, Lebens- und Körperwelt wirklich aufzuschreiben und mit seinem liebsten Mitmenschen durchzudiskutieren. Entschuldigungen und Schuldzuweisungen sind nicht erlaubt. Dabei wird sehr schnell deutlich, daß wir natürlich nicht alles auf einmal verbessern können. Angesichts der Erkenntnis, daß wir schon ganz gut erziehen, führen, uns ernähren, halten und bewegen, wenn wir die schlimmsten Fehler vermeiden, konzentrieren wir uns zunächst auf die wichtigsten und dringlichsten Verhaltens- und Erlebensfehler, die am meisten zu unseren Fehlbeanspruchungen beitragen.

Dazu ist es sinnvoll, die Ist-Soll-Diskrepanzen nach dem bewährten Eisenhower-Schema zu ordnen.

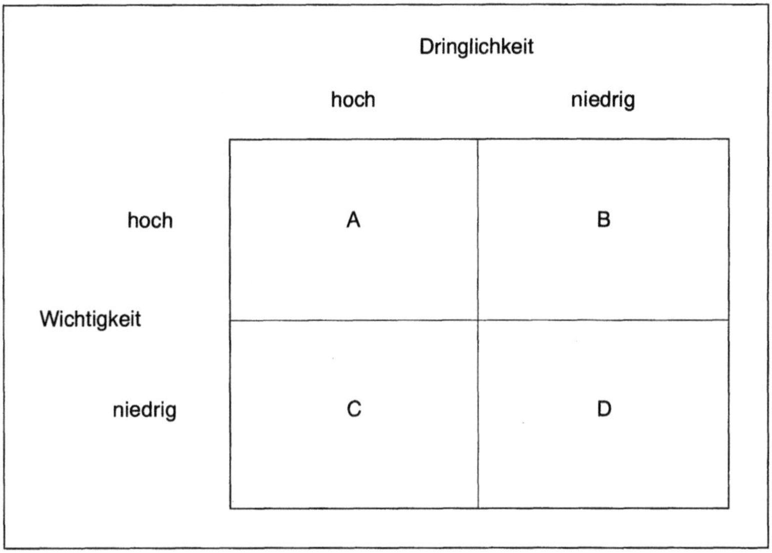

Abbildung 8.3: Ordnung der Diskrepanzen zwischen Idealzielsystem und Realverhaltenssystem

Jede Diskrepanz wird zunächst hinsichtlich ihrer Wichtigkeit überprüft, die sich aus der Höhe des zugehörigen Ziels im Idealzielsystem ergibt.

Anschließend wird die Dringlichkeit eingeschätzt.

Feld A in Abbildung 8.3 beinhaltet die wichtigen und dringlichen Unterschiede zwischen dem, was wir „eigentlich“ wollen und was wir in Wirklichkeit tun. Sie werden zuerst bearbeitet. Dazu müssen die Diskrepanzen zunächst in einer Kausalkette geordnet werden, um Symptomkuriererei zu vermeiden. Wenn wir die entscheidenden Rädchen an den Quellen unserer Fehlbeanspruchung herausnehmen, bricht das ganze Streßkartenhaus zusammen. Beispielsweise entsteht viel Fehlbeanspruchung durch überhöhte Karriere- oder Konsumansprüche, die zu etlichen „Zwängen“ führen. Wenn hier Ansprüche reduziert werden, ergibt sich meist von selbst eine bessere Beanspruchung.

Die Diskrepanzen in Feld B, die zwar wichtig sind, aber nicht sofort bearbeitet werden müssen, werden terminiert. Das heißt, wir legen einen

Zeitraum fest, innerhalb dessen sie gemindert werden sollen. Oft haben wir in unsere Verhaltenssysteme Eigendynamiken hineingebracht, die wir nicht ohne weiteres stoppen können. Die zu hohe Leasingrate für das Auto kann nicht so ohne weiteres reduziert werden. Hier müssen vernünftige Zeiträume festgeschrieben werden, in denen das jeweilige Ziel erreicht werden soll. Werden diese Zeiträume zu kurz gewählt, entsteht neuer Streß.

Allerdings muß durch ein Wiedervorlagesystem auch gesichert werden, daß zu den jeweiligen Zeitpunkten entsprechend gehandelt wird. Dies erfordert Disziplin, denn die Verführung nach Ablauf des Leasing-Vertrages einen neuen für ein noch teureres und noch schöneres Auto abzuschließen, ist groß. Zudem muß bei allen guten Vorsätzen zur Minderung der Diskrepanz zwischen Soll und Ist eine entsprechende Selbstverpflichtung vorgenommen werden. Diese kann von anderen mir wichtigen Personen überprüft werden, damit diese mich gegebenenfalls an meine guten Vorsätze erinnern. „Wenn ich noch einmal dazu neige, ein überteuertes Auto zu leasen, dann erinnere mich bitte und drohe mir mit Scheidung.“

Allein die Tatsache, daß wir unsere Verhaltens- und Erlebensfehler ordnen und Strategien zu ihrer Bearbeitung entwickeln, ist in sich schon beanspruchungsmindernd. Allerdings sollten wir uns auch hier nicht zu viel auf einmal vornehmen.

9. Was müssen wir langfristig tun? Präventive Beanspruchungsoptimierung in verschiedenen Handlungsfeldern

„Vorbeugen ist besser als Heilen."
(Englisches Sprichwort)

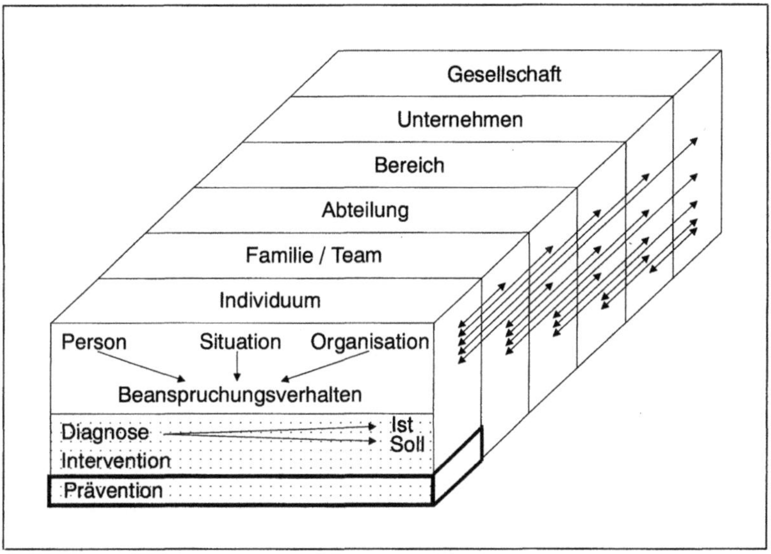

Abbildung 9.1: Betrachtung der Präventionsmöglichkeiten

Wir stellen sehr schnell fest, daß in fast allen Handlungsfeldern Handlungsbedarf besteht. Wir kümmern uns zuwenig um unsere Familie und Freunde und haben entsprechende Konflikte und Krisen. Wir müssen dringend mehr für die Gesundheit tun, unbedingt mehr Ordnung schaffen usw. Aber dies scheitert allzu leicht an Argumenten wie „keine Zeit", an unseren knapper werdenden Kräften und oft an Geld. Schnell kommen Killerphrasen auf wie „Theoretisch schön und gut, aber praktisch unmöglich; ich kann mich schließlich nicht vierteilen." Wir können aber ordnen und verzichten. Dazu benötigen wir ein gutes Zeitmanagement und die

Beherrschung der erforderlichen Instrumente. Dieses Problem wird gerne kolportiert in folgender zweiteiliger Geschichte. Der erste Teil ist ein recht alter Hut. Ein Spaziergänger geht durch den kanadischen Wald und schaut den Holzfällern zu. Es fällt ihm auf, daß ein Holzfäller, der besonders schwitzt und erschöpft aussieht, sich mit einer stumpfen Säge abplagt. Unser Spaziergänger ruft ihm zu: „Du mußt mal Deine Säge schärfen". Die Antwort kommt prompt und bestimmt: „Keine Zeit, muß Bäume fällen."

Unser Spaziergänger geht weiter und sieht einen anderen Holzfäller, der mit einer stumpfen Axt an einem Baum herumhäckelt. Der Mann tut ihm so leid, daß er ihm eine Motorsäge schenkt. Nach einigen Tagen kommt der Beschenkte zu dem Spaziergänger und sagt mit einer hilflosen Geste: „Nun geht das Bäumefällen ja noch langsamer." Der großzügige Spaziergänger nimmt die Säge, wirft den Motor an und fällt demonstrativ in kürzester Zeit zwei Bäume. „Oh", sagt der Holzfäller, „was ist das denn für ein Geräusch?"

Zum Umgang mit der Zeit (Zeitmanagement)

> *„Leute, die niemals Zeit haben, tun am wenigsten."*
> (Lichtenberg)

Unsere Zeit ist kostbarer als Geld, unwiederbringlich und läuft ohne unser Zutun ab. Wir können sie nicht managen. Wir können nur unser Verhalten im Hinblick auf die Zeit managen und die Effizienz dieses Verhaltens in Zeiteinheiten messen. Dies sollte allerdings immer unter Beachtung der jeweiligen Zwei-Drittel-Beanspruchung geschehen. Viele Leute, vor allem solche mit Typ-A-Verhalten, wollen in zu kurzer Zeit zuviel erreichen.

Aus dieser Sicht ist Zeitmanagement nichts anderes als Beanspruchungsoptimierung unter besonderer Beachtung des Zeitverbrauchs. Damit wird schon klar, daß es nicht primär darum gehen kann, einen überdimensionierten Kalender ständig mit sich herumzuschleppen und in Sitzungen mit gewichtiger Miene vor sich auf den Tisch zu legen. Bezeichnenderweise haben diese Kalender Namen, die den Eindruck eines Zeitsystems vermitteln sollen, eines geheimnisvollen Instrumentes, das meine Zeitprobleme löst. Es ist sinnvoll zwischen einem „logischen" und einem „psychologischen" Aspekt des Zeitmanagements zu unterscheiden. Unter dem ersteren geht es darum, das eigene Verhalten in zeitliche Abfolgen und Zeitbudgets zu ordnen. Unter dem zweiten Aspekt soll die physikalische Zeit psychologisch unterschiedlich interpretiert werden. Wir erleben die Zeiten völlig unterschiedlich. Hier können wir mehr steuern als uns bewußt ist.

Komponenten des logischen Zeitmanagements

Dazu gehören alle Arten von Verhaltensplanung, -strategie, Entscheidungen, bei denen der Zeitbedarf realistisch einzuschätzen ist. Meist müssen Zeitzuschläge addiert werden, weil doch unkalkulierbare Dinge dazwischenkommen. Wer jemals ein Haus gebaut hat, weiß, daß es sinnvoll ist, drei Monate einer „vernünftigen" Zeitberechnung zuzuschlagen. Im kleinen beginnt dies schon mit Pufferzeiten für die Verkehrsstaus.

Ohne derartige Zeitzuschläge werden wir fast zwangsläufig unpünktlich, kommen in die Defensive, weil wir uns entschuldigen müssen und werden damit natürlich zusätzlich gestresst.

Zum „logischen" Zeitmanagement gehört die Berücksichtigung des circadianen Rhythmus. Dieser biologische Lebensrhythmus über den Tag ist bei uns allen im wesentlichen gleich geartet, wenngleich durch Gewöhnungsfaktoren einige Verschiebungen möglich sind, etwa bei Studenten, die bis in die Nacht hinein lernen oder auch feiern, aber auch bis Mittag schlafen.

Unsere hormonellen Regelkreise sorgen für diesen Rhythmus, der besser einleuchtet, wenn man beispielsweise bedenkt, daß die Menstruation bei den Frauen sehr stark von den Mondphasen abhängt. Wir sind ein Teil der (Lebens-)Rhythmen um uns herum.

Die Beachtung des circadianen Rhythmus hat enorme Konsequenzen für unser Verhalten, bietet aber auch viele Möglichkeiten zur Beanspruchungsoptimierung (vgl. Abbildung 9.2, Seite 226).

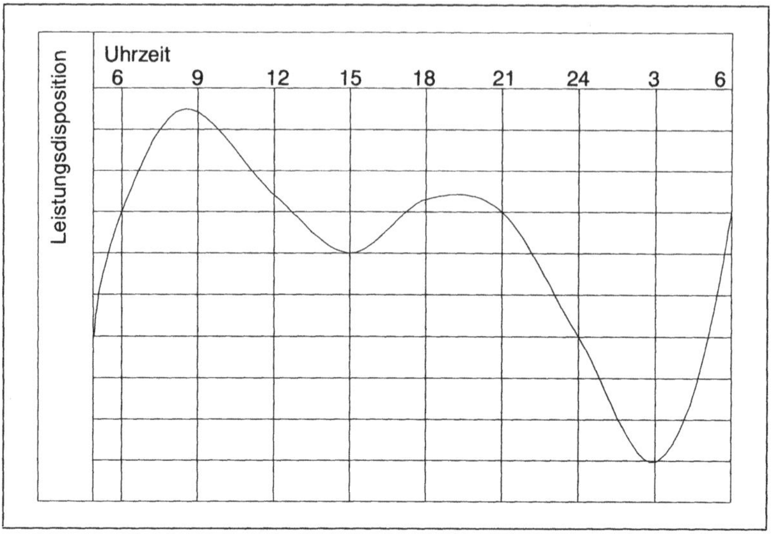

Abbildung 9.2: Verlauf der Biokurve über den Tag

1. Präventivschritt:
„Richte Dich nach Deinem biologischen Rhythmus!"

Demnach sind wir morgens am besten in der Lage, hochkonzentriert zu arbeiten, mit komplexen Problemen umzugehen und mit viel Schwung unsere Aufgaben zu meistern. Dies bedeutet, daß alle Tätigkeiten, die weniger effektiv und vor allem zeiteffizient sind, in dieser Zeit nichts verloren haben.

Wir sollten als „Einzelkämpfer" oder in kleinen Brainstorming-Gruppen, in denen man sich gut kennt und die Selbstdarstellungsprozesse überwunden sind, konzentriert arbeiten. Alle Ablenkungen durch Telefonanrufe, kurzes Hereinschauen der Kollegen, den small talk im Flur usw. sind zu dieser Zeit radikal zu unterbinden.

Wir sind morgens hormonell auf Sympathikus, also „power" eingestellt, so daß in Sitzungen, die typischerweise auf morgens zwischen 8 und 10 Uhr angesetzt werden, die Teilnehmer ihre „Profilneurosen" ausleben. Die Kommunikation zu den sachlichen Problemen leidet enorm unter den mikropolitischen Spielen.

Morgens zur besten Konzentrationszeit sollten wir uns auf unsere „Bären“ stürzen, nämlich die wichtigsten und dringlichsten Probleme. Diese haben wir identifiziert, indem wir zu Arbeitsbeginn schon das mittlerweile bekannte Eisenhower-Schema angewandt haben, dieses Mal nicht für die Diskrepanzen zwischen Idealzielen und Realverhalten sondern für unsere Aufgaben.

2. Präventivschritt:
„Setze Prioritäten!“

Nachdem wir unser Büro oder sonstigen Arbeitsplatz betreten und unsere Mitmenschen darauf hingewiesen haben, daß wir morgens zwischen Tür und Angel nicht schon mit Anforderungen „Du mußt, Du mußt, Du mußt ...“ bombardiert werden wollen, ordnen wir unsere Aufgaben mit Hilfe des Eisenhower-Schemas.

		Dringlichkeit	
		hoch	niedrig
Wichtigkeit	hoch	A	B
	niedrig	C	P

Abbildung 9.3: Ordnung der Aufgaben für den Tag nach Wichtigkeit und Dringlichkeit

In Feld A notieren wir die Aufgaben, die so wichtig sind, daß wir sie selbst erledigen müssen. Wir sollten uns immer wieder fragen: „Wäre diese Aufgabe nicht doch delegierbar?“ Es geht dabei nicht um das Abladen von Arbeit auf andere, sondern die Delegation von Aufgabe und Verantwortung zugleich hat die äußerst wichtige Funktion, daß Mitarbeiter damit kompetenter werden. Bei solchen Entscheidungen sollten wir uns selbstkritisch daran erinnern, daß Menschen mit Typ-A-Verhalten ihr Selbstbewußtsein daraus beziehen, daß sie glauben, sie könnten alles selbst am besten. So laden wir uns natürlich auch zuviel auf. Es ist für die Optimierung unserer Beanspruchung unerhört wichtig, uns selbst zu begrenzen, soweit möglich aus Problemen herauszuziehen und anderen das Feld zu überlassen, die überdies in vielen Gebieten kompetenter sind als wir.

Mancher hochbezahlte Manager kopiert die „paar" Seiten schnell selbst, um zu zeigen wie menschlich er ist, während seine Sekretärin ihre Privatkommunikation pflegt. Derselbe Manager repariert am Abend fluchend den defekten Beckenabfluß selbst, einerseits aus Geiz und andererseits um zu zeigen, daß er ein Alleskönner ist. Diese Zeit wäre sehr viel besser in die eigene Verhaltensplanung investiert.

Wenn nun die Aufgabe so wichtig ist, daß nur wir selbst sie ausführen können, muß geklärt werden, wie dringlich sie ist. Muß sie noch heute ausgeführt werden, fällt sie in Feld A. Die wichtigen, aber nicht dringlichen Aufgaben werden terminiert und in Feld B eingetragen. Wir tragen sie in den Kalender ein. Zu diesem eingetragenen Termin können sie später zu einer A-Aufgabe werden. Wichtig ist, daß alle Vorbereitungen für diesen Termin getroffen werden. Es ist ziemlich frustierend, wenn wir uns hochmotiviert auf eine Aufgabe stürzen („Bär") und feststellen, daß Unterlagen und Daten fehlen. Dieser Ärger ist vermeidbar, wenn wir einen zweiten Termin vorher notieren („Unterlagen X besorgen") oder besser noch diese Vorbereitungsaufgaben delegieren. Übrigens reicht für diese beiden Termineintragungen ein kleiner flacher Kalender, den wir immer bei uns tragen. Die umfangreichen „Zeitsysteme" werden sinnvoll, wenn sie zugleich als Informationsbörse genutzt werden.

Damit sind wir in Feld C, in die wir unsere weniger wichtigen, aber dringlichen Aufgaben eintragen. Die Sekretärin möge bitte den Flug nach X besorgen, den Termin Y klarmachen usw.

Alle Aufgaben, die nicht wichtig und dringlich genug sind, wandern in Feld P, den Papierkorb. Dazu benötigen wir Disziplin. Es gibt zahlreiche überbeanspruchte „Sammlernaturen", die in ihrem Kleinkram ersticken, alles notieren und aufbewahren. „Mut zur Lücke" an den unwichtigen aber höchste Qualität an den wichtigen Stellen wird zu einer Schlüsselqualifikation der Zukunft.

3. Präventivschritt:
„Plane den Tag, die Woche etc.!"

Nun freuen wir uns über das erste Erfolgserlebnis des Tages. Die B-Aufgaben sind terminiert, die C-Aufgaben delegiert und die P-Aufgaben fortgeworfen.

Wir konzentrieren uns auf die A-Aufgaben, die wir morgens zur besten Konzentrationszeit bewältigen. Wichtig ist dabei wiederum die Reihenfolge, das heißt die unangenehmeste Aufgabe zuerst, dann die zweitunangenehme und so fort. Damit wird der Tag immer erfreulicher, weil die Aufgaben immer angenehmer werden.

Es ist nicht leicht, sich für die Bewältigung der A-Aufgaben von allen Störungen freizuhalten. Wir müssen unbedingt das „Zahnradphänomen" vermeiden. Nach dem Einarbeiten in das Problem stört ein Anruf. Ich muß mich wieder neu in mein Problem hineindenken, prompt kommt wieder eine Störung. Diese Zeiten des neuen Hineindenkens sind verloren, der Schwung ist fort. Umgekehrt ist es oft verblüffend, was wir zu unserer besten Konzentrationszeit bewältigen können, wenn wir ungestört im Block arbeiten können. Zudem geht es mir heute schon besser, wenn ich weiß, daß ich mich morgen in Ruhe um ein bestimmtes Problem kümmern kann.

Wir müssen unter Umständen recht erfindungsreich sein, um morgens zu einem Arbeitsblock von zwei bis drei, idealerweise vier Stunden zu kommen.

Eine Stunde vor Mittag sollte nicht verplant werden, da meist ad hoc bestimmte Probleme zu lösen sind. Im übrigen muß so mancher Anrufer zurückgerufen werden, der sich während unserer „geblockten" Zeit gemeldet hat und von unseren „abschottenden" HelferInnen höflich auf später verwiesen wurde.

Es gibt Aktivitäten, für die wir prinzipiell Zeit brauchen nach dem Leitsatz „Soviel Zeit muß sein!" Dazu gehört das Essen, verbunden mit genügendem Kauen. Manche Streßkarikatur sitzt mit einem Fast-food-Produkt oder dem Müsli im Falle einer „gesunden“ Einstellung über ihren Papieren und versucht das Essen als Nebenaufgabe zu bewältigen. Abgesehen von der zweifelhaften Lebensqualität dieses Verhaltens, ist es äußerst ungesund. Der Sünder weiß dies, tut es aber dennoch. „Der Knecht sagt, ich muß, der Freie sagt, ich will.“

Die Zeit für das Mittagessen ist wichtig für die Regeneration. Sie sollte auch für ein paar Schritte an der frischen Luft reichen.

Allein schon aus diesem Grunde ist es sinnvoll, Sitzungen grundsätzlich in die Zeit nach dem Mittagessen zu verlegen. Da sind die Leute ruhiger, satt und zufrieden. Sie gehen viel freundlicher miteinander um, sind eher um die Sache bemüht und denken eher in „Wir-“ Kategorien.

Es wäre auch günstig, die Zeit der Telefonate, des Briefeöffnens und -schreibens auf den Nachmittag zu verlegen.

Nach dem Essen beginnt also der kommunikativere Teil des Tages. Nun können wir in Sitzungen, bei Telefonaten oder Besprechungen den weiteren Aufgaben nachkommen. Dies tun wir eher gelöst, denn die A-Aufgaben (verschiedene dicke braune Bären) wurden am Morgen erledigt. Es gibt wenig Dauerstressenderes als das folgende oft zu beobachtende Verhalten. Man kommt morgens an die Stätte seines Wirkens, wird noch im Mantel aber schon im Türrahmen begrüßt mit zahlreichen Aufforderungen „Sie müssen unbedingt ...“ Der Morgen vergeht in rasender Eile mit zerfledderten Kommunikationen. Der Druck der nicht geordneten A-Aufgaben wächst. Es bleibt keine Zeit für das Mittagessen. Am Nachmittag sind wichtige Kollegen nicht erreichbar. Man versucht, die wichtigen Probleme in Ruhe zu lösen, wenn nach 17 Uhr Ruhe im Haus ist, rechtfertigt damit die Überstunden, kommt viel zu spät nach Hause und erntet den Dank einer begeisterten Ehefrau. Der laute Streit oder auch der stille Frust sind je nach Temperament und Leidensdauer nicht unbedingt der Regeneration förderlich.

Es ist also ohne weiteres möglich, durch ein „logisches“ Zeitmanagement in einen viel gesünderen Arbeitsprozeß hineinzukommen und die eigene Beanspruchung zu optimieren. Damit werden übrigens auch etliche Beanspruchungen bei unseren Mitmenschen verbessert, die mit leiden und Mitleid haben. Wir benötigen zu diesem Zeitmanagement täglich ein

Blatt Papier für das Eisenhower-Schema, einen Kalender und Konsequenz.

4. Präventivschritt:
„Fördere permanent die Kompetenzen Deiner Mitarbeiter!"

Diese Konsequenz muß sich auch auf das stetige Kompetent-Machen der Mitarbeiter beziehen. Je fähiger und selbstregulativer diese sind, um so mehr kann ich delegieren. Allerdings sollten mehrere Mitarbeiter in etwa gleich mit komplexen Aufgaben betraut und damit gefördert werden. Wer komplexe Aufgaben immer nur dem gibt, den er für gut hält, muß sich nicht wundern, wenn der „Gute" immer besser und der „Schlechte" immer schlechter wird. Eines Tages findet der „Gute" eine bessere Stelle oder wird krank und der „Schlechte" ist nun nicht in der Lage, die komplexen Aufgaben zu übernehmen. Nun muß ich die Aufgaben selber übernehmen. Selber schuld!

Komponenten des psychologischen Zeitmanagements

Wir neigen dazu, die unangenehmen Situationen im Zeiterleben zu dehnen, ausgerechnet die schönen Zeiten aber zu raffen. Die Warte- und Behandlungszeit beim Zahnarzt, das Kriechen im Stau, die endlose langweilige Sitzung dehnen sich und beanspruchen uns, weil wir nichts Sinnvolles tun können. Nicht nur die Glücksmomente sind sofort verflogen, sondern auch die besten Jahre zerrinnen uns zwischen den Fingern.

„Steht schon wieder Weihnachten vor der Tür?" „Ich habe doch erst vor einer Woche angerufen", sagen wir den Eltern oder Großeltern, die sehnsüchtig auf unsere regelmäßigen Anrufe warten, und wir wissen in diesem Moment wirklich nicht, daß der Anruf vier Wochen her ist.

Die Hektik der sich überschlagenen Ereignisse und das den-Anforderungen-laufend-gerecht-werden-müssen, wobei wir die Erfolge in Typ-A-Manier nicht genießen, führen zu diesen subjektiven Zeitempfindungsverschiebungen. Dies hat viel mit unseren Kognitionen, Emotionen und Motivationen zu tun.

Wir müssen lernen, die unangenehmen Zeiten zu raffen und die schönen zu dehnen.

Je besser wir unser Verhalten organisieren, um so weniger unangehme Zeiten entstehen, um so erfreulicher wird die Arbeit selbst und um so mehr Zeit bleibt übrig für positives Erleben in Handlungsbereichen außerhalb der Arbeit. Für eventuelle Wartezeiten sollte immer ein Buch zur Hand sein. Der Stau erträgt sich viel besser, wenn ich diese Zeit sinnvoll nutze. Im übrigen liegt der Vorteil der Bahnfahrt nicht nur im ökologischen Bereich, sondern in der sinnvollen Nutzbarkeit der Reisezeit.

Unangenehme Zeiten dehnen sich subjektiv unter anderem durch den Zwangscharakter. Wenn ich etwas tun muß, ist die Zeitdehnung vorprogrammiert. Wenn ich etwas tun will, möchte ich möglichst viel Zeit dafür zur Verfügung haben, und damit ist sie immer zu kurz und wird gerafft.

5. Präventivschritt:
„Ermögliche und dehne die schönen Zeiten!“

Schöne Zeiten können durch Bewußtmachen gedehnt werden. Glücksmomente müssen wir begünstigen. Das Glücksgefühl der kleinen Kinderhand in der großen Erwachsenenhand kann ich nur erreichen, wenn ich die Gelegenheiten dazu schaffe, mein Kind selbst in den Kindergarten bringe, das Ganze genieße (Lebenswelt) und mir bewußt mache (Geisteswelt). Wenn ich nun noch die Natur bewußt wahrnehme, die frische Luft besonders tief einatme und den Weg mit meinem Kind verlängere („Soviel Zeit muß sein!“), fühle ich mich wohler (Körperwelt). Die Kunst, diese drei Welten integrativ zu positiven Gefühlen zu bündeln, ist ein wesentlicher Bestandteil der Beanspruchungsoptimierung.

Jede positiv erlebte Zeit ist gewonnene Lebensqualität. Jede negativ erlebte Zeit ist verlorene Lebensqualität und allenfalls dazu nutze, andere Zeiten besser zu schätzen. Für den Augenblick des Sonnenaufganges muß ich auch mal um 5 Uhr aufstehen.

Umgekehrt sollten wir natürlich die unangenehmen Zeiten raffen.

6. Präventivschritt:
„Raffe die unangenehmen Zeiten!“

Dies gelingt uns – abgesehen von einer besseren Planung unserer Aktivitäten – durch Ablenkung. Es ist sinnvoll, immer ein Buch im Auto liegen zu haben. Beim quälenden Warten im Stau können wir auch mental zukünftige Situationen trainieren, indem wir beispielsweise ein wichtiges Gespräch in allen Einzelheiten mit allen Eventualitäten durchdenken.

Die Wechselwirkungen zwischen „logischem“ und „psychologischem“ Zeitmanagement:

Wir glauben oft Dinge tun zu müssen und deklarieren die Gründe unseres Verhaltens auch logisch konsequent als „Sachzwang“. „Eigentlich“ wollte ich heute an dem Buch schreiben, aber:

- ich muß für Kollegen A ein Gutachten schreiben;
- ich muß dringend einen Krankenbesuch persönlich abstatten, weil man das nicht der Kollegin B überlassen kann;
- weiter muß ich um 16 Uhr anwesend sein, weil Herr C mit mir über seine besonderen Probleme sprechen will und sich Unterstützung erhofft;
- außerdem muß ich noch unbedingt zur Veranstaltung D, weil dort immer so wenige hinkommen und man den Vortragenden nicht enttäuschen kann.

7. Präventivschritt:
„Sage nein und achte auf die Lebensqualität Deiner Handlungen!“

Dieses „Muß“ hat natürlich nichts mit der Realität zu tun. Alle Aktivitäten könnten von anderen mindestens ebenso gut erledigt werden. Aber der Hilfe-Ruf anderer ist eine bewährte Methode, uns zu „eigentlich“ weniger erwünschtem Verhalten zu veranlassen. Das spricht sich herum. Und innerhalb kürzester Zeit ziehen wir die Hilfe-Rufe an wie das Licht die Motten.

Die Gründe für das Nicht-Nein-Sagen-Können liegen in unserer Angst vor Liebesverlust bzw. umgekehrt in unserer Sucht, von anderen gemocht zu werden. Die anderen sollen uns bewundern, für edle und hilfsbereite, altruistische Menschen halten und bereit sein, für „uns durch's Feuer zu gehen". Wir fürchten die negativen Gefühle der Einsamkeit, der mangelnden sozialen Unterstützung und Geborgenheit und des Ärgers, weil wir es anderen nicht recht gemacht haben.

Für den subjektiven Eindruck des Gemocht-Werdens, der freundschaftlichen Geborgenheit und der Bewunderung übersehen wir großzügig, daß wir vielfach schamlos ausgenutzt werden. Die anderen kennen die Tricks gut, mit denen sie verführen. „Bitte treten Sie doch unserem Beirat bei, wir brauchen Ihren Rat und Ihre Hilfe". Diese Kombination aus „Bauchpinseln" und Hilferuf verursacht bei vielen konkrete zeitraubende Taten und den Eindruck von Sinn und Gebraucht-Werden. In Wirklichkeit werden sie nur für andere Zwecke instrumentalisiert. Leider Gottes funktionieren auch etliche Spendenorganisationen so. Oft werden wir auch für Feigenblattfunktionen mißbraucht. Derselbe Mitmensch, der die Kollegin bittet: „Frau X, könnten Sie uns helfen und an diesem Gremium teilnehmen, damit wir auch von der weiblichen Sicht der Dinge profitieren" sagt anderentags nur unter Männerkollegen: „Ich habe Frau X dazu gebeten, weil es besser aussieht, wenn eine Frau dabei ist. Wenn sie uns auf die Nerven geht, wird sie überstimmt."

Auf diese Weise können wir auf der Suche nach Lebenssinn, Glück und Geborgenheit viel Zeit fehlinvestieren, weil unsere unreflektierte Bereitschaft zu Samariterdiensten und zum „Kümmern" nur ausgenutzt wird, ohne die entsprechenden erwünschten ehrlichen Gefühle zu rechtfertigen.

Zum Umgang mit komplexen Problemen (Problemmanagement)

Wir müssen lernen zu lernen, neugierig zu sein und wir müssen die Eigenheiten der guten Problemlöser erwerben. Dabei können wir uns etlicher Hilfsmittel bedienen. Verfahren wie der Papiercomputer, Planspiele, verschiedenste Methoden des kreativen und innovativen Problemerarbeitens (vgl. Kastner, 1992) müssen zum täglichen Handlungsrepertoire gehören. Dies kostet natürlich zuerst einmal mehr Beanspruchung. Aber soviel Zeit muß sein. Auch der Holzfäller muß sich die Zeit zum Schärfen der Säge und zum Lesen der Instruktion seiner Motorsäge nehmen. Die Zeit- und Kostenanteile der Weiterbildung im Berufsleben und der Personalentwicklung werden immer höher. Wir müssen aber diese Zeit und Energie investieren, wenn wir nicht von der internationalen Konkurrenz abgehängt werden wollen.

Als Muster für das konkrete Problemmanagement wurden in Kapitel 4 folgendes empfohlen:

8. Präventivschritt:
„Werde ein guter Problemlöser!"

- Definiere konkret das System, das Du sehen willst!
- Reduziere die Anzahl der Elemente eines Systems durch Trennung der Spreu vom Weizen! Bedenke dabei, die Beziehung zwischen Informationsmenge und Urteilsgüte ist kurvilinear! Ab einem bestimmten Punkt der Informationsaufnahme wird das Urteil wieder schlechter. Finde den Punkt, ab dem dies geschieht!
- Reduziere die Vielfalt der Elemente durch Kategorisierung! Wähle die Kategorien so grob wie möglich so fein wie nötig (denke an die Küste Englands)!
- Versuche mehr Informationen über die Vernetzungen und Wechselwirkungen der Elemente des Systems zu bekommen!
- Beschreibe die Dynamik durch zeitlupenartige Zerlegung der Prozesse!
- Versuche, kreative und innovative Problemlösungen zu erreichen! Dies geschieht am besten durch die geschickte Zusammensetzung von Projektgruppen. Diese sollen so groß wie unbedingt nötig, so klein wie möglich sein. Und sie müssen in der gewünschten Diversität unter strikter Vermeidung von Homogenität zusammengestellt werden, wobei unerwünschte Disparität vermieden werden soll.

Zum Umgang mit anderen (Konfliktmanagement)

„Nicht jene, die streiten, sind zu fürchten, sondern jene, die ausweichen."
(Ebner-Eschenbach)

Wir leben in fortlaufenden Konflikten, die einfach aus unterschiedlichen Interessen und Zielen entstehen, seien sie nun innerhalb einer Person oder zwischen verschiedenen Personen(Gruppen) lokalisiert. Da wir zuviel auf einmal wollen, entstehen Zielkonflikte. Wir wollen gleichzeitig beruflich erfolgreich sein, eine harmonische Ehe führen und für die Kinder da sein. Ärger entsteht meist aus einer Divergenz zwischen Erwartung und Realität. Ein Mitarbeiter tut einfach nicht, was der Chef von ihm erwartet. Ein Kind gehorcht nicht, ein Auto funktioniert nicht oder die Steuernachzahlung ist noch höher als ohnehin schon befürchtet.

Konflikte sind normal, weil Menschen in unterschiedlichen sozialen Systemen verschiedene Interessen haben.

> **9. Präventivschritt:**
> „Suche immer nach verschiedenen Interessen unterschiedlicher Menschen oder Gruppen!"

Wenn ein Konflikt schon aufgetreten ist muß diagnostiziert werden, mit welchen Mitteln er ausgetragen wird. Ist der Konflikt in einer heißen oder kalten Phase? Wird überzeugt, überredet, erpreßt, gedroht, koaliert, „gemauschelt" und intrigiert, gelogen oder gar körperlich attackiert? Wo und auf welchem Feld bei welchen Gelegenheiten stoßen die Kontrahenten zusammen? Wann bzw. an welchem Punkt eines Entwicklungsprozesses prallen verschiedene Parteien aufeinander? Wie erfolgt überhaupt die Parteienbildung? Wer wird in den Strudel mit hineingezogen? Wer wird wodurch manipuliert? Welche Bedingungen fördern einen Konflikt? Meist sind dies: Abhängigkeiten, zum Beispiel bei Arbeitsteilung, Konkurrenzen um Geld, Personal, Zeit, Spezialisierung, die zu Koordination zwingen, Loyalitäten wie zum Beispiel Parteidisziplin.

10. Präventivschritt:
„Analysiere ständig Deine Umgebung auf Konfliktträchtigkeit und stelle Dich darauf ein! Lege fest, wo Deine Rückgratverbiegung beginnen würde und sei in kleineren Dingen großzügig!"

Besonders beanspruchend sind natürlich schwere Konflikte, die lebensgefährlich oder gesundheitsbeeinträchtigend sind. Affektive, also irrationale Gefühlskonflikte sind meist schwerer zu verkraften als Sachkonflikte, die stärker über die Kognitionen als die Emotionen laufen. Für das Selbstmanagement entscheidend sind intraindividuelle Ziel- und Wertkonflikte, die in schwerwiegenden und langfristigen Fällen zu einer zerrissenen Persönlichkeit führen können, die wiederum ein höheres Krankheitsrisiko mit sich führt. Interessenkonflikte werden oft auf Nebenschauplätzen ausgetragen. Der Kampf um das jeweils gewünschte Fernsehprogramm ist in Wirklichkeit ein Kampf um Dominanz oder Macht bzw. zur Demonstration, wer der Stärkere ist. Der verbal geäußerte Inhalt ist relativ unwichtig. Derartige tägliche „Hakeleien" um Lächerlichkeiten können langfristig ausgesprochen kumulativ wirken bis eines Tages das Faß überläuft und ein Mord wegen eines zu weichgekochten Eis erfolgt (siehe der herrliche Sketch von Loriot).

Wertekonflikte sind deshalb oft so gravierend, weil ein ganzes persönliches Weltbild ins Wanken geraten kann. Wir können uns blind ereifern bei rein sachlich betrachtet eher müßigen Fragen wie der, ob es eine (Re-)Inkarnation gibt. Besonders schwerwiegend können Wertekonflikte sein, wenn sie im Rahmen von Voruteilen auf andere Menschengruppen übertragen werden (Ethnozentrismus). Ausländerhaß ist nichts anderes als eine Zuschreibung negativer Eigenschaften auf definierte Personengruppen. Diese Ursachenzuschreibungen (Attributionen: „Die XY sind an allem schuld.") entstehen wiederum als Projektionen eigener Ängste auf unschuldige Dritte. Das Unangenehme ist, daß Konflikte zwischen zwei Kontrahenten besonders leicht lösbar sind, wenn sie sich auf einen unbeteiligten Dritten einigen und diesem Schuld zuweisen.

Es ist sinnvoll, zwischen heißen und kalten Konflikten zu unterscheiden. Bei heißen Konflikten entstehen Überempfindlichkeiten und Überreaktionen, Angriff und Taktik sind eher explosiv. Negative Gefühle wie Haß, Neid, Frustration werden in ihrer (selbst)zerstörerischen Wirkung erkennbar. Bei kalten Konflikten sind diese Gefühle durchaus auch vorhanden, werden aber von den Betroffenen unterdrückt. Die Organisation wird angesteckt, man „mauschelt“ und lächelt „vornherum“ freundlich. Dabei werden Normen und Umgangsformen entwickelt, die ein jeweiliges Ausweichen begünstigen. Die Auseinandersetzungen finden meist indirekt, auch auf Nebenschauplätzen und unter Ausnutzung dritter, zunächst unbeteiligter Personen statt.

Heiße Konflikte entstehen meist zunächst dadurch, daß die Parteien von Idealen und „Wahrheiten“ überzeugt versuchen, andere Personen mit ihrer „wahren“ Denkweise zu beglücken. Die Kreuzzüge oder auch aktuell Glaubenskriege führen dazu, daß jede Partei versucht, die andere im Namen der Wahrheit zu überzeugen und wenn dies nicht gelingt totzuschlagen. Der Gegner soll ein gläubiger Anhänger der eigenen Überzeugung werden. „Wer nicht für mich und meine Wahrheit ist, ist gegen mich“, dies natürlich bedauerlicherweise. „Ich habe nichts persönlich gegen Dich, aber im Namen von ... muß ich Dich leider töten“. So schlimm muß es nicht immer sein. Heiße Konflikte können auch weniger dramatisch ablaufen, aber wer je in Sitzungen erlebt hat, wie emotional aufgeheizt erwachsene, angeblich hochgebildete Menschen in stundenlangen Disputen sich um Lächerlichkeiten streiten, der kennt einige Konfliktdynamiken. Es wird so heiß gefochten, weil jeder von seiner eigenen Redlichkeit überzeugt ist und alle Gegenmeinungen als Unrecht empfindet. Zweifelt der Gegner an der Lauterkeit der eigenen Motive, wird der Konflikt noch weiter aufgeheizt. Man sammelt Verbündete, und der Konflikt weitet sich aus. Die eigenen Motive stehen nicht zur Diskussion, sie sind tabu. Der blinde Fleck der eigenen Motivation kann vom Gegner keinesfalls aufgedeckt werden. Die Paradoxie in heißen Konflikten liegt darin, daß man gegeneinander kämpft und zugleich gegenseitig angezogen wird. Man will den anderen ja nicht umbringen (zumindest noch nicht), sondern bekehren. Heiße Konflikte begünstigen die Entwicklung von Führerpersönlichkeiten. Die Masse projiziert ihre eigenen Wünsche auf diese Personen, verklärt sie zu Helden und beobachtet fiebernd den Kampf der „Gladiatoren“. Fußballfans können ein Lied davon singen, wie heiß Konflikte hinsichtlich der Einschätzung der jeweiligen Fußballkünste sein können. Den jeweiligen Akteuren ist der Schaden, den sie den Kontrahenten zufügen durchaus bewußt, aber der „geschieht ihnen ja recht“, sie haben schließlich nicht dieselbe Meinung.

Kalte Konflikte sind auf die Dauer meist noch destruktiver als heiße Konflikte. Der Ärger bahnt sich keinen freien Lauf, sondern wird verschluckt, vertuscht und gärt immer weiter. Statt des Feuers der Begeisterung und Überzeugung von einer „Wahrheit" liegen die Ursachen des Konfliktes in Frustration, Enttäuschung und Desillusionierung. Ideale werden als Illusion, Begeisterung wird als Unreife diffamiert. Die Kontrahenten machen sich meist wiederum keine Illusionen über ihre Motive. Diese werden unter Umständen zynisch reflektiert. Die emotionale Leere und Kälte fördert skrupelloses und egoistisches Verhalten. Es wird systematisch intrigiert, um die Gegner an ihren schwächsten Stellen zu treffen und zu schädigen.

Während im heißen Konflikt eine Erhöhung des individuellen Selbstwertgefühls eintritt, geschieht das Gegenteil beim kalten Konflikt. Man gräbt sich ein und schaut verdrießlich aus seinem jeweiligen Graben. Ebenfalls im Gegensatz zum heißen Konflikt entsteht ein Führungsvakuum (vgl. Glasl, 1990, S. 74). Kaum jemand bekennt sich oder bietet sich als Repräsentant an. In einer eher depressiven Haltung fehlen natürlich auch der Schwung und der Glaube, „die Berge versetzen zu können". Der einzelne fühlt sich ausgeliefert, leer und ausgebrannt. Es entsteht ein sozialer Fatalismus. Allenfalls die Frustrierten finden sich immer wieder zu „Klagezirkeln" zusammen. Es entsteht ein Druck auf sie seitens der Organisation, der wiederum zu Streß und verschiedensten psychosomatischen Krankheiten führen kann. Da die Parteien im kalten Konflikt im wesentlichen nur destruktiv und nicht konstruktiv wirken, verbessern sie die Verhältnisse selbst nicht, sondern erwarten immer, daß diese Verbesserungen von außen kommen.

Die Paradoxie zwischen Anziehen und Abstoßen der Konfliktparteien bei heißen Konflikten gibt es bei kalten Konflikten nicht. Dort versandet irgendwann die Kommunikation zwischen den Kontrahenten. Unter Umständen kommunizieren Zimmernachbarn nur noch schriftlich miteinander. Man meidet Auseinandersetzungen, weil man es aufgeben hat, den anderen überzeugen oder gar bekehren zu wollen. Manche Szenen einer Ehe zeigen die Entwicklung vom heißen zum kalten Konflikt und schließlich zur Scheidung. Sie haben einander nichts mehr zu sagen.

Kalte Konflikte sind nicht latent. Die feindseligen Akte sind nur verdeckter, „gemeiner" und mit zahlreichen Finten versehen. Die gegnerische

Partei soll einen kleinen Sieg nicht als Triumpf verkaufen können. Während heiße Konflikte eher explodieren, könnte man bei kalten Konflikten von Implosion sprechen, die langfristig selbstzerstörerisch wirkt. Irgendwann kann der Betreffende sich selbst nicht mehr leiden, und die kleinen Siege werden schal.

11. Präventivschritt:
„Wenn sich in einem Konflikt die Emotionen hochschaukeln, handele nach der Maxime: Eine Beilegung eines Konfliktes ist um so leichter, je:

- sachorientierter der Konflikt ist. Also versachliche!
- unwichtiger die Streitobjekte für die jeweiligen Parteien sind. Also verdeutliche dies!
- weniger diese „es nötig haben", ihr eigenes Ego durch die Niederlage des Kontrahenten zu erhöhen. Also baue das Selbstwertgefühl des anderen auf!
- geringer die emotionale Beteiligung der Kontrahenten ist. Also tue alles zur Abkühlung!
- weniger zentrale Werte und Ziele betroffen sind, deren kritische Reflexion ganze Weltbilder zum Einsturz bringen könnte. Also laß dem anderen sein Weltbild!
- stärker die Fähigkeiten zur Konfliktbewältigung ausgeprägt sind. Also übe Streiten im kleinen!"

Beim Zusammenhang zwischen Konflikt und Entscheidung spielen die Begriffe der „Reaktanz", des „Regret-Phänomens" und der „kognitiven Dissononanz bzw. Konsonanz" eine Rolle. Jemand möchte zum Beispiel ein Auto kaufen. Aufgrund seiner Biographie, seiner Einstellungen und Vorurteile, eigener und fremder Erfahrungen kommen bestimmte Typen oder Marken für ihn nicht in Frage und werden gar nicht erst in den Entscheidungsprozeß mit einbezogen. Hier zeigt sich übrigens die Bedeutung des Images. Wer einmal den festen Eindruck gewonnen hat, daß französische Autos rosten, ein Opel bieder ist oder ein Alfa Romeo mehr in der Werkstatt steht als auf der Straße fährt, wird gar nicht auf die Idee kommen, ein derartiges Auto zu kaufen. Er müßte es schon erben. Selbst dann würde er es wahrscheinlich verkaufen, um sich der erwünschten, subjektiv positiver bewerteten Marke zuzuwenden. Diese kann objektiv natürlich wesentlich schlimmer rosten und weniger robust sein. Nehmen wir an, unser „Jemand“ steht vor der Entscheidung zwischen einem BMW und einem Mercedes. Er wird etliche Antizipationen („Vorausdenkungsprozesse“) entwickeln, die sich letztlich immer auf den vorgestellten Zustand des Besitzes des jeweiligen Autos beziehen. „Wie wäre es, wenn ich mich für den Mercedes entscheiden würde?“ Diese Antizipationen beziehen ihre Inhalte durch Wertvorstellungen bzw. vermutete Qualitäten des Autos. Wie robust ist es, wie sicher, wie schön, wie sparsam, welche technische Ausstattung besitzt es, wie hoch ist der Wiederverkaufswert, welches Prestige birgt es, wie sehen Motorcharakteristika, Drehmoment, PS aus? Nach dem meist genüßlich hin- und hergerissenen Brüten über Prospekten und Probefahrten unterschreibt der Entscheider schließlich bei einer Firma. Er kauft trotz aller technischen Argumente den „blauen“, mit dem die Gattin schon die ganze Zeit geliebäugelt hat. Der Entscheidungsprozeß ist bis zu diesem Prozeß eher lustvoll beanspruchend, kostet aber viel Zeit und Energie. Er wird unter anderem verzögert durch eine menschliche Eigenart, die „Reaktanz“ (vgl. Brehm, 1966). Der Mensch entscheidet sich nicht gerne, weil durch den Entschluß sein Handlungsspielraum eingeengt wird. Wer zwei Freundinnen hat und zu der Entscheidung gezwungen wird „die oder ich“ folgt dem ausgesprochen ungern, weil er in dem Moment der Entscheidung eine Freundin verliert. Wenn man nun versucht, Menschen zu Entschlüssen zu zwingen, erntet man des öfteren „Trotzreaktionen“, das heißt, sie entscheiden sich aus – wie der Rheinländer sagen würde „Frackigkeit“ für die „eigentlich“ weniger sinnvolle Alternative. Dies kann ausgesprochen beanspruchend sein.

Zusätzlich beanspruchend wird der Entscheidungsprozeß im Moment, in dem bei einer der beiden Autofirmen unterschrieben wurde. Kurz darauf tritt das „Regret- bzw. Bedauerns-Phänomen“ ein. Man überlegt sich: „Hätte ich nicht doch besser den anderen Wagen genommen?“. Das dümmste, was man in diesem Moment tun könnte wäre, den Vertrag zu stornieren und bei der Konkurrenz zu unterschreiben. Denn dort würde sofort wieder das Bedauern auftreten. Die meisten Firmen bauen übrigens diesem Phänomen vor, indem sie jedem Produkt einen Zettel beilegen, in dem der Kunde zu seiner guten Wahl beglückwünscht wird. Eine weitere beanspruchende Dummheit könnte darin bestehen, zu einem anderen Händler derselben Marke, die man gerade gekauft hat, zu gehen und zu eruieren, ob man dort einige Rabattprozente mehr bekommen hätte. Beim

Bedauerns-Phänomen, das im übrigen schon des öfteren vor dem Traualtar aufgetreten sein soll, hilft nur eines: abwarten. Denn die enorm wirksamen menschlichen Fähigkeiten der Realitätsverzerrung werden es schon richten. Nehmen wir an, unser „Jemand" hätte sich für einen BMW entschieden. Er würde von Stund an automatisch – knapp unterhalb der Bewußtheitsschwelle – alle Informationen, die für die gewählte Alternative sprechen, gierig aufnehmen. Wenn beispielsweise ein Kollege sagen würde, mein BMW verbraucht 8 Liter, glaubt er dies sofort. Allen Informationen, die gegen die nicht-gewählte Alternative Mercedes sprechen, würde ebenfalls sofort zugestimmt. „Natürlich verbraucht der Mercedes 18 Liter". Alle Informationen, die gegen die gewählte Alternative BMW sprechen, würden ausgefiltert. „Der BMW verbraucht 18 Liter? Unmöglich!" Und alle Informationen, die für die nicht-gewählte Alternative Mercedes sprechen, würden ebenfalls sofort für unglaubhaft gehalten. „Mercedes, 8 Liter Verbrauch? Daß ich nicht lache". So erreicht man kogntive Konsonanz, also „Stimmigkeit und Konfliktfreiheit im Kopf". Mit der Realität hat dies alles relativ wenig zu tun. Kognitive Dissonanz (vgl. Festinger, 1978), also „Unstimmigkeit im Kopf" beansprucht. Unstimmigkeiten zwischen „Kopf und Bauch", also zwischen Kognitionen und Emotionen, können geradezu dramatisch fehlbeanspruchen. Sie spielen in der Psychotherapie eine wesentliche Rolle, vor allem wenn es um Hörigkeiten geht. Noch während der junge Mann denkt: „Diese Frau ist nichts für mich, viel zu egoistisch etc.", tritt sein Fuß schon stärker auf das Gaspedal, um schneller zu ihr zu kommen. Ihre körperliche Attraktivität, verbunden mit den entsprechenden Emotionen, hat den „Kopf" bzw. die Vernunft einfach überrannt. Der Kater kommt erst hinterher und hat wiederum seine eigenen Beanspruchungscharakteristika. Hier liegen intraindividuelle Zielkonflikte vor, die permanent gären können.

12. Präventivschritt:
„Bereite Entscheidungen vor. Kläre positiv, was Du willst und definiere nicht immer nur, was Du nicht willst! Entscheide nicht unter Gefühlsaufwallungen! Liste die jeweiligen Vorzüge und Nachteile der Entscheidungsalternativen auf! Gönne Dir Reaktanz so lange bis sie zu beanspruchend wird! Gib dem Regret-Phänomen Zeit, von selbst zu verschwinden, so daß kognitive Konsonanz entsteht!“

Eine Konfliktanalyse unterliegt allen subjektiven Wahrnehmungsverzerrungen des Diagnostizierenden, der an dem Konfliktprozeß beteiligt ist. Die Kontrahenten versuchen das Ergebnis einer solchen Diagnose im Sinne ihrer eigenen Interessen zu beeinflussen. Sie werden aus ihrer jeweiligen Sytemsicht heraus Informationen filtern, färben, verzerren oder auch gezielt taktisch verfälschen. In jedem kriegerischen Konflikt werden die für eine saubere Diagnose relevanten Informationen so verzerrt, entstehen so zahlreiche Widersprüchlichkeiten, daß ein Außenstehender keine reelle Chance für genügenden Durch- und Überblick hat. Aus ihrer jeweiligen Systemsicht haben meist beide Parteien „irgendwie recht“. Da der Mensch als monokausale Denkmaschine dazu neigt, in „Wenn-dann- und Weil-Beziehungen“ zu denken, ist der „wahre“ Grund für die gesamte mißliche Konkfliktsituation, die eigenen unerfreulichen Gefühle schnell ausgemacht, die Bösartigkeit des Gegners. Dessen sachliche Argumente werden sofort als taktische bewußte Verzerrungen interpretiert, möglicherweise werden sie sofort als Lügen aus purer Bereitschaft zu verletzen diffamiert.

Den Ärger und die im Verlaufe des Konfliktprozesses begangenen Sünden wider eine gute Kommunikation muß jeder Kontrahent vor sich selbst rechtfertigen. Dies gelingt am besten, wenn er sich bei anderen Parteien Bestätigung sucht. Die einfachste Variante ist die, daß die frustrierte Ehefrau ihre ebenfalls frustrierte Freundin in stundenlangen Telefonanrufen über die Missetaten ihres Mannes informiert. Dies fällt auf fruchtbaren Humus, und innerhalb kürzester Zeit sind sich die beiden Damen durch gegenseitige sich aufschaukelnde Bestätigungen einig über die Schändlichkeiten ihrer Ehemänner. Die bekommen das am Abend unangenehm zu spüren, wenn sie auf der Suche nach Entspannung von des Tages Last „aus heiterem Himmel“ überfallen werden. Das dann von der

Ehefrau zur Belegung ihrer Behauptungen herangezogene Argument: „Meine Freundin hat das auch gesagt..." motiviert ihn natürlich zu einer besonders liebevollen Form der Konfliktbeilegung.

Pragmatische Empfehlungen zum Konfliktmanagement als teils präventive, teils interventive Schritte lassen sich folgendermaßen zusammenfassen:

> **13. Präventivschritt:**
> „Meide Konflikte, analysiere sie, wenn Du schon involviert bist, überprüfe eigene Einstellungen und Emotionen, unterbrich Spiralen, mache Dein Verhalten berechenbar, bewerte Verhalten aus unterschiedlichen Systemsichten, kehre nichts unter den Teppich und begib Dich an eine konstruktive Konfliktbearbeitung!"

Konfliktvermeidung

Das beste Konfliktverhalten ist zunächst die Vermeidung unnötiger Konflikte. Somit ist es nicht besonders sinnvoll, sich in Konflikte einzumischen, die „einen nichts angehen". Eine darüber hinausgehende Konfliktvermeidung birgt die Gefahr der Rückgratlosigkeit und die, daß dieser Konfliktmeider oder übermäßig harmoniebedürftige Mensch von anderen ausgenutzt wird. Vielfach steckt hinter dem, was Mitmenschen als „Gutmütigkeit und Harmoniefähigkeit" interpretieren, nichts als Konfliktscheue. Die Fähigkeit, auch einmal „Nein" zu sagen, ist für die Beanspruchungsoptimierung und letztlich die Gesundheit ausgesprochen wichtig. Die meisten psychosomatisch kranken Personen sind solche, die aufgrund ihrer „Nettigkeit" und „Angepaßtheit" von anderen weniger angepaßten Menschen ausgenutzt werden, sich darüber ärgern, diesen Ärger aber nicht artikulieren und schließlich in einem inneren Konflikt stehen. Sie haben nur die Wahl, das von den anderen Verlangte zu tun und sich still weiter zu ärgern oder „Nein!" zu sagen und damit einen vermeintlichen „Liebesverlust" zu riskieren.

In der Konsequenz gilt es immer, zunächst zu diagnostizieren, in welchem Bereich kann ich Konflikte ohne Rückgratverbiegung vermeiden und wo muß ich in einer angemessenen „Streitkultur" Stellung beziehen?

Konflikte können, wie oben erwähnt, am besten durch eine gute Organisation vermieden werden. Dazu gehören Abstimmungen dynamischer

Prozesse in ihren zeitlichen Abläufen, Vermeidung von Abhängigkeiten durch gemeinsame Einrichtungen wo dies möglich ist und Belohnungssyteme, die auch wirklich das gewünschte, zum Beispiel das kooperative Verhalten belohnen. Betroffene müssen zu Beteiligten gemacht werden, klare Verteilungsregeln erarbeitet sowie ein Klima der Offenheit und vor allem Angstfreiheit geschaffen werden.

Konfliktanalyse

Wenn ein Konflikt nicht zu vermeiden ist, gilt es zunächst, die Konfliktsymptome zu analysieren. „Schwache Zeichen“ wie bestimmte Gesichtsausdrücke, spitze Bemerkungen, Veränderungen im Grußverhalten, Wortkargheit, Meidung von Kontakt, Widersprechen an nicht logisch nachvollziehbaren Stellen etc. fordern zu einer Konfliktanalyse heraus. „Handelt es sich um einen heißen oder einen kalten Konflikt? Bin ich oder mein Verhalten überhaupt der konkrete Konfliktgrund oder werde ich instrumentalisiert?“ Oft werden nach dem Motto „Haust Du meinen Hund, hau ich Deinen Hund“ auf dem Rücken unschuldiger Personen Konflikte zwischen nicht offen in Erscheinung tretenden anderen Personen ausgetragen. Weiter gilt es, die eigenen Gegner ausfindig zu machen. Wer hat welche Interessen, Motive, Ambitionen? Die Ursachenanalyse kann in vier verschiedenen Sichtweisen erfolgen (vgl. Rüttinger, 1989, S. 8):

- Bei der ursachenorientierten Sichtweise versucht man die Genese des Konfliktes nachzuvollziehen.
- Die zielorientierte Sichtweise konzentriert sich auf die Absichten und Erwartungen des Gegners.
- Die personorientierte Sichtweise stellt die Emotionen (Ängste, Mängel, Ärgernisse, Sehnsüchte) und Ziele des Gegners in den Vordergrund.
- Bei der umwelt- und sachorientierten Sichtweise werden äußere objektivierbare Merkmale in der Ursachenanalyse des Konfliktes besonders berücksichtigt.

Es ist immer sinnvoll, alle vier Sichtweisen nacheinander durchzuspielen. Die Art der jeweils bevorzugten Sichtweise bestimmt natürlich die Emotionen, die damit verkoppelt werden. Je besser ein Konflikt in seiner Genese verstehbar ist, je ähnlicher die Ziele des Gegners den eigenen sind, je mehr man seine Emotionen „nachfühlen“ kann und deutlicher sachliche Gründe in den Vordergrund treten, um so geringer wird der eigene Ärger ausfallen. Die Vorstellung, „ich würde in seiner Situation genauso denken und handeln“, reduziert automatisch die Bereitschaft negative Gefühle zu entwickeln und fördert umgekehrt die Bereitschaft zu kooperativem und solidarischem Handeln.

Zudem sollte der Konflikt aus den verschiedensten Systemsichten betrachtet werden. „Wie würde ich den Konflikt in der Rolle meines Gegners sehen?“ Schließlich müssen die Differenzen in den verschiedenen Sichtweisen analysiert werden.

Überprüfung der eigenen Einstellungen und Emotionen

Je bedrohlicher ein Konflikt erlebt wird, um so mehr Ängste und Ärger entstehen. Insofern ist es wichtig, auch für den potentiellen Gegner die Bedrohlichkeit herauszunehmen, weil dies auch umgekehrt meist nur angenehm zurückschlägt. Wenn sich ein Ehepaar langsam aber sicher immer weiter in einen Konflikt hineinspiralisiert, ist das Erste und Wichtigste überhaupt das Unterbrechen dieser Spirale. Denn naturgemäß möchte jede Partei gewinnen und führt immer schärfere Waffen ins Feld. Irgendwann möchte man den anderen verletzen. Eine kommunikative Todsünde in einer solchen Situation ist die folgende: In Zeiten der psychischen Nähe, der Freundschaft oder Liebe hat man sich gegenseitig „das Herz aufgeschlossen“ und eigene Schwächen und Ängste zugestanden. Dies vertieft den Eindruck der Nähe und Vertrautheit noch. Wenn nun sich einige Zeit später ein starker Konflikt entwickelt, liegt es nahe, diese zuvor eingestandene Schwäche als Keule zu benutzen. Dies gilt insbesondere für den Partner, der sich momentan unterlegen fühlt. Der Schwächere ist im Prinzip immer bereit, die stärkeren Waffen anzuwenden, weil er ein Defizit ausgleichen muß. Der Stärkere kann leicht großzügiger sein. Diese Keule ist zwar momentan eine sehr wirksame Waffe, der angerichtete Schaden ist aber später kaum wieder zu heilen.

Wenn beispielsweise in Zweierbeziehungen die Potenzängste von Männern oder die tiefsitzenden Identifikationsprobleme von Frauen („Du bist genauso schlimm wie Deine Mutter.“) als „Keule“ benutzt werden, sitzen die Verletzungen vielfach so tief, daß die nächsten Konflikte vorprogrammiert sind und auf diese Weise eine Dauerkonfliktlage entsteht. Daraus ergibt sich die Empfehlung, derartige „Todsünden“ auf jeden Fall zu vermeiden.

Die eigenen Einstellungen können eher individualistisch oder eher sozial sein. Im ersten Fall neigt man dazu, Konfliktlösungen zu suchen, die für die Person selbst ohne Rücksicht auf den Kontrahenten gut sind, also den eigenen Nutzen maximieren. Im Falle der sozialen Einstellung erwartet man Facetten der Fairness und Gerechtigkeit auf beiden Seiten und ist umgekehrt ausgesprochen ärgerlich, wenn die eigene Fairness mit Unfairness des Gegners quittiert wird.

Kooperative Einstellungen orientieren sich an den Interessen des Obersystems der beiden Konfliktparteien. Hier sind Kompromisse am besten zu erzielen.

Kompetitive Einstellungen, also wetteifernde Einstellungen, sind insbesondere beim Typ-A-Verhalten typisch. Der Kontrahent wird als Rivale oder echter Gegner gesehen, und das Ziel des eigenen Verhaltens ist es, in jedem Falle zu gewinnen, selbst wenn eigene Verluste in Kauf genommen werden müssen.

Derartige Einstellungen sind maßgeblich dafür verantwortlich, wie destruktiv bzw. konstruktiv Konflikte gelöst werden.

Bei einer sozialen und kooperativen Einstellung werden Informationen relativ offen ausgetauscht und nicht taktisch genutzt. Es findet ein Austausch mit der Gegenpartei statt, im Rahmen dessen überzeugt werden soll und falls dies nicht möglich ist, zumindest Kompromisse oder „faire deals“ ausgehandelt werden. Macht wird als indiskutabel abgelehnt. Ein bestehendes Vertrauensverhältnis soll nicht zerstört werden. Bei wettkampforientierten, also kompetitiven Einstellungen werden Informationen zum Aufbau eines Herrschaftswissens genutzt. Drohen, Bluffen, eher mißtrauische und unfreundliche Beziehungen stehen im Vordergrund.

Zur Überprüfung der eigenen Einstellungen gegenüber dem Konflikt selbst und dem Gegner gehört auch die prinzipielle Bereitschaft, den Kontrahenten als „ganzen Menschen“ zu sehen, der sich „nur“ unerwünscht verhält. Wir neigen dazu, unerwünschte Verhaltenseigenarten unzulässig zu verallgemeinern. „Wer Reval raucht, der frißt auch kleine

Kinder.“ Es dämpft den eigenen Zorn ungemein, wenn man sich klar macht, daß der Gegner auch durchaus positive Seiten hat. Im übrigen haßt so mancher konfliktbereite Mitmensch an dem anderen am meisten die Eigenarten, die er selbst hat, aber nicht wahrhaben will. Dies führt vielfach zu dem paradoxen Phänomen, daß derjenige, der sich über eine Verhaltensweise des anderen bitter beklagt, diese während seiner Klage selbst an den Tag legt. Der Vater schreit sein Kind an „Schrei nicht immer so“. Oder der Kollege hetzt über die Kollegin, sie würde immer so viel hetzen.

Unterbrechung von Spiralen

Die Spirale kann unterbrochen werden durch eine ruhige Reflexion und Metakommunikation. „Wie wir beide gerade miteinander umgehen, schadet uns beiden, wir kommen im Moment nicht weiter“. Wenn dies glaubwürdig vermittelt ist, kann es nicht schaden, „aus dem Felde zu gehen“. Beim Ehekrach beispielsweise würde der Ehemann im Anschluß an die obige Feststellung, daß der Konflikt eigentlich unsinnig ist, sagen, er ginge im Wald spazieren und sei in einer Stunde wieder zurück. Dies sei nicht gegen seine Frau gerichtet. Er müsse sich nur beruhigen. Diese Botschaften sind ausgesprochen wichtig, weil sie sein Verhalten für die Ehefrau erklärbar und berechenbar machen. Unterläßt er sie in seiner Wut und fällt die Tür etwas zu laut ins Schloß, wird sie sofort argumentieren „Jetzt läuft er auch noch weg.“ Zu der entsprechenden Wut der Zurückgelassenen, Ohnmächtigen, gesellt sich dann noch die Angst vor dem Unbekannten. So mancher Ehemann ist nach dem „kurzen Zigarettenholen“ nicht wiedergekommen.

Berechenbarkeit und Kontrollierbarkeit

Die Empfehlung lautet also, nach dem Unterbrechen der Spirale eine Beruhigungsphase einzuleiten und Berechenbarkeit für den anderen zu schaffen, um eine weitere Verschärfung des Konfliktes zu vermeiden.

Nach dieser Beruhigungsphase ist eine aktive Konfliktbearbeitung eher möglich, sofern einige Grundregeln befolgt werden. Entscheidend ist, daß beide Parteien den Eindruck von Kontrolle haben, das heißt, sie dürfen sich nicht ohnmächtig und ausgeliefert fühlen. Das Handeln des anderen muß einschätzbar, berechenbar und kontrollierbar sein, um Planungssicherheit zu gewinnen. Wer sich sicher und unabhängig fühlt, ist sehr viel eher in der Lage, auch einem Gegner gegenüber großzügig zu sein, „einmal fünfe gerade sein zu lassen“ und nicht gleich jedes Fehlverhalten gnadenlos zu verfolgen.

Unberechenbarkeit und Nicht-Kontrolle machen Angst, verspannen und führen zu Denkblockaden. Das entsprechende irrationale Verhalten in der Folge verschärft den Konflikt. Also lautet die Empfehlung: Schaffe für den Kontrahenten Berechenbarkeit Deines Verhaltens und untermaure diese durch Vernunftargumente!

Hilfreich ist es im übrigen oft, die eigene emotionale Betroffenheit zu artikulieren. „Ich bin jetzt so sauer, daß ich wahrscheinlich etwas sagen würde, was mir später leid täte.“ Derartige Reflexionen erzeugen bei dem Gegenüber normalerweise „Beißhemmungen“.

Bewertung eigenen und fremden Verhaltens

Kontrahenten in einem Konflikt neigen dazu, gleichartiges Verhalten völlig unterschiedlich zu bewerten, je nachdem ob es beim Gegner oder der eigenen Person festgestellt wird. „Bei mir ist das ganz was anderes und keinesfalls vergleichbar mit ...“ Gelingt mir ein „Coup“, war ich geschickt und clever. Gelingt dem anderen der gleiche „Coup“, empfinde ich dies als ungerecht, gemein und perfide. Meine „gerechten“ Absichten rechtfertigen auch den Einsatz „unkonventioneller“ Mittel, die wiederum der andere als pure Niedertracht empfindet. Bei diesem „Spiegelbild-Phänomen“ meint man auch meist, der andere müsse doch die Ehrenhaftigkeit der eigenen Einstellungen und Absichten erkennen. Tue er dies nicht, so geschehe dies aus reiner Bosheit.

Die eigenen Erwartungen über das Verhalten des anderen spielen zudem im Sinne der „Sich-selbst-erfüllenden-Prophezeiung“ (self-fulfilling prophecy) eine wesentliche Rolle. Wenn ich bei meinem Gegner eine wettkampforientierte Einstellung vermute, ihn für ein „Schlitzohr“ halte, dann werde ich alles, was er sagt, auf diesem Bedeutungshumus interpretieren. Ich werde damit meine Meinung über ihn verfestigen und selbst schon einmal vorsorglich die Maßnahmen wie Drohen, Bluffen etc. ergreifen, die ich von ihm – da bin ich mir ganz sicher – zu vergegenwärtigen habe. Mein Gegenüber hatte aber vielleicht gar nicht diese Absichten, war kompromißbereit. Aber er nimmt meine „Präventivmaßnahmen“ wahr und stellt sich nun seinerseits um. Dieses Verhalten aber überzeugt mich wiederum, daß ich mit meiner ersten Einschätzung absolut recht hatte. „Ich kenne eben meine Pappenheimer“.

Die Empfehlung für ein adäquates Konfliktverhalten kann also nur lauten:

- Denk nicht immer automatisch das Schlimmste von dem anderen! „Er ist auch nur ein armer Schlucker wie ich.“
- Frage erst einmal andere, wie diese den Gegner sehen!
- Überprüfe ständig, ob Deine eigenen Absichten in einer Verhältnismäßigkeit der Mittel erfolgen! Oft neigt man dazu, in seiner emotionalen Geladenheit überzeugt von der Richtigkeit eigener Vorstellungen (gerechter Zorn), unverhältnismäßig stark „zurückzuschlagen“. Die Wahl des zu starken Mittels berechtigt nunmehr den Gegner seinerseits eine härtere Gangart einzulegen.

Konstruktive Konfliktbearbeitung

Zunächst ist grundsätzlich klarzustellen, daß jede destruktive Kritik dysfunktional ist. Die Kunst liegt in der konstruktiven Kritik, das heißt dem Angebot der Alternativen richtigen Handelns. Destruktive Kritik ist zu unterlassen und zu bestrafen. Konstruktive Kritik ist permanent einzufordern und zu belohnen. Nur durch Rückkopplung kann Verhalten verbessert werden. Jeder muß begreifen, daß konstruktive Kritik sein „Freund“ ist und nicht sein „Feind“. Je eher man in der Lage ist, seine kompetitiven also wettkampforientierten Einstellungsmuster zu reduzieren, um so eher sind gemeinsame Problemlösungen möglich. Dazu sollten zuerst die möglichen Übereinstimmungen bearbeitet werden, um anschließend auf dem Boden erfolgreich begonnener Konfliktlösung die Differenzen konstruktiver angehen zu können.

Eine Konfliktlösung hat nur Aussicht auf einen langfristigen Erfolg, wenn Probleme nicht unter den Teppich gekehrt und vertagt werden. Zudem muß die Lösung von allen beteiligten Parteien akzeptiert werden. Dies wiederum ist zu erwarten, wenn das Problem klar erfaßt und die verschiedenen Werte und Ziele verständlich geworden sind, alle wesentlichen Informationen auf den Tisch gelegt sind und klare Vorstellungen über ein konstruktiveres zukünftiges Verhalten entwickelt worden sind.

Wesentlich ist, daß es gelingt, jede Partei „ihr Gesicht wahren zu lassen". Langfristig erweist es sich meist als höchst fehlbeanspruchend, wenn man den Gewinn einer Schlacht allzu sehr feiert und damit einen langfristigen Krieg provoziert. Insofern sollte man dem Gegner, auch wenn man sich noch so sehr im Recht fühlt, ein Schlupfloch lassen. Denn meistens stellt sich hinterher heraus, daß keine Bösartigkeit im Spiel war, sondern „nur" die üblichen menschlichen Schwächen wie Egoismus, Eitelkeit, Neid, Antipathie, Dummheit, Faulheit und Ignoranz. Pure Bösartigkeit allerdings sollte nicht durch Großzügigkeit letztlich belohnt werden.

Bei heißen Konflikten ist es aufgrund der Personalisierung vielfach sinnvoll, einen unbeteiligten Dritten, der von den Kontrahenten gleichermaßen akzeptiert wird, um Moderation zu bitten. Dabei sollten die Beziehungsfragen geklärt werden. Bei kalten Konflikten hingegen ist es wichtig, den Parteien zunächst aus ihrer Isolierung zu verhelfen und überhaupt einen Dialog zustande zu bringen. Dies kann oft sinnvollerweise auf neutralem Boden unter einem Vorwand, der nichts mit dem eigentlichen Konflikt zu tun hat, geschehen. Man fängt „klein" an bei den einzelnen Parteien, baut deren Selbstbewußtsein auf, und erst danach können sie sukzessive zusammengeführt werden.

Zum Umgang mit Emotionen

Hierzu wurde in Kapitel 5 und oben im Zusammenhang mit Konflikten bereits viel gesagt. Darüber hinaus bleibt als praktische Empfehlung der

> **14. Präventivschritt:**
> „Schlucke Ärger möglichst nicht in Dich hinein bzw. schreie ihn nicht heraus, sondern kopple ihn kontrolliert zurück! Greife dabei nie die Person, sondern nur das Verhalten an. Oft genügt es, statt eines Tadels nur das Idealverhalten des anderen zu beschreiben. Damit erhält er einen Hinweis für die Korrektur seines Verhaltens."

Weitere unerfreuliche Emotionen wie Angst, Langeweile, Mißmut etc. sind nicht ohne weiteres rezepthaft zu korrigieren. Sie ergeben sich aus komplexen Handlungsregulationen, die sich an dem hier beschriebenen allgemeinen Ideal orientieren sollten. Für erfreuliche Emotionen gibt es aber durchaus einige Faustregeln:

15. Präventivschritt:
„Schau nach unten, das heißt, betrachte Deinen Zustand im Vergleich zu anderen, denen es wesentlich schlechter geht! Sieh zu, daß Du jeden Tag eine Freude bewußt suchst! Dies kann ein gutes Gespräch, eine besinnliche viertel Stunde mit einer Tasse Tee oder ein Anblick der Natur sein. Konzentriere Dich auf die angenehmen Aspekte Deiner Umgebung! Schau Deinen Kindern zu, baue mit ihnen einen Drachen und reserviere Familienzeiten! Mit anderen Worten beherzige den zentralen

16. Präventivschritt:
„Sammle Augenblicke!“

Zum Umgang mit kaum änderbaren Persönlichkeitsmerkmalen

Die wichtigste Diagnose zur Beanspruchungsoptimierung ist die Klärung der Frage: „Was ist änderbar, was nicht?“ Dazu ist es wichtig, ein Verständnis dafür zu entwickeln, was uns Menschen treibt und was in uns abläuft. Die Kapitel zu den Kognitionen (Kapitel 4), Emotionen (Kapitel 5) und Motivationen (Kapitel 6) dienen dieser Wissensvermittlung.

Einige Ideologien suggerieren, nur das Milieu und die jeweiligen Situationen seien an unerwünschtem Verhalten schuld. Die Tatsache, daß viel über die dynamischen Wechselwirkungen zwischen Person, Situation und Organisation geschrieben wurde, sollte nicht den Blick dafür trüben, daß an unserem Verhalten und Erleben etliches nicht änderbar ist. Es entsteht, abgesehen von Krankheit, kaum eine schlimmere Dauerfehlbeanspruchung als durch das permanente Ändernwollen von Personmerkmalen, die in unserer Persönlichkeit festverankert sind. Der Ehemann, der von seiner Frau oder seinen Kindern mehr Intelligenz verlangt (oder umgekehrt), die Frau, die von ihm mehr Schwung erwartet, der Chef, der seinen Mitarbeiter wesentlich kreativer haben möchte, verfallen sehr leicht in die Gefahr, diese Mitmenschen zu vergewaltigen. Wenn wir derartiges von uns selbst verlangen, liegt eine Selbstvergewaltigung vor, die erfahrungsgemäß in einer recht zerrissenen Persönlichkeit endet. Ich kann nicht intelligenter werden, höchstens meine Erfahrung und mein Wissen anreichern. Ich werde als ruhiger Mensch nicht zum Dynamiker, sondern kann allenfalls freundlich gestimmt versuchen, einiges mitzumachen, was ich aus eigenem Antrieb nicht unbedingt anregen würde.

Es ist unerhört wichtig, die eigenen Grenzen zu erkennen und zu akzeptieren oder zumindest zu respektieren. Wir müssen alle unsere Nische finden, und immer gibt es Menschen, die in vielen Dingen besser sind als wir.

Dies sollte nicht zu der Dauerentschuldigung für falsches Verhalten führen: „Ich bin eben so, ihr müßt halt mit meinen Fehlern leben." Für die anderen muß zumindest erkennbar sein, daß wir uns bemühen.

Die Respektierung der Grenzen von Persönlichkeiten kann auch dazu führen, daß sich Menschen, die beim besten Willen nicht zueinander passen, trennen. Dies gilt für eine Ehe bzw. eine Freundschaft genauso wie für eine Arbeitsbeziehung.

Aber zum Trost, wir können uns durchaus in Grenzen unserer relativ fest „verdrahteten" Verhaltensstile ändern. Ein Mitmensch mit Typ-A-Verhalten kann durchaus lernen, die schlimmsten „Typ-A-Sünden" zu reduzieren.

Es würde an dieser Stelle zu weit führen, alle Persönlichkeitsvariabeln im Hinblick auf mögliche Beanspruchungsimplikationen abzuarbeiten. Die wichtigsten Merkmale sollten aber soweit möglich aktiv bearbeitet werden.

Ängstlichkeit

Ängstliche Personen neigen dazu, überall Gefahren zu wittern und sich unnötig aufzuregen. Selbstsuggestion („Das kann ich!") und ein privates Selbstbehauptungstraining können durchaus helfen. Dazu können kleine

Situationen bewußt provoziert werden. Beispielsweise könnte man „sein Herz in die Hand nehmen“ und einer unhöflichen Person dieses Verhalten rückkoppeln. Die damit verbundene kurzfristige Überbeanspruchung lohnt sich langfristig, weil man Erfolge durch die Rückkopplung verspürt und in der Konsequenz eher in der Lage ist, auch einmal „nein“ zu sagen. Im übrigen gilt hier wiederum, daß Angst und Entspannung nicht zusammengehen. Hier liegt eine echte kausale Bedingungsbeziehung vor.

Risikobereitschaft

Risikobereite Persönlichkeiten neigen dazu, Gefahren zu unterschätzen, ihre eigenen Bewältigungsmöglichkeiten hingegen zu überschätzen.

Hier helfen Risikowahrnehmungstrainings, etwa im Bereich des Autofahrens ein Schleuderkurs. Allerdings kann dadurch fälschlicherweise die subjektive Kompetenz noch höher eingeschätzt werden. Vor allem können wir andere Personen in unserem Umkreis bitten, uns aktuelle Risikobereitschaften unmittelbar zurückzukoppeln und unter Umständen auch aktiv zu werden. Beispielsweise bitte ich einen Freund, mir den Autoschlüssel abzunehmen, falls ich motiviert sein sollte, unter Alkoholeinfluß Auto zu fahren.

Dynamik

Höchstdynamische Persönlichkeiten müssen natürlich darauf achten, daß sie sich ähnlich dem Typ-A-Verhalten nicht zuviel aufladen. Im übrigen zwingen sie möglicherweise anderen ihr Tempo auf. Die Unruhe, die jemand beispielsweise in die Familie bringt, schlägt auf ihn selbst zurück, weil Regenerationsmöglichkeiten verloren gehen.

Unterschiedliche Persönlichkeitsmerkmale bei Ehepartnern können sich einerseits ergänzen und damit gegenseitige positive Einwirkungen mit sich bringen. Sie können aber auch andererseits bei zu großen Unterschieden soviel Ungleichheit (Disparität) in den Interessen, Bedürfnissen, Lebens(Sinn)vorstellungen mit sich bringen, daß zahllose Fehlbeanspruchungen fast zwangsläufig auftreten müssen. Dies beginnt schon bei relativ einfachen Bewegungsinteressen. Wenn beispielsweise der eine Partner sehr sportlich ist und Bewegung braucht, der andere aber lieber beschaulich sein Dasein im Liegestuhl genießt, ergeben sich Konflikte, die unter Umständen zu unterschiedlichen Urlaubsorten und -zeiten führen, was wiederum nicht unbedingt der sozialen Bindung in dieser Beziehung dienlich sein muß.

Wichtig bezüglich des Umgangs mit stabilen Persönlichkeitsmerkmalen ist, daß wir nicht versuchen, andere und uns selbst zu vergewaltigen. Viele Eltern neigen sehr leicht dazu, angespornt durch ihre überhöhten Erwartungen und Ansprüche ihre Kinder zu überfordern. Was der Vater nicht geschafft hat, soll zumindest dem Sohn zuteil werden. Das Akzeptieren oder zumindest Respektieren bestimmter Persönlichkeitsmerkmale sollte nicht als Resignation, sondern als Weisheit betrachtet werden.

> **17. Präventivschritt:**
> „Diagnostiziere, welche Persönlichkeitsmerkmale wirklich unabänderbar sind, respektiere sie und versuche andere diesbezüglich nicht zu ändern!
> Stärke im Falle von Überschätzungen von Anforderungen Dein Selbstbewußtsein bzw. absolviere im Falle von Unterschätzungen von Gefahren und Anforderungen (zu hohe Risikobereitschaft) Wahrnehmungs- und Verhaltenstrainings (zum Beispiel Schleuderkurs)!“

Zum Umgang mit unserem Körper

„Ein gesunder Geist in einem gesunden Körper“

Wir sollten versuchen, ganzheitlich das Zusammenspiel aus Geist, Psyche und Körper zu optimieren. Ein Waldlauf hat nicht nur die erwünschte Funktion des körperlichen Ausarbeitens, sondern er hat auch eine psychisch „reinigende“ Funktion („man läuft sich den Streß von der Seele“).

Nun neigen wir dazu, unsere diversen sportlichen Aktivitäten wie zum Beispiel Tennis oder Ski-Laufen für adäquate Sportarten zu halten. Wir sollten uns aber nicht einbilden, damit etwas Substantielles für unseren Kreislauf zu tun. Hier sind lediglich die Risiken von Gelenk- und Rükkenschäden erhöht.

Es gibt zahlreiche Befunde, daß Sportarten wie Jogging, schnelles Gehen, Ski-Langlauf (in der richtigen „altväterlichen“ Haltung), Schwimmen oder Radfahren in der richtigen Dosierung äußerst nützlich für den Kreislauf sind, die Zusammensetzung der Cholesterine im Blut günstig beeinflussen und generell die Immunabwehr stärken.

Nun ist es aber nicht sonderlich sinnvoll, die ganze Woche wenig Bewegung mit reichhaltigem Essen auszugleichen und als Wochenendtarzan mit rotem Kopf und tränenblind durch Deutschlands Wälder zu rennen. Dies schadet eher. Es ist wichtig, regelmäßig zu laufen, in der richtigen Haltung, bei zwei Dritteln der Maximalbeanspruchung und in der richtigen Dosierung (2- bis 3mal die Woche ca. eine Dreiviertelstunde oder etwa 8 bis 9 Kilometer). Zudem sollten sich gutes Schuhwerk und weicher Waldboden ergänzen, um die Wirbelsäule und Gelenke nicht fehlzubeanspruchen.

Schwimmen, vor allem Rückenschwimmen, ist ebenfalls zu empfehlen. Es fragt sich, inwieweit hier psychische Erholungsqualitäten zum Tragen kommen. In einer schönen Natur zu laufen oder zu radeln könnte ein Plus an Lebensqualität bieten.

Im übrigen sorgen derartige Langzeitsportarten dafür, daß bei richtiger Dosierung auch teilweise verengte Herzkranzgefäße entlastet werden, da um sie herum neue kleine Gefäße Umgehungskreisläufe bilden, die das Herz wiederum mit mehr Sauerstoff versorgen. Selbst in der Herzinfarktrehabilitation zeigen sich oft erstaunliche Erfolge, wenn die Patienten an eine langsame Leistungssteigerung bei den genannten Sportarten gewöhnt werden.

Richtige Haltung und Bewegung

Im Moment ist es modern, Rückenschulen zu implementieren, die vielfach sehr positiv zu bewerten sind, allerdings in einigen Bereichen durch falsche Bewegungen und Trainings, zum Beispiel in Fitness-Studios, das Bandscheibenproblem noch verstärken. Selbst mancher „geschulte“ Gymnastiklehrer veranlaßt beispielsweise seine Schüler zu schädlichen Übungen wie beispielsweise der, bei gestreckten Beinen die Fingerspitzen an die Fußspitzen zu bringen.

Das Problem der mangelnden Bewegung, einer schlechten Haltung und folglich der Erschlaffung der Rückenmuskulatur wird von den betroffenen Menschen selbst gesehen.

Ohne Zweifel muß die Wirbelsäule präventiv gestärkt werden. Dies sollte allerdings durch eine adäquate Methode geschehen.

Aus verschiedensten medizinischen Gründen, die hier nicht alle aufgeführt werden können, dürfte die Physiotherapie nach Brügger die Methode der Wahl sein, wenn es darum geht, vor allem unnötige Kopf- und Rückenschmerzen zu lindern bzw. zu vermeiden. Hierbei handelt es sich um einen systemischen Ansatz, bei dem die Vernetzungen zwischen Muskeln, Knochen, Sehnen, Gefäßen, Nerven berücksichtigt und gezielt behandelt werden. Dieses Verfahren hat aus Sicht des Patienten den enormen Vorteil, daß etliche Bandscheibenoperationen obsolet werden. Die gegenwärtig noch meist üblichen Diagnosen mittels röntgenologisch und morphologisch nachweisbarer Veränderungen führen zu einer hohen Anzahl von Fehldiagnosen und in der Konsequenz zu fruchtlosen oder gar schädigenden Behandlungen. Die meisten Rückenschmerzen entstehen nicht durch die abgenutzte Bandscheibe mit einem spondylotischen Rand, sondern sie entspringen Funktionsstörungen und in der Folge den Muskelschmerzen, die aus falscher Haltung und Bewegung entstehen. Diese werden wiederum durch das Hirn gesteuert, so daß den von ihm gesteuerten Schonbewegungen nur in einer funktionell-dynamischen Sichtweise mit entsprechend konsequenter Behandlung an der Quelle des Übels Paroli geboten werden kann. Es ensteht ein positiver Rückkopplungsprozeß. Falsche Haltung und Bewegung (zum Beispiel falsches Sitzen und Heben bei ansonsten mangelnder Bewegung) führen zu Muskelverkürzungen und sogenannten Myegelosen (Muskelfaser„knäuel“). Die Therapie selbst ist bei Götting, Just, Kastner (1991) beschrieben. Sie besteht für die Lehre der richtigen Haltung und Bewegung in einigen Essenzen, die ohne Anspruch auf Vollständigkeit, folgendermaßen zu subsumieren sind:

18. Präventivschritt:
„Halte und bewege Dich richtig!“

- Stärkung der Rückenmuskulatur, vor allem unter den Schulterblättern. Herauswölben des Brustbeines nach oben vorne und gerade Körperhaltung, etwa wie die Afrikanerinnen, die ihre Wasserkrüge kilometerweit tragen;
- Vermeidung schädlicher Bewegungen und Haltung wie falsches Heben, krumme Sitzhaltung, dauernde Kopfneigung, falscher Gang etc., zum Beispiel Heben des Bierkastens durch In-die-Hocke-Gehen mit geradem Rücken;
- Üben erwünschter Bewegung und Haltung;
- Bereitstellen von Sitzgelegenheiten im Büro, im Auto etc., die die richtige Haltung fördern (gerade sitzen, das Brustbein nach vorne und oben herauswölben), zum Beispiel durch ein Kissen knapp unterhalb der Schulterblätter während des Sitzens;
- Wahl des richtigen Bürostuhles.

Anspannung und Entspannung

Es wurde darauf verwiesen, daß bei Fehlbeanspruchung zuviel „Superkraftstoff“ ausgeschüttet wird und in der Blutbahn verbleibt. Nach und nach verengt dieser durch Ablagerungen immer mehr die Gefäße, so daß das Herz mehr Druck entfalten muß, um dennoch genügend Blut durch diese engen und starren Gefäße zu pressen. Daraus resultieren langfristig die koronare Herzkrankheit, der Herzinfarkt, der Hirnschlag oder das Herzversagen.

Eine ausgesprochen wichtige Übung, diesen Effekt zu vermeiden oder zumindest zu reduzieren, ist die isometrische Übung oder auch „Pumpen“ genannt. Diese Übung besteht darin, im Falle der Streßhormonausschüttungen, die man im eigenen Körper bemerken muß (Schmetterlinge im Bauch), sämtliche Muskeln für ca. 2 Sekunden fest anzuspannen. Danach soll die Muskulatur im Zwei-Sekunden-Rhythmus wieder losgelassen, wieder angespannt, losgelassen usw. werden. Je nach Streßintensität sollte dies zwischen 10- und 30mal geschehen. Man kann dies durchaus so gestalten, daß andere anwesende Personen dies nicht bemerken. Wer sich beispielsweise in einer Sitzung über den Kollegen ärgert, sollte sofort die Oberschenkelmuskulatur mindestens 10mal anspannen und wieder loslassen, was unter dem Tisch gar nicht auffällt. Dieses „Pumpen“ hat verschiedene Vorteile:

a) Der „Superkraftstoff“ wird verbraucht.

b) Es ist eine körperliche Aktivität, die fast so gute Wirkungen wie Sport erzielt und im übrigen auch ohne Streß etwa bettlägrigen Kranken empfohlen wird.

c) Die Figur wird auf Dauer sportlicher.

d) Die Venen, also die Gefäße, die im wesentlichen das verbrauchte Blut führen, haben keine eigene Muskulatur. Das Blut wird durch die umliegende Muskulatur hochgepumpt. Ein Rückfluß wird durch Venenklappen verhindern. Wenn diese in ihrer Funktion eingeschränkt werden, entstehen Krampfadern. Insofern erleichtert das Pumpen den venösen Rückfluß des Blutes, unterstützt damit das Herz, und das Risiko von Krampfadern wird vermindert.

e) Die Lymphgefäße haben ebenfalls keine eigene Muskulatur, so daß auch die Lymphdrainage, und damit ein Teil des Immunsystems, durch die umliegende aktive Muskulatur unterstützt wird.

f) Die Kommunikation kann verbessert werden. Wir haben die Methode des Pumpens schon in vielen Firmen eingeführt. Wenn ein Kollege mich ärgert, macht es einen großen kommunikativen Unterschied, ob ich sage : „Herr X, Sie ärgern mich.“ oder ob ich sage: „Herr X, wenn Sie so weitermachen, muß ich pumpen.“ Diese Art von Rückkoppelung entspannt normalerweise die Situation.

Das konsequente Pumpen ist eine der wichtigsten Streßbewältigungsmaßnahmen, wenn die Fehlbeanspruchung schon eingetreten ist. Es ist enorm wichtig, dieses Pumpen zu automatisieren, das heißt im selben Moment, in dem ich die Adrenalinausschüttung bemerke, aktiviere ich soviele Muskeln als möglich in der beschriebenen Weise. Im übrigen kann es auch nicht schaden, etwas bei langen Autofahrten zwischendurch die Muskulatur einmal „durchzupumpen“.

19. Präventivschritt:
„„Pumpen' sowohl vorsorglich bei mangelnder Bewegung als auch interventiv, wenn man die Adrenalinausschüttung spürt."

Stützung des Immunsystems

Was können wir tun, um unser Immunsystem zu stärken? Auf allgemeinem Niveau ist die Antwort einfach: „Innere Ausgeglichenheit und Beanspruchungsoptimierung." Im Detail gelten die Empfehlungen des 20. Präventivschrittes.

20. Präventivschritt:
„Unterstützung der Regelungsvorgänge innerhalb des Immunsystems"

- Werde ein „eingebildeter" Gesunder.
- Antibiotika sollten wir nur auf Anordnung nehmen, wenn unbedingt nötig, dann aber richtig. Wiederum gilt das Motto: „Soviel wie unbedingt nötig, so wenig wie möglich."
- Grippemittel sind in ihrer Wirkung höchst fraglich. Eine Grippe dauert mit Arzt zwei Wochen, ohne Arzt 14 Tage. Viel wichtiger ist es, sich bei Ankündigung der Grippe und zwei bis drei Wochen nach ihrer Überstehung nicht stark zu beanspruchen. Auch der ansonsten sehr förderliche Waldlauf sollte in dieser Zeit unterbleiben.
- Die negativen Wirkungen von Radioaktivität und UV-Strahlung wurden bereits beschrieben.
- Die beschriebenen sportlichen Aktivitäten sollten in der Zwei-Drittel-Relation langsam aufbauend betrieben werden. Die Betonung liegt auf „langsam". Viele Untrainierte neigen dazu – aufgrund ihres schlechten Gewissens und eines neu erworbenen missionarischen Eifers –, jetzt alles richtig machen zu wollen, und übernehmen sich. Wir sollten immer darauf achten, was unser Körper „sagt", und darauf, daß die ganze Angelegenheit Spaß macht und nicht zu „verkniffen" betrieben wird.
- Richtige Ernährung ist außerordenlich wichtig.
- Sexualität als das Entspannungsmittel par excellence kann kaum übertrieben werden (innerhalb einer Partnerschaft!). Der Körper

regulierte Überaktivitäten in diesem Bereich von selbst. Im übrigen sollten abgesehen von den körperlichen Vorteilen die damit verbundenen positiven Gefühle auch in ihrer Förderung des Immunsystems nicht unterschätzt werden.
- Entspannung durch verschiedenste Methoden wie Autogenes Training, Jacobsons Muskelrelaxation etc.
- Alle Methoden zum Finden einer inneren Ruhe wie Transzendentale Meditation unterstützen das Immunsystem.
- Die Sauna hat eine entspannende, regenerierende und das Immunsystem stützende Funktion, sofern sie in der beschriebenen moderaten Weise (80 Grad, danach nicht in eiskaltes Wasser) durchgeführt wird.
- Regeneration in einem adäquaten Wechsel mit Beanspruchung.
- Dazu gehören auch Urlaubszeiten, in denen wir uns ganz „ausklinken". Der tägliche Anruf bei der Firma erlaubt kein „Loslassen". Diese Regenerationsphasen werden mit zunehmendem Alter immer wichtiger.

Richtige Ernährung

Wir nehmen im schlimmsten Falle der Single-McDonald's-Eßkultur, aber auch in „normalen" Eßbereichen dermaßen viele Gifte durch chemische Zusatzstoffe, Raffinationsmethoden, Konservierung und vor allem durch Antibiotika- und Hormongaben bei Tieren auf, daß kaum Empfehlungen gegeben werden können, was wir denn nun essen und trinken sollen.

21. Präventivschritt:
„Ernähre Dich richtig!"

Grundsätzlich sollten wir das Risiko durch abwechslungsreiche Kost minimieren. Sie sollte auf jeden Fall ballastreich sein, viel frisches Obst (vor allem dickschaliges Obst) beinhalten und Gemüse soweit es nicht gespritzt ist. Biologische Qualität sollte vor kulinarischer Extravaganz gehen. Wir sollten qualitativ hochwertige Lebensmittel in geringeren Dosen zu uns nehmen als dies der durchschnittlich übergewichtige Deutsche tut. Dies gilt insbesondere für Fleisch. Vegetarier haben allerdings nicht die höchste Lebenserwartung, sondern Personen, die überwiegend vernünftig vegetarisch leben, aber auch öfter mal ein Stück Fleisch zu sich nehmen. Mit zunehmendem Alter wird es auch immer wichtiger, genügend Flüssigkeit zu sich zu nehmen (mehr als 2 Liter pro Tag, allerdings kein Alkohol).

Alle möglichen Verdauungsmittel sind zu vermeiden. Ein leckeres Müsli am Morgen (frischer Fruchtsalat mit Haferflocken oder fertigen Müslimischungen), ballastreiche Nahrung und genügend Bewegung regeln die Verdauung am besten.

Übergewicht sollte nicht durch Abmagerungskuren reduziert werden, sondern durch Ernährungsumstellung und Bewegung. Langsames Abnehmen durch weniger und besser zusammengestellte Nahrung bei gleichzeitiger Bewegungssteigerung und Verzicht auf „Dickmacher“ wie zum Beispiel Alkohol dient am besten der Gewichtsregulierung. Im übrigen sollten wir auf unseren Körper hören, nur bei Hunger essen, bei dem ersten „Satt-Signal“ aufhören und vor allem nicht als Ersatzbefriedigung bei Streß an den Eisschrank gehen.

Selbstverständlich sind alle Süchte zu vermeiden

Der Begriff „Sucht“ ist mehrdeutig und wird heute auf Empfehlung der Weltgesundheitsorganisation (1964) durch den Begriff „Abhängigkeit“ ersetzt, bei der man wiederum zwischen physischer und psychischer Abhängigkeit unterscheidet. Bei der physischen Abhängigkeit entstehen nach Trinkpausen Entzugserscheinungen. Insofern besteht ein ganz guter Selbsttest zur Frage, ob man selbst schon zum Alkoholiker geworden ist darin, einmal zwei Wochen keinerlei Alkohol zu konsumieren und anschließend seine nächsten Mitmenschen zur fragen: „Waren bei mir in den letzten 14 Tagen Veränderungen im Verhalten festzustellen?“ Lautet die Antwort „ja“ in Richtung größerer Reizbarkeit, ist dies als Alarmsignal zu sehen.

Psychische Abhängigkeit besteht in dem zwingenden Verlangen nach fortgesetztem Alkoholgenuß, um die gewünschten Stimmungsänderungen zu erzielen. „Ich brauche unbedingt einen Schluck, damit es mir wieder besser geht.“

Je stärker unser Druck durch hohe Beanspruchung steigt, um so geringer und jeweils kürzer werden die Entspannungsphasen. Dies verführt zum

Konsum von Hilfsmitteln wie vor allem Alkohol. Der gestresste Mitmensch kommt abends ausgelaugt nach Hause, setzt sich vor den Fernseher und genießt ein alkoholisches Getränk. Dies lohnt sich, denn er wird entspannter, innerlich ruhiger, die Wahrnehmung verändert sich durch das „Beduseltsein" in Richtung rosigere Weltsicht, und schließlich schläft unser Streßopfer auch besser. Was sich „bewährt", wird wiederholt. Um aber denselben Effekt zu erzielen, müssen die Dosen stärker werden. Ermahnungen besorgter Familienmitglieder oder innerliche Bedenken werden abgewiegelt mit dem Argument, es gelte nur diese Streßphase durchzustehen, danach würde der Alkoholkonsum wieder reduziert. Die Spirale beginnt und dreht sich schleichend in Richtung Alkoholismus weiter. Denn die Auswahl der Gesprächspartner und „Freunde" richtet sich unter anderem nach gemeinsamen Interessen. Gleiche Freuden und gleiche Sorgen verbinden und machen einander sympathisch.

In zahlreichen Organisationen ist der Alkoholkonsum in unerfreulichen Dosen zur Selbstverständlichkeit geworden, weil genügend Anlässe wie Geburtstag, Dienstjubiläum, Hochzeit, Kinder usw. gebührend begossen werden. Ein „anständiger Kollege gibt einen aus", sonst wird er als Geizhals diffamiert. Und schließlich will man sich „nicht lumpen lassen".

Vor allen Dingen in kontaktreichen Arbeitsbereichen wie zum Beispiel im Vertrieb gilt alkoholische Standfestigkeit als Schlüsselqualifikation, denn Kundenfreundlichkeit und Verhandlungsbereitschaft steigen angeblich mit dem Alkoholkonsum. Bei einem Gläschen Wein und einem guten Essen redet es sich besser. Und mit einem „richtigen Kumpel muß man mal ordentlich einen trinken".

Männlichkeitsideale und landsmannschaftliche Gegebenheiten können sich aufschaukeln bis hin zum „unter den Tisch trinken können". Im Schnitt hat 1989 in der alten BRD jeder Bürger (statistisch gesehen also auch Babys und Greise) 143 Liter Bier, 26 Liter Wein und Sekt und 6,2 Liter Schnaps in irgendeiner Form getrunken. Damit ergibt sich pro Tag und Einwohner ein Konsum reinen Alkohols von 25 Gramm, wobei 39 Prozent der Bevölkerung nicht regelmäßig Alkohol konsumieren, 35 Prozent weniger als 140 Gramm reinen Alkholol pro Woche trinken. Allerdings trinken 16 Prozent der Männer zwischen 40 und 49 Jahren und 17 Prozent der Männer zwischen 50 und 59 Jahren 280 Gramm reinen Alkohol pro Woche (vgl. Ziegler, 1991). Diese Männer „in den besten

Jahren“ sind natürlich auch diejenigen, die besonders viel Verantwortung als Mitarbeiter, Chefs, Väter usw. tragen und im übrigen am meisten am Straßenverkehr teilnehmen. In diesem Zusammenhang ist bei ca. 50 Prozent der Unfälle mit Todesfolge Alkohol im Spiel.

Diese groben Zahlen sagen noch nichts über den Konsum jugendlicher Randalierer, älterer einsamer Frauen, von Rentnern etc. Sie sollen lediglich verdeutlichen, daß der Alkoholkonsum ein Riesenproblem darstellt und ihm grob überschlagen pro Jahr in der BRD ca. 22 000 Menschen allein durch seine direkten Folgen wie Leberzirrhose zum Opfer fallen. 1 000 Drogentote im engeren Sinne pro Jahr sind zweifellos eine Katastrophe, aber der vielfach tolerierte Alkohol ist ungleich schlimmer.

> **22. Präventivschritt:**
> „Meide soweit möglich Alkohol! Er ist ein Gift, mit dem man Krankenhäuser reinigt.“

Alkoholismus ist eine Krankheit, die in verschiedenen Erscheinungsbildern auftritt und einen phasenhaften Verlauf hat. Alpha-Alkoholiker sind Personen, die bei Konflikten aufgrund ihrer psychischen Labilität gerne zum Alkohol greifen und sich danach entspannt, sicherer und im übrigen auch mutiger fühlen. Dieser Mut und das sinkende Risikobewußtsein veranlassen sie, sich neuen Belastungssituationen auszusetzen. Aber Alpha-Alkoholiker können noch jederzeit das übermäßige Trinken beenden.

Beta-Alkoholiker suchen als Gelegenheitstrinker häufiger als andere nach Möglichkeiten des Alkoholkonsums („keine Feier ohne Meier“), schädigen sich zwar häufig, sind aber noch in der Lage, mit dem Trinken aufzuhören.

Gamma-Alkoholiker stellen mit ca. 90 Prozent die größte Gruppe. Ihre Alkoholkarriere beginnt meist als Erleichterungstrinker, aber im weiteren Verlauf werden sie weniger streßtolerant und nutzen Alkohol immer mehr zur Entspannung und als Stimmungsaufheller (vgl. Schmidt, 1992). Gleichzeitig tritt ein Gewöhnungseffekt ein. Der Betreffende verträgt immer mehr Alkohol, was er meist auch noch seiner robusten Konstitution zuschreibt. Er braucht natürlich auch immer mehr, um eine befriedigende Wirkung zu erzielen. Nach dieser voralkoholischen Phase tauchen in der anschließenden Prodromalphase die ersten retrograden Amnesien

(„Filmrisse“) auf. Nach diesen Erinnerungslücken ist aber folgerichtiges Handeln möglich, aber der Alkohol wird zur Handlungsregulation benötigt und daher immer verfügbar sein. Die ersten Verstecke werden angelegt und der Betroffene braucht in Konfliktsituationen unbedingt Alkohol, der typischerweise als erstes Glas „gekippt“ wird. („Darauf muß ich erst einmal einen nehmen.“) Anstatt die Konfliktlösung also sofort in Angriff zu nehmen, „sammelt man sich“ erst einmal mittels der Unterstützung durch Alkohol. In dieser Phase sind die Gamma-Trinker durchaus kontrolliert, fallen meist nicht unangenehm auf, sondern werden vielfach als gesellige Mitmenschen, „mit denen man auch mal einen trinken kann“, freundlich akzeptiert.

In der anschließenden kritischen Phase treten Kontrollverluste auf, die auch anderen Menschen auffallen. Das Trinken wird langsam von den Anlaßsituationen entkoppelt. Schon der Gedanke an Alkohol löst das Bedürfnis aus, und nach dem ersten Alkoholgenuß wird unwiderstehlich nach mehr verlangt. Zwecks sozialer Akzeptanz wird das entsprechende Verhalten oft erfindungsreich rationalisiert: „Auf einem Bein steht man nicht, und im übrigen, wer weiß, wie lange wir noch leben.“ Vielfach kommt auch eine freundliche Selbstironie hinzu, die es anderen schwer macht, korrigierend einzugreifen. „Ich bin eben ein alter Genießer.“ Die Alkoholspirale dreht sich weiter in Richtung Konflikte durch den Alkoholkonsum und eine entsprechende Diskriminierung. Eine ursprünglich vorgesehene Beförderung fällt aus. Der Betroffene fühlt sich benachteiligt, trinkt zum Trost und zur besseren Bewältigung. Irgendwann ist der soziale Abstieg vorprogrammiert.

Alkoholiker sterben meist nicht direkt in einem Delirium, sondern an den Folgen des übermäßigen Alkoholkonsums wie Leberzirrhose, Bauchspeicheldrüsenentzündungen, Unfällen, Selbstmord und Krebs der Leber und des Magen-Darm-Bereichs.

Delta-Alkoholiker sind zunächst unauffällig wie die Beta-Trinker, bemerken aber nach Trinkpausen Entzugserscheinungen und sorgen deshalb immer für einen genügenden Alkoholspiegel. Daher rührt auch die Alternativbezeichnung „Spiegeltrinker“. Es handelt sich also um Alkoholkranke mit einer physischen Abhängigkeit. Sie verstehen es oft ausgezeichnet, alle Anzeichen ihres Alkoholkonsums zu verbergen. In Anwesenheit anderer wird nur Mineralwasser getrunken, die Erscheinung ist sehr gepflegt. Auffällig sind des öfteren ein dauernder Pfefferminz-Atem und über das normale Maß hinausgehende Rasierwasserdüfte.

Der Epsilon-Alkoholiker schließlich trinkt episodisch, daher die Bezeichnung „Quartalssäufer". In oft vorhersagbaren zeitlichen Abständen treten Reizzustände, Unruhe, Depressionen und der unstillbare Drang nach Alkohol auf. In diesen Phasen besteht keine Kontrolle, zwischen ihnen aber vollauf. Als Arbeitgeber kann man damit rechnen, daß der Mitarbeiter nach diesem „Koller" und einer erforderlichen „Alkoholverdunstungsphase" wieder voll einsetzbar ist. Epsilon-Trinker sind recht selten vertreten, und bei Ihnen sollte immer an ein depressives Krankheitsbild gedacht werden.

Früher war übermäßiger Alkoholkonsum ein zweifelhaftes Privileg der Männer. Um 1960 lag das Verhältnis männlicher zu weiblichen Alkoholikern noch bei ca. 20:1. Heute liegt es etwa bei 3:1. Im Verhalten gibt es einige Unterschiede.

Frauen beginnen ihren Alkoholkonsum meist mit härteren Getränken. Bier erscheint ihnen vielfach unweiblich. Sie steigern sehr rasch die Dosen und verheimlichen ihren Konsum mehr, weil sie sich durch einen Rausch stärker diskriminiert fühlen. Unsere Gesellschaft toleriert augenzwinkernd einen betrunkenen Mann eher als eine Frau im gleichen Zustand. Alkoholikerinnen sind meist besser gebildet und leben öfter allein als ihre männlichen Pendants. Sie vertragen körperlich weniger und werden auch schneller geschädigt, weil ein Enzym, das in der Leber den Alkohol abbaut von ihnen auch für den Östrogenabbau verbraucht wird. Alkoholikerinnen entwickeln häufiger eine gleichzeitige Medikamentenabhängigkeit. Sie gehören seltener zu der Gruppe der Delta-Trinker (Spiegel-Trinker) als die Männer.

Früher hieß es, Alkohol vermindere das Herzinfarktrisiko. Nach neueren Untersuchungen stimmt dies nicht. Im Gegenteil, vor allem die täglichen niedrigen Dosen sorgen nicht nur für den „Bierbauch", der auch bei anderen Alkoholika entsteht, sondern auch für schädliche Stoffwechselveränderungen, Impotenz und letztlich eine Erhöhung des Herzinfarktrisikos. Als praktischer Anhaltspunkt mag dienen, daß es im Prinzip erlaubt ist, ca. eine Flasche Bier pro Tag zu trinken bzw. die vergleichbare Menge Alkohol. Zwischendurch sollten aber immer wieder Tage der völligen Abstinenz eingelegt werden. Die strengeren Ernährungsphysiologen meinen, daß diese eine Flasche auch nur an ca. drei Tagen der Woche erlaubt sei.

Bei Süchten zeigt sich vielfach eine Beanspruchungs-Suchtmittel-Spirale, die zu unterbrechen, besser noch präventiv zu bekämpfen ist.

Die Überbeanspruchung führt zur Einnahme der Drogen. Deren Effekt wird als angenehm erlebt. Um die Wirkung beizubehalten, muß der Drogenkonsum verstärkt werden. Die Drogen verändern die Wahrnehmung. Die Risikobereitschaft steigt (man trinkt sich beispielsweise Mut an), wodurch das Sicherheitsbewußtsein und in der Folge das Sicherheitsverhalten – in jeder Beziehung, sei es beim Autofahren, beim Umgang mit Maschinen oder mit der eigenen bzw. fremden Gesundheit – gemindert wird. Das Fehlverhalten äußert sich in Unfällen, zumindest aber in weniger Erfolg und geringerer Fitness und Streßtoleranz, wodurch wiederum die Fehlbeanspruchung steigt. Hier liegt also durch die ausschließlich positiven Rückkopplungsschleifen ein typischer Aufschaukelungsprozeß vor.

Mahnungen der Familienmitglieder, von Freunden oder Kollegen nützen meist wenig. Im Gegenteil, vielfach werden sie zu Ko-Alkoholikern, weil sie das Verhalten des Alkoholabhängigen zumindest indirekt unterstützen. So manche Sekretärin weiß, wieviel ihr Chef trinkt, verteidigt ihn und versucht das Problem zu vertuschen. Dabei spielt vielfach neben Mitleid auch Eigennutz eine Rolle. Denn so gewinnt man Macht über seinen Chef. Derartige Psychodynamiken erklären auch das für Laien unverständliche Phänomen, daß so manche von ihrem betrunkenen Ehemann oder Freund verprügelte Frau Schutz im Frauenhaus sucht, nach wenigen Tagen aber wieder zu ihm zurückkehrt. Das geht oft jahrelang so, aber die Beziehung hält im Prinzip. Wenn es dann eines Tages gelingt, den Betreffenden zu entwöhnen und er „trocken“ nach Hause kommt, zerbricht die Beziehung. Die Frau hat die Macht über ihn durch seine Abhängigkeit verloren.

Drogenkonsum entsteht also nicht nur durch Fehlbeanspruchung sondern erzeugt sie auch, so daß Henne und Ei nicht mehr feststellbar sind.

23. Präventivschritt:
„Überprüfe Deine mögliche Abhängigkeit durch Befragen anderer, die keine Eigeninteressen an einer verzerrten Antwort haben.“

Bei Alkoholsüchtigen ist eine Psychotherapie ein Kunstfehler. Der Alkoholiker muß erst entzogen werden (je nach Schwere und Art der Entziehung in einer Klinik mit bis zu sechs Monaten Aufenthalt, die dort ohnehin psychotherapeutisch begleitet wird) und sollte danach psychotherapeutische Unterstützung in seiner natürlichen Umgebung erfahren, da erfahrungsgemäß die alte Umgebung, die Freund- und Partnerschaften mit dem Alkoholproblem assoziiert sind. Im engeren Familien-, Freundes- und Kollegenkreis ist unbedingt eine Bereitschaft zu fördern, das Problem zu sehen, sich so wertfrei wie möglich mit ihm auseinanderzusetzen und Hilfe anzubieten. So mancher Chef argumentiert aus eigenem Unbehagen, das Alkoholproblem seines Mitarbeiters oder Kollegen gehe ihn nichts an, es sei schließlich seine Privatangelegenheit solange die Arbeit zufriedenstellend verlaufe.

Wie bei allen anderen gesundheitlichen Problemen auch sollte hier die Prävention im Vordergrund stehen. Man unterscheidet zwischen Primär-, Sekundär- und Tertiärprävention.

Die Primärprävention bezieht sich beim Alkohol auf Veränderungen der Bedingungen im Betrieb wie zum Beispiel Senkung der Kosten für nicht-alkoholische Getränke bei gleichzeitiger Preissteigerung der Alkoholika, Verringerung der alkoholgeschwängerten Festivitäten, Vergrößerungen der Distanzen zu Bierautomaten, Erhöhung der Sozialkompetenz der Führungskräfte, Verringerung der Belastungen wie Hitze, Staub, Lärm etc.

Die Sekundärprävention betrifft die Früherkennung vor allem der Gefährdeten. Wenn jemand schon Alkoholiker ist, dann schafft er es immer, Alkohol in den Betrieb zu schmuggeln. Die Phantasie ist diesbezüglich unerschöpflich. Die Mineralwasserflasche voll klarem Schnaps ist noch die einfachste Variante. Im übrigen lügen Alkoholiker bezüglich ihres Trinkens meistens, daß sich die Balken biegen. Aber die labilen Personen lassen sich meist verführen, sei es im Sinne des Imitationslernens des trinkenden „Vorbildes“, sei es durch den sozialen Druck: „Nun sei mal ein Mann.“ Die Tertiärprävention soll Folgeschäden vermeiden. Dies geschieht beispielsweise durch Besuche während des Entziehungsaufenthaltes, durch Vorbereitung der Kollegen auf die Rückkehr des entzogenen Kollegen usw.

24. Präventivschritt:
Bezüglich der Beanspruchungsoptimierung des Nicht-Abhängigen ist folgendes zu bedenken:

- Alkohol ist als Entspannungsmittel nur ab und zu erlaubt.
- Wir sollten Alkohol nie vor der Dunkelheit konsumieren. An ca. drei bis vier Abenden ist Alkohol bis zu einem Maximum von zwei Flaschen Bier oder dem berühmten „Viertele" erlaubt, bedingt sogar gesundheitsförderlich.
- Wir sollten möglichst selten unseren Durst mit Alkoholgetränken löschen. Es gibt ohnehin kaum etwas Dümmeres als eine Sünde ohne Genuß. Es ist beispielsweise sinnvoll, das erste Glas Bier in Form alkoholfreien Bieres zu konsumieren und danach mit Genuß ein „gescheites" Bier zu trinken.
- Es ist nicht zu vertreten, anderen Alkoholisches aufzudrängen.

Fehlbeanspruchungen fördern falsche Verhaltensweisen, Süchte, Schlafstörungen etc. und umgekehrt. Bezogen auf den Killer Nr. 1, den Herzinfarkt, ist es sinnvoll, in einem 25. Präventivschritt die wichtigsten Verhaltensweisen zusammenfassen:

25. Präventivschritt:

- Rauchen ist tabu, statt dessen ist richtige Ernährung unabdingbar.
- Jogging, schnelles Gehen, Radfahren, Schwimmen oder Ski-Langlauf wenn möglich zweimal die Woche. Wer erst abends im Dunkeln nach Hause kommt, kann sich ein Langlauftrainingsgerät in den Keller stellen. Je nach Geschmack kann dort ein alter Fernseher die dabei aufkommende Langeweile vertreiben.
- Treppensteigen ist das beste tägliche Herz-Kreislauf-Stärkungsmittel.
- Richtige Haltung und Bewegung mindern nicht nur Kopf- und Rückenschmerzen, sondern fördern auch die Wohlbefindlichkeit und im übrigen das äußere Erscheinungsbild.

- Die meisten Entspannungs- und Meditationsverfahren sind sinnvoll und sollten regelmäßig geübt werden.
- Isometrische Übungen bei Streß in Form des „Pumpens" sollten völlig automatisiert werden. Sie sind die entscheidende „Pille", die wir immer bei uns tragen. Dieses Pumpen dient dem Abbau der die Gefäße verengenden Substanzen, der Unterstützung des Herzens und des Immunsystems, sowie der Figur und der Kommunizierbarkeit von Ärger.
- Wir können unser Immunsystem aktiv unterstützen durch weitgehende Meidung von Medikamenten, Radioaktivität und direkter Sonneneinstrahlung und weiter durch innere Ausgeglichenheit, Zwei-Drittel-Beanspruchung, Sport in Maßen, Sexualität, richtige Ernährung, genügende Regenerationsphasen.

Nutzung von Instrumenten zur Beanspruchungsoptimierung

Wir können sehr viel im Rahmen des Selbstmanagements für unsere Beanspruchungsoptimierung mit „Bordmitteln" tun. Aber vielfach benötigen wir auch Instrumente durch Hilfe von außen, die wir nur bedingt selbst anwenden können. Ein kurzer Überblick soll deren prinzipielle Muster verdeutlichen. Denn es ist wichtig, zumindest die Möglichkeiten in den eigenen Erfahrungs- und Erwartungshorizont einzuspeisen, um für derartige Handlungsalternativen überhaupt die Wahrnehmung zu öffnen.

a) Selbstmanagement- oder Streßbewältigungsseminare, die „geschlossen" durch die Firmen organisiert oder „offen" durch freie Seminaranbieter auf dem Markt sind. Es ist für einen Laien schwer, sich in der Flut von Angeboten zu orientieren. Eine Bewertung ist aber außerordentlich wichtig, weil abgesehen von selbsternannten „Trainern", die Kompetenz durch wohlklingende Schlagworte ersetzen, „Gurus" bis hin zu Scientology-Anhängern über diese Schiene versuchen Fuß zu fassen und zu indoktrinieren. Am besten fragt man bei großen Firmen, die über viel Erfahrung in diesem Bereich verfügen, nach, welchen Trainer sie empfehlen können.

b) Gleiches gilt für das Coaching (vgl. Kastner, 1990), im Rahmen dessen individuelle Empfehlungen für die Handlungsregulation gegeben werden. Hier sollten Coaches gewählt werden, die über eine gute psychotherapeutische Ausbildung und Erfahrung im Management-Bereich verfügen. Wir können nur erahnen, welcher Schaden gerade in höheren Führungsetagen durch schlechte, aber mit einem blendenden Marketing ausgestattete „Coaches" angerichtet wird.

c) Entspannungsverfahren wurden erwähnt. Das Autogene Training ist ein Verfahren, das im klinischen Bereich breite Anwendung findet. Eigentlich sollte es nur unter Anleitung eines Arztes praktiziert werden. Aber man versucht, sogar über Volkshochschulkurse viele Menschen zum Selbsttraining der „Versenkungsruhe" zu bringen. Im Prinzip wird hier eine gewisse Selbsthypnose mit Muskelentspannung verbunden. Selbstsuggestiv werden verschiedene Körperpartien entspannt, wobei Beeinflussungen des autonomen Nervensytems, in diesem Falle des Parasympathikus möglich sind („ich bin ganz ruhig, meine linke Hand wird warm und schwer"). In entsprechenden Untersuchungen wurden positive Effekte des Autogenen Trainings im Sinne einer geringeren Herzrate, einer Senkung des Blutdruckes und einer Muskelentspannung nachgewiesen.

Beim Jacobson-Entspannungstraining wird der Körper Stück für Stück entspannt, indem zuerst Körperteile bewußt sehr stark angespannt und dann losgelassen werden, so daß sich der Grundtonus der Muskulatur senkt.

Yoga ist ein indisches philosphisches System der Befreiung des Geistes durch Körperbeherrschung. Es gibt verschiedene Yoga-Schulen, denen folgendes gemeinsam ist:

- Entspannung
- richtige Atmung zur Energieaufnahme
- systematische Dehnungen und Streckungen der Sehnen, Bänder und Muskeln zur Kräftigung und Anregung des Kreislaufes
- naturbelassene Lebensmittel für eine richtige Ernährung
- positives Denken und Ablegen negativer Gedanken und Gefühle zur „Besänftigung des Geistes"

Wenn wir einmal von den esoterischen Kontexten absehen, sind hier etliche vernünftige Hilfsmittel zur Beanspruchungsoptimierung integriert.

Meditationsverfahren konzentrieren sich als „sinnende Betrachtung des inneren Selbst“ auf die Integration von Körper und Geist. Wiederum gibt es die verschiedensten Formen, denen gemeinsam ist, daß man sich selbst losläßt. Dies kann in sehr einfacher Form geschehen, indem wir uns an einem ruhigen Ort auf einen Stuhl setzen und einfach alle Gedanken zulassen. Wir denken an nichts, lassen jeden Gedanken wandern und rutschen so immer tiefer in einen entspannenden Halb-Wach-Zustand.

Eine Kombination aus Joggen und Meditieren auf dem Hintergrund des „Trotts“ oder ständigen Taktes dürfte für unsere biographischen Hintergründe praktikabler sein.

Natürlich hat die moderne Technologie auch in die Streßbewältigung Einzug gehalten. Mittels audiovisueller Reizung werden schwach elektromagnetische Felder mit Schwingungen zwischen einem und 30 Hertz erzeugt. Durch das EEG (Elektroenzephalogramm) werden die jeweiligen Hirnwellen gemessen. Die Deltawellen (1–3 Hertz) werden im Tiefschlaf und in tiefer Hypnose oder Trancezuständen gemessen. Thetawellen (4–8 Hertz) deuten auf Schlafphasen, sind aber auch bei erfahrenen Medidítierenden möglich. Alphawellen (8–12 Hertz) sind als Entspannungszustand durch Autogenes Training oder andere Entspannungsverfahren erreichbar. Sie fördern Lernprozesse. Schließlich kennzeichnen Betawellen (12–30 Hertz) den Wachzustand, innerhalb dessen unsere hochkonzentrierten Denkprozesse stattfinden, aber auch Streß und Unruhe. Über die audiovisuelle Reizung wird versucht durch die Impulse eine Hirnaktivität in Richtung Deltawellen zu erreichen.

Mittels Biofeedbackverfahren werden körperliche Vorgänge wie zum Beispiel Herzrate, psychogalvanischer Hautwiderstand (Prinzip des Lügendetektors, sinkt bei Erregung), Muskeltonus, Blutdruck, Hauttemperatur an die betreffende Person rückgekoppelt. Dies geschieht meist akustisch oder visuell über einen Monitor.

Eine Entspannung kann auch über Elekrostimulation erreicht werden, indem über Elektroden (meist am Ohrläppchen) Strom im Mikroamperebereich gegeben wird. Verschiedene therapeutische Verfahren wurden bereits in Kapitel 5 im Zusammenhang mit der Angst vorgestellt. Sie gelten in ähnlicher Weise für Fehlbeanspruchungen. Letztlich sind ja die physiologischen Muster bei beiden Phänomenen ganz ähnlich.

26. Präventivschritt:
„Nutze die oben beschriebenen Instrumente zur Beanspruchungs-optimierung, aber achte auf Qualität!“

10. Ein Flußdiagramm des Selbstmanagements im Sinne der Beanspruchungsoptimierung

Die Ebene der langfristigen Handlungsregulation

- Übernimm Verantwortung, zunächst für Dein eigenes Erleben und Verhalten, dann für Dir anvertraute Personen, die für sich selbst nicht die Verantwortung übernehmen können (Kinder, eventuell Alte, Kranke, Schwache).
- Bemühe Dich um Lebenskunst als permanente Balance zwischen:
  - einerseits täglicher Investition in die Zukunft in einer Weise, daß Du Dir später in der Retrospektive keine Vorwürfe machst;
  - und andererseits täglich bewußtem Erleben und Genießen positiver Gefühle in einer Weise, daß Du Dir später in der Retrospektive keine Vorwürfe machst.

Diese Balanceakte erfordern ein Haushalten mit den eigenen Kräften in einer Weise, daß Lebensziele ohne allzu große Substanzverluste erreicht werden.

Dies gelingt nur über das Einhalten des Zwei-Drittel-Prinzips. Dies schließt nicht aus, daß wir uns zwischendurch fehlbeanspruchen, verlangt dann aber genügende Regenerationsphasen.

Die Verhaltensregulation ist abbildbar auf einem Kontinuum mit den Polen „Steuerung“ und „Regelung“. Je bewußter wir handeln, um so stärker steuern wir und verfügen damit über die Freiheit von Handlungsalternativen. Je mehr wir uns instinkthaft treiben lassen, um so mehr unterliegen wir Regelungsprozessen.

Die oben genannten Balancen gelingen nur, wenn wir im Sinne einer Verhaltensökonomie die Bedingungen unserer natürlichen Regelungsprozesse optimieren (zum Beispiel der Immunabwehr) und uns ansonsten möglichst kompetent in den Steuerungsfähigkeiten machen.

Zu diesen Kompetenzen gehören:

- Der Umgang mit komplexen Problemen, Denken und Handeln im System (kognitive Regulationen).

- Der Umgang mit unseren Gefühlen, Vermeiden unangenehmer Gefühle wie zum Beispiel Ärger, Angst und Fördern angenehmer Gefühle wie zum Beispiel Glück, Freude (emotionale Regulationen).
- Der Umgang mit eigenen und fremden Motivationen in unserer unmittelbaren Umgebung, zum Beispiel Veränderungen des Anspruchsniveaus und Disziplin in der konkreten Umsetzung des gewünschten Verhaltens (motivationale Regulationen).
- Ein ausreichendes Wissen um die Zusammenhänge zwischen diesen Prozessen auf dem Hintergrund der Vernetzungen zwischen psychologischen und physiologischen Faktoren wie zum Beispiel in der Psychoimmunologie oder der Psychosomatik.

Entsprechende Kompetenzen müssen in konkretes Handeln umgesetzt werden. Dies geschieht nach folgendem Muster:

- Soweit möglich Überprüfung der eigenen Wahrnehmungen und Suche nach den eigenen blinden Flecken.
- Erarbeitung eines Systems des idealen Verhaltens unter gegebenen von mir real nicht änderbaren Bedingungen.
- Diagnose des eigenen realen Verhaltenssystems mit Hilfe der Systemsichten andersgearteter Personen.
- Zusammenstellung der Diskrepanzen zwischen Ideal- und Realverhalten sowie deren Kategorisierung nach Wichtigkeit und Dringlichkeit.
- Persönliche Verpflichtung auf die Bearbeitung dieser Diskrepanzen und Erstellung von Zeitplänen, bis wann in welchem Ausmaß diese gemildert sein sollen.
- In interventiven Schritten (nacheinander) ein Abarbeiten dieser Diskrepanzen.

Übergang in präventives Handeln nach folgenden Leitsätzen:

- „Soviel Zeit muß sein." Für etliche Lebensqualitäten wie zum Beispiel Glück und für Regulationserfordernisse wie zum Beispiel Nahrung, Schlaf müssen wir uns genügend Zeit nehmen, sonst „haben wir nicht gelebt".
- „Sammle Augenblicke!" Glück ist die höchste Form der Lebensqualität.
- „Was Du Dir gefallen läßt, bist Du (meist) selbst schuld." Wir können Pech haben und müssen dieses Schicksal annehmen oder uns verab-

schieden. Aber die meisten Dinge, über die wir uns beklagen, haben wir selbst zu verantworten. 80 Prozent aller Sachzwangargumentationen sind faule Ausreden.

- „Hamster im Laufrad." Wir sollten uns davor hüten, zu denken, das Rad liefe immer schneller und wir müßten mitlaufen („Sachzwänge"). Wir drehen meist selbst das Rad.
- „Du mußt der Jäger sein, nicht der Gejagte!" Ohnmacht, Ausgeliefertsein, Hilflosigkeit machen krank, meist depressiv. Aber das Dümmste ist, sein eigener Jäger und Gejagter zu sein (Hamster im Laufrad). Das jeweilige Bewußtsein ist entscheidend. Wir können sehr viel leisten, ohne krank zu werden. Es muß nur Spaß machen.
- „Führe niemals Mehrfrontenkriege!" Wir müssen Ordnung in unser Leben bringen, um die Steuerungsfähigkeit nicht zu verlieren und nicht zum hilflosen Spielball der Kräfte zu verkommen. Dazu gilt es, „einen Feind (Anforderungen) nach dem anderen zu erledigen."
- „Streite nicht um Wahrheiten und Bedeutungen!" Wir können nur so erkennen wie es uns unser Wahrnehmungssystem erlaubt.
- „Relativiere Leistung auf Beanspruchung!" Erfolg hat immer mindestens drei Komponenten, die Zielerreichung (Leistung), den Substanzverlust bzw. -gewinn (Beanspruchung) und die (Er-)Lebensqualität.
- „Der Freie sagt ‚ich will', der Knecht sagt ‚ich muß'". Wer zu bequem ist, seine Ziele selbst zu definieren, muß sich nicht wundern, wenn er das tut, was andere wollen.
- „Ich will systemverträglich, gesund und munter 100 Jahre alt werden!" Klare Vorstellungen über die eigenen hierarchisch geordneten Ziele schaffen Orientierung. In hektischen Zeiten erlaubt diese „innere Landkarte" schnelles Handeln.
- „Jeder ist zuerst für sein eigenes Verhalten und Erleben verantwortlich." Dies darf aber nicht zur egoistischen Ausnutzung anderer Systeme fühen. Zusätzlich sind wir für unsere Umfeldsysteme (Natur) und andere Personen verantwortlich, die keine Selbstverantwortung übernehmen können (Alte, Kranke, Kinder). Die Verantwortungsproblematik in sozialen Systemen löst sich am besten auf, wenn wir uns alle „synegoistisch" verhalten.
- „Du kannst nicht behalten, was Du nicht losläßt." Verantwortungsübernahme für andere darf nicht zu deren „Kletten" führen.
- „Angst und Entspannung gehen nie zusammen."

- „Sage auch mal ‚nein‘!“
- „Zuviel ‚Ja-sagen‘ resultiert aus iterativen Motiven.“ Wir haben Angst vor Liebes- und Imageverlust.
- „Je mehr er hat, je mehr er will, niemals steht der Ehrgeiz still.“ Die iterativen Motive sollten wir bei uns erkennen und reflektieren, wieviel Substanz wir bereit sind, zu zahlen.
- „Gärungsprozesse machen krank.“ Dissonanzen im Kopf und zwischen „Kopf und Bauch“ müssen möglichst schnell aufgelöst werden.
- „Ärger muß kontrolliert raus!“ Das In-sich-hinein-Fressen von Ärger macht krank, das Herausschreien langfristig auch. Eine kontrollierte Rückkopplung ohne Angriff der jeweiligen Person ist das richtige Mittel.
- „Konflikte und Krisen können bei adäquater Bewältigung zur Persönlichkeitsreifung beitragen, sind aber wenn möglich zu meiden.“ Entsprechende Verhaltensweisen sollten unbedingt erlernt werden. Sozialkompetenz im Sinne des guten Führens, Kommunizierens und des Umgangs mit verschiedenen Rollen und Menschen ist eine Schlüsselqualifikation der Zukunft.
- „Vernetzungen erkennen ist gut, eigene Aktivitäten müssen aber zwischen Vernetzen und Entnetzen ausbalanciert werden.“ Vernetzungen bieten die Chance der enorm wichtigen sozialen Unterstützung. Zuviel Vernetzung führt zu inadäquaten Verpflichtungen und Fehlbeanspruchungen.
- „Es gibt nichts Gutes, es sei denn man tut es.“ (Kästner), das heißt, erhöhe den Zusammenhang zwischen Wissen und Tun!

Die entscheidenden Rädchen, an denen wir langfristig drehen müssen, sind:

- der Sinn, den wir unserem Leben geben
- unser Anspruchsniveau inklusive der Ziele
- unsere Kompetenzen
- konsequentes Steuern und Umsetzen

Diese Rädchen werden viel eleganter, als dies der Autor könnte, in den Desiderata aus der alten St. Paul's Kirche in Baltimore von 1692 ausgedrückt. Vieles von dem, was in diesem Buch steht, ist zumindest in dieser Zusammenstellung neu, aber vieles ist alter Wein in neuen Schläuchen, der deshalb aber nicht schlechter geworden sein muß. Das meiste von dem, was vor 300 Jahren aktuell war, gilt bezüglich der Beanspruchungsoptimierung auch heute.

„Gehe ruhig und gelassen durch Lärm und Hast und sei des Friedens eingedenk, den die Stille bergen kann. Stehe, soweit ohne Selbstaufgabe möglich, in freundlicher Beziehung zu allen Menschen.
Äußere Deine Wahrheit ruhig und klar und höre anderen zu; auch den Geistlosen und Unwissenden; auch sie haben ihre Geschichte.
Meide laute und aggressive Menschen. Sie sind eine Qual für den Geist.
Wenn Du Dich mit anderen vergleichst, könntest Du bitter werden und Dir nichtig vorkommen. Denn immer wird es jemanden geben, größer oder geringer als Du.
Freue Dich Deiner eigenen Leistungen wie auch Deiner Pläne. Bleibe weiter an Deiner eigenen Laufbahn interessiert, wie bescheiden auch immer. Sie ist ein echter Besitz im wechselnden Glück der Zeiten.
In Deinen geschäftlichen Dingen laß Vorsicht walten, denn die Welt ist voller Betrug. Aber dies soll Dich nicht blind machen gegen gleichermaßen vorhandene Rechtschaffenheit. Viele Menschen ringen um hohe Ideale, und überall ist das Leben voller Heldentum.
Sei Du selbst, vor allen Dingen heuchle keine Zuneigung. Noch sei zynisch, was die Liebe betrifft. Denn auch im Angesicht aller Dürre und Enttäuschung ist sie doch immerwährend wie das Gras.
Ertrage freundlich gelassen den Ratschluß der Jahre, und gib die Dinge der Jugend mit Grazie auf.
Stärke die Kraft Deines Geistes, damit sie Dich in plötzlich hereinbrechendem Unglück schütze. Aber beunruhige Dich nicht mit Einbildungen. Viele Befürchtungen sind Folge von Erschöpfung und Einsamkeit.
Bei einem heilsamen Maß an Selbstdisziplin sei gut zu Dir selbst.
Du bist ein Kind des Universums, nicht weniger als die Bäume und die Sterne. Du hast ein Recht hier zu sein. Und ob es Dir nun bewußt ist oder nicht: zweifellos entfaltet sich das Universum wie vorgesehen. Darum lebe in Frieden mit Gott, was für eine Vorstellung Du auch von ihm hast und was immer Dein Mühen und Sehnen ist.
Zu der lärmenden Wirrnis des Lebens erhalte Dir den Frieden Deiner Seele.
Trotz all ihrem Schein, der Plackerei und den zerbrochenen Träumen ist diese Welt doch wunderschön."
Desiderata (1692)

Die Ebene der mittelfristigen Handlungsregulation

- „Erkenne Muster, tritt im Wechsel vom Bild zurück und an das Bild heran!“ Um die Komplexitäten zu bewältigen, müssen wir Vernetzungen erkennen und uns entscheiden, welche Details wir im Rahmen unser Möglichkeiten bearbeiten wollen.
- „Wähle den richtigen Maßstab, so grob wie möglich, so fein wie nötig!“
- „Entscheidungen sind nur teilweise logische Kalküle.“ Vieles läuft psychologisch ab. Wir sollten uns Reaktanz gönnen solange sie nicht fehlbeansprucht, das Regret-Phänomen abwarten und die subjektiven Realitätsverzerrungen zur Dissonanzreduktion in Grenzen dulden.
- „Emotionen sind in Grenzen steuerbar.“ Wir sollten uns nicht in aktuellen Situationen von ihnen überrennen lassen, wenn dies unserer Gesamthandlungsregulation schadet. Wir sollten aber die positiven Emotionen bewußt genießen, wenn immer dies möglich ist.
- „Ordnung und Zeitmanagement reduzieren Streß, können aber Kreativität behindern.“ Das „logische“ Zeitmanagement sollte dem biologischen Tagesrhythmus folgen. Deshalb sind Sitzungen mit mehr als fünf Teilnehmern am Morgen ein Führungsfehler. Zu dieser Zeit sollen die A-Aufgaben in der Reihenfolge zunehmender Annehmlichkeit gemeistert werden.

  Pufferzeiten sorgen für mehr innere Ruhe und ermöglichen ein Kennenlernen des unbekannten Geländes. Wer verspätet, verschwitzt und um Entschuldigung bittend zu einem Termin kommt, befindet sich schon in der Defensive.

  Fahrten im Zug dauern oft länger als im Auto, aber die Zeit ist wegen der dortigen Arbeitsmöglichkeiten nicht verloren. Im übrigen beansprucht Autofahren.
- „Dehne die schönen Zeiten, raffe die unangenehmen Zeiten!“ Durch Bewußtmachen und gezielte Verhaltenssteuerung (zum Beispiel um 5 Uhr aufstehen, um den Sonnenaufgang zu erleben) erfolgt eine Öffnung für Glücksmomente bzw. „Augenblicke“.

Unangenehme Zeiten können durch vorausschauende Planung vermindert werden (zum Beispiel Hören des Verkehrsberichtes zur Stauvermeidung) und durch Ablenkung (zum Beispiel Buch im Auto) sinnvoll genutzt werden.

Die Ebene der täglichen „kleinen" Handlungsregulation

- Handlungsgeschehen sollten auf die jeweilige Persönlichkeitsstruktur abgestimmt werden.
- Automatisierung von Handlungen reduziert deren Streßpotential. Aber Automatisierung kostet Flexibilität, die immer wichtiger wird.
- Adäquate Wahrnehmung der Situationsanforderungen und der eigenen Bewältigungsmöglichkeiten mindern das Risiko sich in fehlbeanspruchende Situationen zu begeben.
- Zudem begünstigen sie über eine hinreichende Sicherheit, Situationen adäquat zu bewältigen, positive Gefühle der angenehmen Herausforderung, der Zufriedenheit, Arbeitsfreude und in der Folge auch der angenehmeren Kommunikation.
- Das Einüben kreativer Suche nach verschiedenen Handlungsalternativen erweitert den Handlungskompetenzbereich. Es gibt meistens noch einen anderen Weg, man muß nur beharrlich weitersuchen.
- Die Entscheidungen zwischen verschiedenen Handlungsalternativen sind nach den beschriebenen Mustern der Urteilsgüte bezogen auf die Informationsmenge zu treffen.
- Eine Steigerung der Handlungsorientierung fördert das Tun, anstatt in der Absicht steckenzubleiben.
- „Pumpen" sollte automatisiert werden, um bei Einschießen der Streßhormone sofort gesundheitliche Schädigungen zu minimieren und im Gegenteil den Körper aktiv fitter zu machen.
- Parallel sollte die jeweilige Handlung in die persönliche Zielhierarchie eingeordnet werden und damit relativiert werden. „Gemessen daran, daß ich gesund und munter 100 Jahre alt werden will, lohnt sich der Ärger über den unangenehmen Kollegen nicht."
- Die täglichen Handlungen sollten in einem Tagesablauf ganzheitlich geordnet werden. Für die körperlichen Bedürfnisse muß genügend Zeit ebenso eingeplant werden wie für das „Schärfen der Säge", also die adäquate Verwendung der Instrumentarien.

Das tägliche Handeln muß jeweils über Bewertungen auf das allgemeine Handeln zurückgekoppelt werden. Vor dem Schlafen sollten wir uns fragen: „Was hat der Tag hinsichtlich meiner Lebenskunst gebracht? Habe ich etwas in die Zukunft investiert? Habe ich etwas gelernt oder mich nur in Routinen verschlissen? Habe ich heute gelebt und möglichst einen Augenblick genossen? Ist mir diese Balance gelungen? Wie hoch war heute meine Korrelation zwischen Wissen und Tun?“

Die tägliche Rückkopplung auf die generellen Handlungsprinzipien und den persönlichen Lebenssinn fördert den Zusammenhang zwischen Wissen und Tun.

Wiederum kann ein psychologisch sehr beschlagener Dichter diese Balancen und Gestaltungen besser ausdrücken als der Autor.

Hermann Hesse schreibt im Glasperlenspiel:

„Stufen“

Wie jede Blüte welkt und jede Jugend
dem Alter weicht, blüht jede Lebensstufe,
blüht jede Weisheit auch und jede Tugend
zu ihrer Zeit und darf nicht ewig dauern.
Es muß das Herz bei jedem Lebensrufe
bereit zum Abschied sein und Neubeginne,
um sich in Tapferkeit und ohne Trauern
in andere, neue Bindungen zu geben.
Und jedem Anfang wohnt ein Zauber inne,
der uns beschützt und der uns hilft zu leben.

Wir sollen heiter Raum um Raum durchschreiten,
an keinem wie an einer Heimat hängen.
Der Weltgeist will nicht fesseln uns und engen.
Er will uns Stuf' um Stufe heben, weiten.
Kaum sind wir heimisch einem Lebenskreise
und traulich eingewöhnt, so droht Erschlaffen.
Nur wer bereit zu Aufbruch ist und Reise,
mag lähmender Gewöhnung sich entraffen.

Es wird vielleicht auch noch die Todesstunde
uns neuen Räumen jung entgegensenden.
Des Lebens Ruf an uns wird niemals enden.
Wohlan denn, Herz, nimm Abschied und gesunde!

Ausgewählte Literatur

AEBLI, H. (1983). Zwölf Grundformen des Lehrens. Stuttgart: Kohlhammer.

AJZEN, I. & FISHBEIN, M. (1980). Unterstanding attitudes and predicting social behavior. Englewood-Cliffs, N.J.: Prentice Hall.

ALLMER, H. (1990). Gesundheitsverhalten als intentionales und volitives Geschehen. In: R. Schwarzer, (Hg.). Gesundheitspsychologie. Göttingen: Hogrefe.

BAKER, G. H. B. (1987). Psychological factors and immunity. Journal of Psychosomatic Research , 31, 1–10.

BATTMANN, W. (1989). Verhaltensökonomie: Grundannahmen und eine Anwendung am Fall des kooperativen Handelns. Frankfurt: Europäische Verlagsanstalt.

BECKER, P., MINSEL, B. (1985). Psychologie der seelischen Gesundheit. Bd. 2: Persönlichkeitspsychologische Grundlagen, Bedingungsanalysen und Förderungsmöglichkeiten. Göttingen: Hogrefe.

BECKER, P. (1982). Psychologie der seelischen Gesundheit. Bd. 1: Theorien, Modelle, Diagnostik. Göttingen: Hogrefe.

BERBALK, H. (1978). Psychosomatik. In: U. Baumann et al. (Hg.). Klinische Psychologie. Trends in Forschung und Praxis, Bd. 1, Bern: Huber.

BEUTEL, M. (1988). Spezifische und generelle Aspekte der Verarbeitung chronischer Erkrankungen. In: H. Kächele & W. Steffens (Hg.). Bewältigung und Abwehr. Beiträge zur Psychologie und Psychotherapie schwerer körperlicher Krankheiten. Berlin: Springer.

BÖSEL, R. et al. (Hg.) (1978). Streß, Einführung in die psychosomatische Belastungsforschung. Hamburg: Hoffmann & Campe.

BRÄUTIGAM, W., CHRISTIAN, P. (1981). Psychosomatische Medizin. Ein kurzgefaßtes Lehrbuch. Stuttgart: Thieme.

BREHM, J. W. (1966). A theory of psychological reactance. New York: Academic Press.

BRUGGEMANN, A., GROSSKURT, P., ULICH. E. (1975). Arbeitszufriedenheit. Bern: Huber.

BUSKE-KIRSCHBAUM, A., KIRSCHBAUM, C., HELLHAMMER, D. (1990). Psychoneuroimmunologie. In: R. Schwarzer (Hg.). Gesundheitspsychologie. Göttingen: Hogrefe.

CAMPBELL, J. P., PRITCHARD, R. D. (1976). Motivation theory in industrial and organizational psychology. In: M.D. Dunnette (ed.). Handbook of industrial and organizational psychology. Chicago: Rand Mc Nally College Publ. Co.

CAPRA, F. (1987). Das neue Denken. München, Wien, Bern: Scherz.

CAPRA, F. (1988). Wendezeit. München: Knaur.

CSIKSZENTMIHALYI, M. (1985). Das Flow-Erlebnis: jenseits von Angst und Langeweile: Im Tun aufgehen. Stuttgart: Klett-Cotta.

DAVISON, G. C., NEALE, J. M. (1984). Klinische Psychologie. Ein Lehrbuch. München: Urban & Schwarzenberg.

DAWKINS, R. (1990). Der blinde Uhrmacher. München: dtv.

DILLON, K. M., MINCHOFF, B., BAKER, K. H. (1986). Positive emotional states and enhancement of the immune system. Intern. Journ. Psychiat. Med. 15, 13–17.

DÖRNER, D. (1979). Problemlösen und Informationsverarbeitung. Stuttgart: Kohlhammer.

DÖRNER, D. (1989). Die Logik des Mißlingens. Reinbek: Rowohlt.

DÖRNER, D., KREUZIG, H. W., REITHER, F., STÄUDEL, Th. (Hg.) (1983). Lohhausen: Vom Umgang mit Unbestimmtheit und Komplexität. Bern: Huber.

EASTERBROOK, J. A. (1959). The effect of emotion on cue utilisation and the organisation of behavior. Psychological Review, 66, 183–201.

FESTINGER, L. (1978). Theorie der kognitiven Dissonanz. Bern: Huber.

FISHBEIN, M., AJZEN, I. (1975). Belief, attitude, intention, and behavior: An introduction to theory and research. Reading MA: Addison-Wesley.

FOERSTER, H. VON (1984). Erkenntnistheorie und Selbstorganisation. Delfin-Zeitschrift für Konstruktion, Analyse und Kritik, IV, 6–19.

FOERSTER, H. VON (1985). Sicht und Einsicht. Versuche zu einer operativen Erkenntnistheorie. Braunschweig: Vieweg.

FOX, B. H. (1981). Psychosocial factors in the immune system in human cancer. In: R. Ader (ed.). Psychoneuroimmunology. New York: Academic Press

FRICZEWSKI, M., THORBECKE (1976). Arbeitssituation und koronare Herzkrankheiten. Soziale Medizin VII. Argument-Sonderband 12.

GERHARDS, J. (1988). Soziologie der Emotionen. Fragestellungen, Systematik und Perspektiven. München: Juventa.

GLASL, F. (1990). Konfliktmanagement. Bern, Stuttgart: Haupt.

GÖTTING, CHR., JUST, E., KASTNER, M. (1991). Falsche Körperhaltung – ein Systemproblem der Personalpflege. In: M. Kastner und B. Gerstenberg (Hg.) Personalmanagement – Denken und Handeln im System. München, Berlin: Quintessenz.

GOULD, ST. J. (1991). Zufall Mensch. Wien: Carl Hanser.

GROEN, J., BASTIAANS, J. (1975). Psychological stress. Interhuman communication and psychosomatic disease. In: D. Spielberger & I. G. Sarason (eds.). Stress and anxiety, Vol. 1, New York: Academic Press.

HACKER, W., RICHTER, P. (1980). Psychische Fehlbeanspruchung: Psychische Ermüdung, Monotonie, Sättigung und Streß (Lehrtext 2). In: W. Hacker (Hg.). Spezielle Arbeits- und Ingenieurpsychologie in Einzeldarstellungen. Berlin: Deutscher Verlag der Wissenschaften VEB.

HACKER, W. (1986). Arbeitspsychologie. Bern: Huber.

HECKHAUSEN, H. (1980). Motivation und Handeln. Berlin: Springer.

HEIGl, A. (1987). Selbstaufmerksamkeit und Einsamkeit. Eine theoretische und empirische Analyse sozial-kognitiver Bedingungsfaktoren und Verlaufsprozesse von Gefühlen der Einsamkeit. Regensburg: Roderer.

HENRY, J. P., STEPHENS, P. M. (1977). Stress, health, and the social environment. Berlin: Springer.

HENRYK-GUTT, R., REES, W. L. (1973). Psychological aspects of migraine. Journal of Psychosomatic Research 17, 141–153.

HOFFMANN, N. (1983). Trauer. In: H. A. Euler & H. Mandl (Hg.). Emotionspsychologie. München: Urban & Schwarzenberg.

HOFFMANN, N. (1984). Erleben von Glück – eine empirische Untersuchung. Psychologische Beiträge, 26, 516–532.

IZARD, C. E. (1981). Die Emotionen des Menschen. Weinheim: Beltz.

JEMMOTT, J. B., LOCKE, S. E. (1984). Psychosocial factors, immunologic mediation, and human susceptibility to infectious diseases: how much do we now? Psychological Bulletin 95, 78–108.

KASTNER, M. (1972). Zusammenhänge zwischen Entscheidungsvariablen bei der Berufswahl. Aachen: Phil. Diss. RWTH Aachen.

KASTNER, M. (1981). Gemeinsamkeiten psychologischer Variablen des Streß und der Depression. Zeitschrift für Klinische Psychologie, X, 177–194.

KASTNER, M. (1986). Zur Koppelung von Beanspruchungen im Rahmen der Arbeits- und Organisationspsychologie. In: H. Methner (Hg.). Psychologie in Betrieb und Verwaltung. Bonn: Deutscher Psychologenverlag.

KASTNER, M. (1987). Gesundheitliche Konsequenzen einer Arbeitszeitflexibilisierung. In: Marr, R. (Hg.). Arbeitszeitmanagement. Berlin: Erich Schmidt.

KASTNER, M. (1990). Personalmanagement heute. Landsberg: moderne industrie.

KASTNER, M. (1991). Blutauffrischung für die Organisation. Gablers Magazin, Nr. 10, 51–56.

KASTNER, M. (1991). Denken und Handeln im System. In: M. Kastner & B. Gerstenberg (Hg.). Personalmanagement – Denken und Handeln im System. München, Berlin: Quintessenz.

KASTNER, M. (1992). Den Wandel managen. München: Robert Pfützner.

KASTNER, M. (1992). Personalentwicklung im Spannungsfeld von Organisations- und Führungskräfteentwicklung. Personalführung, 11, 878–890.

KASTNER, M. (Hg.) (1994). Personalpflege – Der gesunde Mitarbeiter in einer gesunden Organisation. München, Berlin: Quintessenz.

KASTNER, M., WIDMANN, T. (1991). Führung im systemischen Bezugsrahmen. In: M. Kastner & B. Gerstenberg (Hg.). Personalmanagement – Denken und Handeln im System. München: Quintessenz.

KIECOLT-GLASER, J. K., GLASER, R., WILLIGER, D., STOUT, J., MESSICK, G., SHEPPARD, S., RICKER, D., ROMISHER, S. C., BRINER, W., BONNELL, G., DONNERBERG, R. (1985). Psychsocial enhancement of immunocompetende in a geriatric population. Health Psychology, 4, 25–41.

KLEINBECK, U., SCHMIDT, K. H. (1989). Effects of goal-setting on performance. In: U. Kleinbeck, H. H. Quast, H. Thierry und H. Häcker (eds.), Work motivation. Hillsdale, NJ.: Erlbaum.

KLOSTERHALFEN, W., KLOSTERHALFEN, S. (1990). Psychoimmunologie. In: T. v. Uexküll (Hg.). Lehrbuch der Psychosomatik. München: Urban & Schwarzenberg.

KÖHLER, R. (1985). Psychosomatische Krankheiten. Stuttgart: Kohlhammer.

KROHNE, H. W. (1988). Coping research: Current theoretical and methodological developments. The German Journal of Psychology, 12/1, 1–30.

KUHL, J. (1983). Motivation, Konflikt und Handlungskontrolle. Berlin: Springer.

KÜNSTLER, (1980). Psychische Belastungen durch die Arbeitstätigkeit – theoretisches Rahmenkonzept der Entwicklung eines Fragebogens zum Belastungserleben. Probleme und Ergebnisse der Psychologie, 74, 45–67.

LAASER, U. (1980). Das Hochdruckrisiko: Entstehung und Erfassung. In: J. Rosenthal (Hg.). Arterielle Hypertonie: Ätiopathogenese, Diagnostik und Therapie, 2–11. Berlin: Springer.

LAUCKEN, U. (1989). Denkformen der Psychologie. Dargestellt am Entwurf einer Logographie der Gefühle. Bern: Huber.

LAZARUS, R. S., FOLKMAN, S. (1984). Stress, appraisal, and coping. New York: Springer.

LAZARUS, R. S., LAUNIER, R. (1978). Stress-related transactions between person and environment. In: L. Pervin & M. Lewis (eds.). Perspectives in international psychology. New York: Plenum Press.

LEVENTHAL, H. (1984). A perceptual motor theory of emotion. In: K. R. Scherer & P. Ekman (eds.). Approaches to emotion. Hillsdale, N.J.: Erlbaum.

LINN, B. S., LINN, M. W., JENSEN, J. (1982). Degree of depression and immmune responsiveness. Psychosomatic Medicine, 44, 121–129.

LOCKE E. D., LATHAM, G. P. (1990). A theory of goal-setting and task performance. New York: Praeger.

LUTZ, R. (Hg.) (1983). Genuß und Genießen. Weinheim: Beltz.

MANUCK, S. B., GARLAND, F. N. (1980). Stability of individual differences in cardiovascular reativity: A thirteen month follow up. Physiology and Behavior, 24, 621–624.

MARSTEDT, G., MERGNER, U. (1986). Psychische Belastungen in der Arbeitswelt. Beiträge zur Psychologischen Forschung (9). Opladen: Westdeutscher Verlag.

MASLOW, A. H. (1954). Motivation and personality. New York: Harper.

MATURANA, H. F. (1985) Erkennen: Die Organisation und Verkörperung von Wirklichkeit. Braunschweig: Vieweg

MATURANA, H. R. (1970). Neurophysiology of cognition. In: P. L. Garvin (ed.) Cognition: A multiple view, New York, 3–23.

MATURANA, H. R. (1985). Erkennen. Die Organisation und Verkörperung von Wirklichkeit. Braunschweig, Wiesbaden: Vieweg.

MATURANA, H. R., VARELA, F. (1987). Der Baum der Erkenntnis. Die biologischen Wurzeln menschlichen Erkennens. Bern, München, Wien: Scherz.
MAYRING, PH. (1991). Psychologie des Glücks. Stuttgart: Kohlhammer.
MAYRING, PH. (1992). Geschichte der Emotionsforschung. In: D. Ulich & Ph. Mayring. Psychologie der Emotionen. Stuttgart: Kohlhammer.
MCCLELLAND, D. C. (1985). Human motivation. Glenview. III : Scott, Foresman.
MECHSNER, F. (1988). Keine Heilung ohne Hirn. Geo-Wissen, Nr. 1, 172–178.
MEES, U. (1991). Die Struktur der Emotionen. Göttingen: Hogrefe.
MEICHENBAUM, D. (1977). Cognitive behavior modifications. New York: Plenum.
MILLER, G. A., GALANTER, E., PRIBRAM, K. H. (1973). Strategien des Handelns. Stuttgart: Klett.
MILTNER, W., BIRBAUMER, N., GERBER, W.-D. (1986). Verhaltensmedizin. Berlin: Springer.
MUMMENDEY, H. D. & SCHREIBER, H.-J. (1983). Neid und Eifersucht. In: H. A. Euler & H. Mandel (Hg.). Emotionspsychologie. München: Urban & Schwarzenberg.
NEISSER, U. (1979). Kognitive Psychologie. Stuttgart: Klett.
NEZU, A. M. & RONAN, F. F. (1985) Life stress, current problems, problem solving and depressive symptoms: An integrative model. Journal of Consulting and Clinical Psychology, Vol. 53, No. 5, 693–697.
PAYAN, D. G., MC GILLS, J. P., GOETZEL, E. J. (1986). Neuroimmunology. Advances Immunology, 39, 209–323.
PENNEKAMP, P. (1992). Aufmerksamkeit unter Vigilanzbedingungen. Frankfurt: Peter Lang.
PETZOLD, E., REINDELL, A. (1980). Klinische Psychosomatic. Heidelberg: Quelle & Meyer.
POPPER, R., ECCLES, J. C. (1982). Das Ich und sein Gehirn. München: Piper.
PORER, L. W., LAWLER, E. E. (1968). Managerial attitudes and performance. Homewood, Ill: Irwin-Dorsey.
RÜTTINGER, B. (1989). Konflikte als Chance, Konfliktmanagement. Besser führen Problemfeld 2. München: Robert Pfützner.
RÜTTINGER, B., ROSENSTIEL, L. v., MOLT, W. (1974). Motivation des wirtschaftlichen Verhaltens. Stuttgart: Kohlhammer.
RÜTZEL, E. (1977). Aufmerksamkeit. In: Herrman, T. (Hg.). Handbuch psychologischer Grundbegriffe. München: Kösel.
SCHERER, K. R. (1986) Zur Rationalität der Emotionen. In: H. Rösner (Hg.). Der ganze Mensch. Frankfurt: dtv.
SCHERER, K. R. (Hg.) (1988). Faces of emotion. Recent Research. Hillsdale: Erlbaum.
SCHLEIFER, S. J., KELLER, S. E., CAMERINO, M., THORNTON, J. C., STEIN, M. (1983). Suppression of lymphocyte stimulation following bereavement. Journal of the American Medical Association, 250, 374–377.

SCHMIDT, L. R. (1992). Gesundheitspsychologie: Die Alternative zur Klinischen und Medizinischen Psychologie. Report Psychologie, 11–12, 92, 12–22.

SCHÖNPFLUG, W. (1987). Beanspruchung und Belastung bei der Arbeit – Konzepte und Theorien. In: U. Kleinbeck & J. Rutenfranz (Hg.). Arbeitspsychologie Göttingen: Hogrefe.

SCHWARCK, J. C. (1986). Transfereffekte beim Lösen komplexer Probleme. Frankfurt: Peter Lang.

SCHWARZER, R., SCHWARZER, C. (1982). Ärger als Zustand und als Disposition. Zeitschrift für Differentielle und Diagnostische Psychologie, 3, 27–33.

SELIGMAN, M. E. P., (1979). Erlernte Hilflosigkeit. München: Urban & Schwarzenberg.

SPIELBERGER, C. D. (1966). Theory and research on anciety. In: C. D. Spielberger (ed.). Anxiety and behavior, 3–20. New York: Academic Press.

SZCZESNY-FRIEDMANN, C. (1991). Die kühle Gesellschaft – von der Unmöglichkeit der Nähe. München: Kösel.

TEMOSHOK, L.(1987). Personality, coping stuyle, emotion and cancer: towards an integrative model. Cancer Surv., 6, 545–567.

THEORELL, T. (1982). Review of research on life events and cardiovascular illness. In: H. Denolin (ed.). Psychological problems before and after myocardial infraction. Advances in Cardiology. Vol 29, 140–147. Basel: karger.

TUNNER, W. (1978). Lust und Glück – Überlegungen zur Gefühlspsychologie. Psychologische Rundschau, 29, 287–298.

TUNNER, W. (1982). Subjektive Distanz, Richtung und Zeit. Ein Beitrag zur Emotionspsychologie. Gestalt Theory, 4, (3/4), 207–216.

UEXKÜLL, T. v. (Hg.) (1981). Lehrbuch der psychosomatischen Medizin. München: Urban & Schwarzenberg.

ULICH, D. (1989). Das Gefühl. Eine Einführung in die Emotionspsychologie. (2. Aufl.). München: Psychologie Verlags Union.

URBANIAK, H. (1991). Gesundheitsförderung am Arbeitsplatz. In: W. Geisbühl (Hg.). Alkohol- und Medikamentenprobleme am Arbeitsplatz. Geesthacht: Neuland.

VESTER, F. (1985). Neuland des Denkens – Vom technokratischen zum kybernetischen Zeitalter. Stuttgart: Deutsche Verlagsanstalt.

VESTER, F. (1987). Unsere Welt, ein vernetztes System. München: dtv.

WEINSTEIN, N. D. (1988). The precaution adoption process. Health Psychology, 7, 355–386.

ZIEGLER, H. (1991). Suchtprobleme am Arbeitsplatz. In: W. Geisbühl (Hg.). Alkohol- und Medikamentenprobleme am Arbeitsplatz. Geesthacht: Neuland.

Stichwortverzeichnis